예수 수난, 그 여정의 인물들

예수 수난,
그 여정의 인물들

W. 라이어제더 외 지음 · 김선태 옮김

바오로딸

예수 수난, 그 여정의 인물들

2017년 4월 4일 교회인가
2017년 5월 10일 2판 1쇄 발행
2024년 4월 30일 2판 5쇄 발행

지은이 | W. 라이어제더 외
옮긴이 | 김선태
펴낸이 | 이순규
펴낸곳 | 바오로딸

01166 서울 강북구 오현로7길 34
등록 | 제7-5호 1964년 10월 15일
전화 | 02) 944-0800 **팩스** | 987-5275

취급처 | 중앙보급소
전화 | 02) 984-3611 **팩스** | 984-3612
ⓒ 바오로딸·2017 FSP 1424
성경 ⓒ 한국천주교중앙협의회

값 13,000원

이메일 | edit@pauline.or.kr
인터넷 서점 | www.pauline.or.kr 02) 944-0944
ISBN 978-89-331-1278-6 03230

　스위스 유학 시절, 학업에 몰두하면서 제 영혼이 점점 메말라 가는 것을 느꼈습니다. 그도 그럴 것이, 일정한 신앙의 진리에 대한 여러 학설과 씨름하면서 거기에 담긴 근본 내용과 그 치밀한 논리를 따지고 추적하다 보니, 제 머릿속에는 온통 여러 이론들과 논리들이 어지럽게 춤을 추고 있었습니다. 제 영혼을 적셔야 할 신앙의 물을 아직 긷지 못했던 것입니다.

　그래서 다가오는 성주간에는 신학서적을 내려놓고 영성서적을 통해 신앙의 물을 긷기로 작정했습니다. 그때 만난 책이 바로 이 책이었고, 이를 통해 당시 제 영혼을 흠뻑 적실 수 있었습니다. 그리고 그 감동이 커서 기회가 닿는 대로 이 책을 번역하여 우리나라 교우들과 함께 나누자고 다짐했습니다.

귀국 후 본래 4권으로 이루어진 이 소책자를 1998년부터 순차적으로 번역했는데, 그로부터 약 20년이 지난 지금 모두 절판되어, 이번에 한 권으로 묶어 개정판을 내게 되었습니다. 이 개정판은 초판의 어색한 문구를 손질하고, 인용된 공동번역 성서를 새 성경으로 고쳤을 뿐, 초판과 거의 동일합니다.

이제 이 책이 발간된 경위와 구성 내용에 대해 간략하게 소개하고 싶습니다. 1986년 독일 바이에른 라디오 방송국이 사순 시기의 주일 아침마다 사순 특강을 기획하여 실행했는데, 그 호응은 가히 폭발적이었습니다. 청취자들은 특강 내용을 책으로 발간할 뿐만 아니라 다음 해에도 특강을 해달라고 강력하게 요구했습니다. 이러한 요구를 받아들여 방송국은 1989년까지 사순 특강을 세 차례 더 기획·실행했고, 그때마다 특강의 내용을 「예수 수난, 그 여정의 인물들」이란 제목의 책으로 엮어 4권의 소책자가 나오게 되었습니다.

이 개정판의 제1부는 1986년의 사순 특강으로서 전례력 다해의 성지주일에 봉독되는, 루카의 수난기에 등장하는 인물 묵상을 담고 있고, 제2부는 1987년의 사순 특강(전례력 가해, 마태오의 수난기에 등장하는 인물 묵상)을, 제3부는 1988년의 사순 특강(전례력 나해, 마르코의 수난기에 등장하는 인물 묵상)을 수록하고 있으며, 제4부는 1989년의 사순 특강(항상 성금요일에 봉독되는, 요한의 수난기에 등장하는 인물 묵상)을 다루고 있습니다.

그러니까 이 책은 네 복음서가 전해주는 예수님의 수난 여정에 등장하는 인물들을 묵상합니다. 그들이 주님의 수난에서 어떤 역할을 했는지, 수난을 당하시는 주님을 배반했는지 추종했는지, 그리고 그런 입장을 왜, 어떻게 취하게 되었는지 등을 묵상하고 있습니다. 그렇다고 이 묵상이 그 인물들에 관한 연대기적 사건이나 실제 역사적 사실만을 묘사하는 것은 아닙니다. 수난 여정의 인물들이 우리에게 시사하는 점에 더 중점을 두고 있습니다. 말하자면 그 인물들 안에서 우리 자신의 모습을 재발견할 수 있도록 도와주고, 스스로 십자가를 짊어지고 수난 여정에 임하시는 주님께 다양한 태도를 취한 그 인물들 안에서 우리 자신의 모습을 정직하게 바라보도록 이끌어 줍니다.

예수님의 수난은 아주 오래전에 일어났고, 우리는 그 수난을 시간적으로 멀리 떨어져서 바라보는 관찰자라고만 생각해서는 안 됩니다. 예수님의 수난은 오늘날에도 계속되고 있기 때문입니다. 고통을 당하고 억압을 받으며 박해를 받는 사람들 안에서, 인간의 존엄과 권리가 짓밟히는 상황 안에서 예수님의 수난은 계속되고 있습니다.

오늘날 예수님의 수난은 인간의 삶이 상처를 입고 파괴되는 곳에서 재현되고 있습니다. 현대를 살아가는 우리는 예수님의 그 수난 여정에 함께하고 있으며, 어떤 사람은 수난의 주변 인물로, 또 어떤 사람은 그 수난에 적극적으로 가담하며 살고 있습니다. 우리는 배반자 유다나 예수님께 사형을 선고한 빌라도일 수 있고, 카야파 대사제나 아리마태아 사람 요셉일 수 있으며, 키레네 사람 시몬이나 바라빠일 수 있고, 마지막까지 사랑에 충실한 마리아 막달레나일 수도 있습니다.

이러한 묵상을 통해 분명하게 깨달을 수 있는 것은 십자가의 신비입니다. 하느님이 어떤 분이신지 가장 분명하게 깨달을 수 있는 곳은 십자가이며, 우리 인간이 어떤 존재인지를 가장 분명하게 깨달을 수 있는 곳도 십자가입니다. 십자가는 하느님의 존재와 인간의 존재를 가장 극명하게 계시하기 때문입니다. 때문에 십자가에 가까이 다가서면, 나 자신이 누구인지 제대로 알 수 있습니다. 십자가는 수난 여정의 인물들에서 확인할 수 있는 것처럼, 우리 인간의 본래 모습은 물론 그 치부까지 적나라하게 들추어냅니다. 그러고는 거기에서 흘러나오는 사랑에 응답하여 수난의 길을 가신 주님을 따르라고 우리를 강력하게 초대합니다.

이러한 맥락에서 바오로 사도는 "우리는 십자가에 못 박히신 그리스도를 선포합니다"1코린 1,23 하고 고백합니다. 그리스도께서 십자가에 달리신 것은 하늘의 표징만을 추구하는 유다인에게는 비위에 거슬리고, 세상의 지혜만을 찾는 그리스인에게는 어리석게 보이지만, 하느님의 부르심을 받은 우리에게는 하느님의 힘이며 하느님의 지혜이기 때문입니다. 그러므로 우리도 바오로와 함께 "나는 우리 주 예수 그리스도의 십자가 외에는 어떠한 것도 자랑하고 싶지 않습니다"갈라 6,14 하고 고백할 수 있으면 좋겠습니다. 이러한 고백에 동참하도록 이 책이 독자들에게 조금이라도 도움을 준다면 더 바랄 것이 없겠습니다.

끝으로, 이 책의 개정판이 나올 수 있도록 많은 수고를 아끼지 않은 바오로딸출판사와 그 관계자들에게 깊은 감사를 드립니다.

2017년 주님 수난 성지주일에

옮긴이 김선태

차례

일러두기

• 이 책에 인용된 시편은 최민순 역본을 따랐습니다.
• 이 책은 여러 사람이 강의한 내용을 묶은 것이므로, 각 글이 시작되는 페이지 하단에 저자를 표기하였습니다.

1부
—

예수님의 수난

・
・
・

예수님께 대한 유죄 선고, 배반, 부인,
그리고 마지막까지 다하는 성실은
오늘날에도 예수님의 적대자와 제자를 가늠하는 척도다.

카야파 대사제

　예수님의 죽음에 적극적으로 가담한 핵심인물 가운데 한 사람은 당시의 대사제 카야파다.

　요한복음서는 카야파가 예수님의 운명에 결정적으로 관여했다는 것을 이렇게 밝힌다.

　마리아에게 갔다가 예수님께서 하신 일을 본 유다인들 가운데에서 많은 사람이 예수님을 믿게 되었다. 그러나 그들 가운데 몇 사람은 바리사이들에게 가서, 예수님께서 하신 일을 알렸다. 그리하여 수석 사제들과 바리사이들이 의회를 소집하고 이렇게 말하였다. "저 사람이 저렇게 많은 표징을 일으키고 있으

빌리발트 라이어제더Willibald Leierseder: 몬시뇰. 철학과 가톨릭 신학 연구.

15

니, 우리가 어떻게 하면 좋겠소? 저자를 그대로 내버려 두면 모두 그를 믿을 것이고, 또 로마인들이 와서 우리의 이 거룩한 곳과 우리 민족을 짓밟고 말 것이오." 그들 가운데 한 사람으로서 그해의 대사제인 카야파가 말하였다. "여러분은 아무것도 모르는군요. 온 민족이 멸망하는 것보다 한 사람이 백성을 위하여 죽는 것이 여러분에게 더 낫다는 사실을 여러분은 헤아리지 못하고 있소." 이 말은 카야파가 자기 생각으로 한 것이 아니라, 그해의 대사제로서 예언한 셈이다. 곧 예수님께서 민족을 위하여 돌아가시리라는 것과, 이 민족만이 아니라 흩어져 있는 하느님의 자녀들을 하나로 모으시려고 돌아가시리라는 것이다. 이렇게 하여 그날 그들은 예수님을 죽이기로 결의하였다. 요한 11,45-53

예수님 시대에 대사제는 미묘한 위치에 있었다. 이스라엘은 로마의 지배를 받고 있었고, 이스라엘의 민족주의자들과 열혈 당원들은 조국의 해방을 위해 온갖 노력을 다했다. 그 때문에 대사제에게는 로마인들을 자극하지 않으면서도 동시에 위험천만한 민족주의자들을 차단하는 것이 급선무였다. 또한 대사제는 당시 유다교의 종교적 요구들을 지켜나가면서 자기 민족이

계속 유지되도록 노력해야 했다. 그러나 이는 결코 쉬운 일이
아니었다.

카야파라는 별명을 가진 요셉은 전임 대사제 한나스의 사위
다. 요셉은 기원후 18년, 한나스가 대사제직에서 물러난 후, 로
마인들에 의해 대사제로 임명되었다. 카야파는 정치적으로나 종
교적으로 막중한 권력을 가진, 71명으로 구성된 최고 원로의회,
곧 산헤드린의 우두머리가 되었다. 이 의회는 당시 로마의 허용
하에 이스라엘의 입법부·행정부·사법부의 기능을 담당했다. 따
라서 대사제는 이 의회의 의장으로서 유다인의 국내 정치 전체
를 책임지고 있었으며, 또한 유다 민중의 관심을 로마 총독에게
대변하는 역할도 했다.

카야파도 유다 종교지도자들처럼 로마인들의 신임을 받는 것
을 흐뭇하게 생각했다. 그의 가장 우선적인 종교적 임무는 율법
을 수호하는 일이었다. 당시에 율법은 문자로 표현된 하느님의
뜻으로 여겨졌는데, 유다인의 삶을 가장 작은 부분까지 모두 정
해놓은 법규였다.

율법규정을 엄밀하게 준수하느냐 하지 않느냐에 따라 그가
선한 사람인지 악한 사람인지, 충실한 유다인인지 배반자나 위
험천만한 근본주의자인지 그 여부가 판단되었다. 따라서 대사제

는 자신의 직분에 의거하여 이 같은 율법규정을 백성을 다스리고 통치하는 도구로 삼았다.

카야파는 외교와 정치책략에 이 율법규정을 교묘하게 이용했다. 그는 로마의 정치적인 관심과 민중의 요구들, 그리고 유다 종교가 원하는 것을 율법으로 중재하면서 그것을 모두 충족시키는 도구로 사용했다. 카야파는 당시 가혹한 현실과 메시아를 기다리는 상황 속에서, 불가능한 것을 가능하게 하는 데 타의 추종을 불허하는 대가였다. 그는 이중적으로 행동할 수 있는 능력의 소유자였다. 가끔은 자기가 생각하는 것과 달리 행동했으며, 점령자들의 하수인으로서 그들과 협상하고 타협했다. 그것도 하느님의 성전과 율법을 수호한다는 명분으로. 그는 영리하게 로마 총독의 심기를 건드리지 않으면서도 백성의 관심사를 훌륭하게 대변했다. 그래서 그는 로마인에게도, 자기 민족에게도 신뢰를 듬뿍 받았다. 그것은 사회의 질서와 안정이 계속 유지된다면 흔들리지 않을 두터운 신뢰였다.

그러나 예수님의 출현으로 모든 것이 바뀌었다. 왜냐하면 예수님에 관한 모든 소문은 사회체제 전체를 위태롭게 하는 내용이었기 때문이다.

나자렛 출신의 한 청년이 유다교의 종교적 권위를 실추시키고, 종교지도자들을 위선자로 몰아붙인다. 이런 행동을 어떻게 이해해야 하는가? 나아가 그가 수많은 군중을 다음과 같이 선동하는데, 이를 어떻게 처리해야 하는가?

> 그러니 그들이 너희에게 말하는 것은 다 실행하고 지켜라. 그러나 그들의 행실은 따라 하지 마라.마태 23,3

예수님은 성전에서 기도하는 두 사람 중 죄 많은 세리를 의인으로 여기는 한편, 충실하게 율법을 지키는 바리사이파 사람을 죄인시함으로써 하느님의 법이 요구하는 종교 실천의 의미를 완전히 뒤바꾸어 놓으셨다. 당시에는 율법의 작은 부분까지 남김없이 실천하는 것이 종교성을 가늠하는 기준이었고, 이는 사제들에게도 마찬가지였다. 그러나 이런 율법의 보호막을 정치적으로 악용하는 사례가 점점 늘어났고, 그 율법을 돈벌이의 기회로 삼는 일이 벌어지기도 했다. 그런데도 그런 행위는 율법을 지킨다는 명분 때문에 문제시되지 않았다. 이 같은 율법에 대한 태도는 예수님을 격분케 했다. 이에 예수님은 성전을 '강도의 소굴'로 만든다고 질책하셨다.

참된 종교성은 율법 조항을 따르는 외적인 복종이 아니라 선하고 자비로우신 하느님, 모든 사람의 아버지 하느님만을 전적으로 신뢰하는 오롯한 마음이다. 이것이 바로 예수님이 선포하신 새로운 소식이었다.

하느님을 향한 오롯한 마음을 가르치시는 예수님을 당시 지배자들은 마음대로 통제할 수 있었던가?

예수님의 가르침은 당시 사회체제에 도전장을 낸 셈이었다. 이 같은 사실은 안식일 계명에 대한 예수님의 태도에서 잘 드러난다. 예수님은 안식일에 많은 사람이 보는 앞에서 병자를 고쳐주시는가 하면, 제자들이 이삭을 훑는 것을 아무렇지도 않게 생각하셨다. 바리사이파 사람들은 예수님의 이런 태도를 비난한다. 그러나 예수님은 그런 비난을 이전에는 들어보지 못한 전권全權 주장의 기회로 삼으신다.

안식일이 사람을 위하여 생긴 것이지, 사람이 안식일을 위하여 생긴 것은 아니다.마르 2.27

이어서 예수님은 발언의 수위를 신성모독의 수준에까지 높이신다.

따라서 사람의 아들은 또한 안식일의 주인이다.마르 2,28

이것으로 충분했다. 사람을 하느님의 율법 위에 놓고, 하느님
의 이름으로 세워진 사회구조를 무력화시키고, 자신을 율법의
주인으로 여기는 자는 살아남기 어려웠다. 당시 그런 주장을 일
삼는 이상주의자는 진지하게 받아들여지기는커녕 비웃음의 대
상이 되었다. 그리고 그런 이상주의자는 정치적으로 위험한 인
물로 간주되었다. 율법의 절대적 구속력을 의심하고, 종교적으
로나 정치적으로 권위 있는 특정인들을 웃음거리로 만들며, 기
존의 질서를 파괴하는 자는 정치적으로 용납될 수 없었다. 그런
이상주의자는 사람들을 혼란시키는 자신의 주장에 대해 책임을
져야 했다. 카야파는 바로 그 책임을 언급한 것이다.

여러분은 아무것도 모르는군요. 온 민족이 멸망하는 것보다 한
사람이 백성을 위하여 죽는 것이 여러분에게 더 낫다는 사실을
여러분은 헤아리지 못하고 있소.요한 11,49-50

카야파의 이 말은 백성을 위한 염려가 아니다. 그의 안중에
는 오직 기존 체제의 유지, 곧 권력구조와 그 영향력의 유지만

있을 뿐이다. 그 유지만이 정치꾼인 카야파 대사제의 근본 관심사였다. 종교적 직감력은 그에게 아무런 영향도 끼치지 못했다. 그 때문에 그는 예수님이 누구인지, 예수님의 관심사가 무엇인지에는 흥미조차 없다. 카야파는 예수님을 정식으로 초대하여 그의 말을 들어보려 하거나 예수님의 관심사가 무엇인지 생각해 보려 하지 않는다. 예수님에 관해 제3자에게 들은 것만으로 충분했다. 그러나 카야파는 선동가인 예수님이 자꾸만 불안을 조장하는 것에 경악을 금치 못했다. 그런 일은 대사제를 불쾌하게 할 뿐만 아니라 부담스럽게 했다. 예수님은 카야파에게 확실히 위험한 인물이었다. 왜냐하면 예수님은 기존 체제를 유지시키는 기초(율법)를 공공연하게 비판하고 의문시하기에 자칫하면 권력의 균형을 무너뜨릴 수도 있기 때문이다.

카야파가 '예수님이 죽는 것이 더 낫다'고 한 말은 예수님이 불의하다고 주장하는 것이 결코 아니다. 하지만 그는 예수님을 따르는 것은 적절한 행동이 아니라고 말한다. 카야파는 예수님이 옳지 못하다고 주장하지 않았다. 하지만 예수님의 말을 듣는 것은 매우 위험하다고 했다. 카야파는 또한 예수님이 죽을 죄를 지었다고 하지 않지만, 예수님은 반드시 죽어야만 한다고 했다. 어쨌든 카야파는, 예수님이 기존 질서를 비판하고 공격함으로써 자신의 정치권력에 도전하고 복잡하게 얽힌 외교적 영향력에 피해를 입힌다면 그 책임은 전적으로 예수님에게 있다고 생각했다. 정치권력의 속성은 자신의 이익을 위해서는 얼마든지 타인을 희생시킬 수 있기 때문이고, 자신의 손을 더럽히지 않기 위해 그때마다 결정해야 할 중요한 사안을 타인에게 미루며, 책임을 회피하면서까지 자신의 이익을 추구하기 때문이다. 그래서 유다 종교지도자들은 예수님을 종교적 명목으로 고발하면서도 그 소송의 재판을 로마 총독인 빌라도에게 미룬 것이다.

로마 총독은 예수님의 문제가 유다인의 종교문제이므로 자신에게는 아무런 권한이 없다고 하며 예수님의 소송을 산헤드린 의회로 넘긴다. 그러자 산헤드린 의회는 자신들에게 사형을 언도할 권한이 없다는 핑계를 대며 다시 총독에게 미룬다. 그래서 결국 예수님은 헤로데에게 넘겨진다. 그러나 헤로데는 세례자 요한을 사형에 처한 것 같은 전철을 밟고 싶지 않았으므로 예수님을 빌라도에게 넘긴다. 빌라도는 예수님에게 특전을 베풀어 놓아주고, 그 대신 다른 죄수를 처형하려는 세련된 구출계획을 세운다. 하지만 계획이 수포로 돌아가자 자신은 그의 죽음에 무죄하다는 표시로 손을 씻는다.

이런 예수님의 죽음의 과정에서 우리를 전율케 하는 것은 모두가 더할 수 없이 정확하게 행동했다는 것이다. 어떤 이는 하느님과 율법에 대한 열정에서, 또 어떤 이는 공동체의 안녕을 걱정해서 예수님의 죽음에 찬성했다. 마지막으로 로마인은 사회의 평온과 질서를 지킨다는 명목으로 예수님의 죽음에 적극적으로 찬동한다.

그렇게 해서 십자가는 인간의 교묘한 죄를 폭로한다. 십자가는 교활한 부당함, 비겁과 어둠, 허위와 저속한 순응을 폭로한다. 십자가는 종교·정치·사회·사법 등의 분야에서 있을 수 있는 모든 속임수와 이기심이 빚어낸 결과다. 교묘한 공범은 십자가의 죽음이라는 파국을 가져왔다. 그리고 그 파국의 특징은 범죄에 가담한 자들 중 그 누구도 명확하게 책임을 질 만한 결정을 내리지 않았다는, 그래서 책임을 질 사람이 없다는 점이다.

순수하고 의로우신 예수님은 죽음의 길을 가셨다. 헝클어지고 부패된 사회는 예수님을 도저히 감당할 수 없었기 때문이다. 바로 여기에 부패의 심연이 드러난다. 곧 예수님을 짓누른 것은 한 개인의 우연한 배반이 아니라 사회의 부패였다. 당시에도 그랬고 오늘날에도 그렇다. 부패의 양상만 다를 뿐 그 내용은 아무것도 변하지 않았다.

카야파는 오늘도 엄연히 살아있다. 카야파는 우리 고유한 삶의 한 부분으로 지금도 살아있다. 이 점이 우리를 슬프게 한다.

예를 들어 요상스러운 머리와 더러운 옷차림을 하고 조심성 없이 행동하는 사람을 만났다고 하자. 우리는 아마 그 사람과 말을 주고받기도 전에 피하려 할 것이다. 어쩌면 그런 사람과 만나고 싶은 마음조차 없을 것이다. 그의 생각이나 의견에 관심을 갖기는커녕 그가 우리에게 무어라고 하더라도 어쩔 수 없이 들을 뿐일 것이다. 우리는 겉모습만 보고 상대방을 판단한다. 그러고는 그가 우리의 확신을 반박하거나 동요를 일으키기라도 하면 우리는 그 사람을 딱하게 여기고, 그렇게 살아가는 사람에게 질서와 예의범절을 가르치는 사람이 없다는 것에 안타까워할 것이다. 그러나 이렇게 생각하는 우리 자신이 바로 오늘날의 카야파가 아닐까?

우리가 우리의 사고와 처지만을 중요하게 여기고 새로운 요구와 도전을 외면하다 보면 이와 유사한 일은 쉽게 일어난다. 우리는 현실에 적당히 안주하며 새로운 지식을 추구하려 하지 않고 기존 입장만 고수하면서 다수의 의견에 적당히 손을 들고 있지는 않은가? 우리는 어려움을 피하기 위해 다른 사람을 곤경에 빠뜨리거나 배반하면서까지 침묵으로 일관하고 있지는 않은가? 우리는 얼마나 쉽고 교활하게 책임을 회피하고 있는가?

우리 모두는 예수님의 수난 여정을 함께 걷고 있다. 따라서 우리는 스스로에게 '나는 누구인가?'를 물어야 한다.

우리는 기회가 주어지는 대로 정의와 진리를 대변하는 사람이 되어야 하며, 또 이웃의 운명에 무관심해서는 안 된다. 설령 우리가 성실하지 못하다 해도 살아계신 하느님께서는 오늘도 인간의 배반과 점점 늘어나는 죄의 혼란을 오히려 우리의 구원을 위해 이용하신다는 것을 믿어야 한다.

베타니아의 마리아

　예수님의 수난을 보도하는 마르코복음서에서는 처음부터 무대가 급격히 바뀌며 금방금방 서로 다른 상황들을 만나게 된다. 우리는 수석 사제들과 율법학자들 사이에 서있다. 그들은 이미 "어떻게 하면 속임수를 써서 예수님을 붙잡아 죽일까 궁리"마르 14,1하고 있다. 그런 다음 즉시 열두 제자 가운데 하나인 유다 이스카리옷마르 14,10이 등장한다. 그는 이미 예수님을 수석 사제들에게 넘기기로 작정했고, 그 대가로 돈을 받을 것이라고 확신했다. 이런 숨 가쁜 두 장면 사이에 한 폭의 수채화처럼 평화로운 이야기가 소개된다. 곧 어두운 구름이 덮치는 그 순간 예수님이 예루살렘 근처 베타니아 마을에서 사랑하는 제자와

파울베르너 셸레Paul-Werner Scheele: 주교. 교의신학 명예박사.

함께 식사를 하시는 장면이 나온다. 그때에 뜻밖에도 한 여인이 나타나 예수님께 매우 특별한 사랑을 표현한다. 그녀는 예수님의 머리에 값비싼 향유를 발라드린다. 이때 예수님은 마치 당신에게 닥칠 죽음의 위협을 잊으신 것처럼 보인다. 그러나 이런 평화로운 정경으로부터 예수님의 수난은 시작되는 것이다. 아니, 놀랍게도 그 수난의 끝이 벌써 시야에 들어온다. 여인의 향유 바름은 이미 수난의 끝을 암시하기 때문이다. 특히 예수님 곁에 있는 자들은, 유다가 그들의 대열에서 벗어나기도 전에, 그리고 예수님의 적대자들이 죽일 궁리를 하기도 전에, 이미 예수님께 무거운 고통을 준비하고 있는 셈이다.

복음서의 이런 장면 속에는 우리 각자와 개인적으로 관련된, 그것도 막연한 것이 아니라 무조건 관련된 많은 것들이 표현되어 있다. 우리는 예수님의 신비 한가운데로, 동시에 우리 삶의 핵심으로 이끌려 간다. 그리고 예수님의 수난 여정을 예시하고 동행한 한 여인을 만나게 된다. 그 여인은 예수님을 모욕하고 죽인 많은 사람 속에서 예수님을 드러나지 않게, 그러나 용감하게 돕는다. 예수님도 온 세상 어디든지 복음이 선포되는 곳마다 그녀가 한 일을 기억하게 될 것이라며 여인을 높이 평가하신다.

향유를 바르는 마리아 이야기는 사실 마르코복음서가 기록되기 전부터 사람들 사이에 이미 알려진 이야기였다. 복음사가는 그 이야기를 이렇게 전하고 있다.

예수님께서 베타니아에 있는 나병 환자 시몬의 집에 계실 때의 일이다. 마침 식탁에 앉아계시는데, 어떤 여자가 값비싼 순 나르드 향유가 든 옥합을 가지고 와서, 그 옥합을 깨뜨려 그분 머리에 향유를 부었다. 몇 사람이 불쾌해하며 저희끼리 말하였다. "왜 저렇게 향유를 허투루 쓰는가? 저 향유를 삼백 데나리온 이상에 팔아, 그 돈을 가난한 이들에게 나누어 줄 수도 있을 터인데." 그러면서 그 여자를 나무랐다. 예수님께서 이르셨다. "이 여자를 가만두어라. 왜 괴롭히느냐? 이 여자는 나에게 좋은 일을 하였다. 사실 가난한 이들은 늘 너희 곁에 있으니, 너희가 원하기만 하면 언제든지 그들에게 잘해줄 수 있다. 그러나 나는 늘 너희 곁에 있지는 않을 것이다. 이 여자는 자기가 할 수 있는 일을 하였다. 내 장례를 위하여 미리 내 몸에 향유를 바른 것이다. 내가 진실로 너희에게 말한다. 온 세상 어디든지 복음이 선포되는 곳마다, 이 여자가 한 일도 전해져서 이 여자를 기억하게 될 것이다. 마르 14,3-9

29

이 여자에 대한 우리의 태도는 어떤가? 우리 또한 분개한 몇몇 사람들이 말한 내용에 어느 정도는 찬성하지 않는가? 사실 그렇게 값지고 귀한 향유를 쏟아붓듯이 사용하는 것은 낭비가 아닌가? 그렇게 하는 까닭이 무엇인가? 열심한 유다인이라면 가난한 사람들을 위해 자선행위를 해야 하는 파스카 주간에, 그렇게 엄청난 돈을 적선하는 데 쓰지 않고 낭비하는 것을 보고 그냥 지나칠 수 없었을 것이다. '삼백 데나리온'이라는 돈은 일반 노동자의 일 년 수입을 훨씬 넘는 큰 돈이다. 우리도 여인의 행동에 분개하여 낭비임을 지적해야 하지 않겠는가?

그들의 아우성과 비판을 충분히 이해할 수 있다. 그렇지만 우리는 진정으로 가난한 사람들을 위해서, 그리고 우리 자신을 위해서 그런 이의제기를 경계해야 한다. 우리는 예수님이 하신 방식대로 사람들을 도와야 하기 때문이다.

이에 대해서는 조금 더 부연설명이 필요하다. 필자의 주장이 모순처럼 여겨질지 모르지만 그래도 어쩔 수 없다. 그렇다면 독자들이 바르고 중요하다고 생각하는 것을 행하면 될 것이다. 그러나 그전에 복음사가의 말 이면에 숨겨진 내용을 묵상해 보고, 그것을 다시 한번 검토해 보기 바란다.

우리가 복음사가의 말을 올바로 이해하기 위해 우선 생각해야 할 점은 예수님 시대 사람들이 사용한 두 개념, 가난한 사람들을 도울 때 사용된 두 개념을 파악하는 일이다. 그 두 개념이란 '자선'과 '사랑의 실천'이다. 이 두 개념은 오늘날 같은 뜻으로 사용되지만 당시에는 달랐다. '자선'은 세 가지 면에서 '사랑의 실천'과 구별되었다. 당시의 '자선'은 첫째, 기부금을 내는 것이고, 둘째, 살아있는 사람에게만 한정되며, 셋째, 특히 가난한 사람에게 베푸는 것이었다. 그러나 '사랑의 실천'은 이런 한계를 넘어섰다. 사랑의 실천은 물질적 선물을 포함한 인격적인 투신을 요구하며, 사회적인 약자에게만이 아니라 모든 이, 곧 가난한 사람과 부자, 병자와 건강한 사람, 살아있는 이와 죽은 이에게 베풀어진다. 그래서 사랑의 실천은 엄밀한 의미에서 자선보다 더 가치 있는 것으로 여겨졌다. 예수님은 여인에 대하여 분명히 말씀하신다. "이 여자를 가만두어라. 왜 괴롭히느냐? 이 여자는 나에게 좋은 일을 하였다."마르 14,6 곧 '사랑의 실천'을 했다는 말이다.

예수님은 제자들에게 '영원한 생명을 누리는 것은 사랑의 실천 여부에 달려있다'고 말씀하셨다.마태 25,31-46 그 말씀에서 사랑의 실천은 가난한 사람들에게 먹을 것을 주고 옷을 입혀주는 것, 나그네를 맞아들이고 슬퍼하는 자를 위로하며 갇힌 자나 병자에게 도움을 주는 행위다. 물론 이런 실천은 예수님의 말씀대로 최후의 심판을 가름하는 중요한 척도다. 그들에게 사랑을 베푼 사람은 단지 도움을 필요로 하는 자에게만이 아니라 주님께도 행한 것이기 때문이다. 예수님은 이 사실을 명확하게 언급하신다. "너희가 내 형제들인 이 가장 작은 이들 가운데 한 사람에게 해준 것이 바로 나에게 해준 것이다."마태 25,40 따라서 사랑의 실천으로 시작되는 예수님과의 깊은 결합의 열매는 영원한 생명을 보장한다.

사랑의 실천에서 관건이 되는 것은 바로 생명과 죽음이기 때문에 베타니아 여인의 행동을 좀 더 숙고할 필요가 있다. 먼저이 여인의 행동에 분개하는 비판자들의 태도를 주목하자. 비판자들은 여인이 쓸데없이 낭비하고 있다는 구체적 증거로 향유의 값을 이야기한다. "저 향유를 삼백 데나리온 이상에 팔아, 그 돈을 가난한 이들에게 나누어 줄 수도 있을 터인데."마르 14,5이 말은 배고픈 군중 앞에서 한 필립보의 변명을 상기시킨다. "저마다 조금씩이라도 받아먹게 하자면 이백 데나리온어치 빵으로도 충분하지 않겠습니다."요한 6,7 필립보는 '…면'과 '…으로도'라고 말한다. 곧 비현실적인 가정을 하고 불가능하다는 것을 주장하는 것이다. 그러면서 그는 아무것도 하지 않았다. 한 아이가 보리빵 다섯 개와 작은 물고기 두 마리를 가져왔을 때에야 비로소 군중은 배부르게 먹었다. 각자가 가진 것을 내어놓을 때 모든 이가 배부르게 먹을 수 있는 것이다. "이 여자는 자기가 할 수 있는 일을 하였다"마르 14,8라고 예수님은 말씀하신다. 무엇을 좀 안다는 자들이 계산을 하는 동안 여인은 행동한다. 그 여인은 아무 말도 하지 않는다. 단지 사랑을 행동으로 옮길 뿐이다. 그 행동은 말보다 더 많은 것을 시사한다. 몇몇 사람들은 불평을 터뜨린다. "그것으로 더 좋은 일을 할 수 있을 터인데." 그들은 비현실적인 가정을 하고, 또 그런 가정을 실천할 구체적인 사람도 지칭하지 않았다. 그러나 사랑하는 사람은 실제로 돕는다. 그 여인은 자신의 소유만이 아니라 자기 자신을 바친다. 그리고 누군가가 할 수 있을 법한 비현실적인 가정을 말한 것이 아니라 "자기가 할 수 있는 일"마르 14,8을 했다.

우리는 다음과 같은 것을 더 확인할 수 있다. 가난한 사람들을 구실삼아 자기 주장을 편 사람들은 가난한 사람 중의 가장 가난한 사람을 알아보지 못하고 그 곤경을 외면하기까지 한다. "머리를 기댈 곳조차"마태 8,20 없이 가난한 사람의 아들은 세상을 위해 이제 마지막으로 자신의 생명을 바치려고 한다. 이 사실을 예수님은 당신을 따르는 이들에게 알리신다. 그런 일이 곧 일어나리라는 징후가 곳곳에서 보인다. 그러나 사람들은 예수님을 돕는 일에 반대한다. 그들은 그런 일이 언젠가 일어날 것이라고 막연히 생각만 할 뿐 막상 그때가 닥치면 외면하고 말 것이다. 그러나 베타니아의 여인은 달랐다. 그 여인은 지금 예수님께 필요한 것이 무엇인지 알아차린다. 비판자들이 논쟁하고 선동하는 바로 그 시간에, 그 여인은 전적으로 헌신한다. 장차 닥칠 예수님의 고통을 공감하고, 그 고통에 함께하는 사랑, 곧 인류를 돌보는 하느님 사랑에 응답한다. '그 여인의 낭비'는 예수님이 인류를 위해 스스로 당신 몸을 바치시는 '낭비'를 예고한다.

예수님은 그 도움을 받아들이신다. 그러나 그분은 '이 세상에서 자기보다 더 높은 사람은 없다'고 여기는 권력자들처럼 그 도움을 당연하게 받아들이지 않으신다. 오히려 감사하는 마음으로 받아들이신다. 그분의 말씀들은 베타니아에서 행해진 기름 바름의 깊은 의미를 밝혀준다. 당시 사람들에게 장례를 거들어주는 일은 가장 큰 사랑의 행동에 속했다. 예수님의 말씀은 바로 그 사랑의 행위를 증언하는 것이다.

"이 여자는 자기가 할 수 있는 일을 하였다. 내 장례를 위하여 미리 내 몸에 향유를 바른 것이다."마르 14,8 예수님이 죽으신 후에 곧이어 파스카 축제가 있었기 때문에 시신에 향유를 바를 시간이 없었다. 결국 장례 때 시신에 향유를 바르는 예식이 베타니아에서 미리 행해진 셈이다. 따라서 시몬의 집에서 있었던 향유 바름은 곧 닥쳐올 예수님의 죽음을 암시하는 동시에 사랑의 결합을 나타낸다. 즉흥적으로 베풀어진 여인의 도움은 겉으로는 의미 없어 보이지만 실제로는 심오한 의미를 담고 있는 사건이었다. 바로 그 사건은 무의미하게 보이는 예수님 죽음의 심오한 의미를 밝혀주는 사건이기도 하다.

향유 바름의 의미는 사랑의 낭비다. 곧 예수님이 모든 이를 구원하기 위해 과분하게도 당신 자신을 바치신 사랑의 낭비다. 예수님은 많은 사람 중 한 사람이 아니라 모든 이를 위해 현존하시며, 모든 이를 위해 죽음의 길을 가신 유일한 분이다. 그분은 기름으로 축성된 분이다. 여인의 도유는 예수님이 성령으로 도유되신 분이라는 사실을 인간적인 방법으로 표현한 셈이다. 값비싼 나르드 향유는 주님께서 우리에게 베푸신 그 어느 것과도 비할 데 없는 값진 선물을 상징한다. 우리가 그 값진 선물로 무엇을 행할 수 있는가를 숙고한다면, 여기서 사용된 '낭비'라는 낱말의 또 다른 깊은 의미를 발견할 수 있을 것이다.

사랑은 예수님이 우리에게 선사하신 선물이다. 예수님은 우리에게 당신 사랑의 열매만 주시지 않는다. 그분은 당신 사랑을 행하기를 바라신다. 베타니아의 여인이 예수님의 영 안에서 행동한 것처럼 우리도 그렇게 하기를 원하신다. 주님께서는 사랑의 실천 여부에 따라 영원한 생명을 주시지만 임의대로 그 척도를 제시하는 것이 아니다. 그분은 먼저 우리가 실천할 수 있는 사랑을 주신다. 그분은 우리에게 어떤 놀라운 행동을 기대하시지 않는다. 먼저 당신의 사랑을 주시며, 우리가 그 사랑에 사로잡히기를 바라신다. 그분은 당신의 사랑이, 그 사랑만이 우리를 행복하게 할 수 있다는 것을, 현세에서나 영원에서나 행복하게 할 수 있다는 것을 알고 계신다. 그래서 그분은 우리를 사랑으로 움직이기 위해 온갖 수단을 다 동원하신다. 그분은 우리에게 당신을 도운 베타니아의 여인을 통해 말씀을 건네신다. 이 여인의 사랑을 받아들이자. 복음의 말씀이 우리 삶 안에서 행동으로 옮겨지도록 노력하자. 그 여인이 한 것처럼 먼저 하느님께 나아가고, 동시에 항상 우리 곁에 있는 가난한 사람들을 돕도록 하자. 하느님은 가난한 사람들 속에서 우리를 만나기를 바라신다. 그분은 가난한 사람들의 눈으로 우리를 바라보시며 그들의 입을 통해 말씀하신다. 하느님은 그들의 손을 통해 우리에게 당신 손을 내미신다. 베타니아 여인의 정신과 하느님의 영으로 사랑을 실천하자.

빌라도 총독

빌라도는 세계 역사에 남을 만한 위대한 인물이 아니다. 그런
데도 그의 이름은 인류의 역사 안에서 위대한 제왕이나 저명한
발명가, 그리고 탁월한 예술가들보다 더 자주 거명된다. 그의
이름은 신앙고백문에도 들어있다. 설령 '그리스도가 본시오 빌
라도 통치 아래서 고난받으셨다'는 구절이 신앙고백문에 나오지
않는다 하더라도, 로마 총독의 이름은 성경의 수난 이야기와 관
련이 있다. 로마의 최고 전성기에, 곧 본시오 빌라도 통치 때에
예수님의 죽음을 가능케 한 사형제도가 합법적으로 인정되었기
때문이다.

로마의 역사가 타키투스Tacitus는 다음과 같은 메모를 남겼다.

알베르트 루프Albert Lupp: 고위성직자. 가톨릭 신학과 심리학 연구.

"이 그리스도는 티베리우스 황제 재임시 그 대리인인 본시오 빌라도에 의해 죽임을 당했다."

그렇다면 본시오 빌라도는 누구인가? 예수님의 심문과 재판에서 그렇게 우유부단하고 애매모호한, 그러나 결정적인 역할을 담당한 빌라도는 누구인가?

그의 위치와 직분에 대해 몇 가지를 말할 수 있다. 팔레스티나는 기원전 63년 로마에게 정복되었고, 그후 계속 로마의 지배를 받았다. 그래서 팔레스티나 사람들은 해마다 로마에 상당한 세금을 바치고 강제 부역을 해야 했다. 기원후 14년부터 37년까지 로마를 다스린 티베리우스 황제는 26년에 본시오 빌라도를 유다 지방 총독으로 임명했다. 당시의 문헌들은 본시오 빌라도에 관해 이렇게 증언한다. "그는 비교적 낮은 로마 귀족 출신이며, 강직했지만 돈에 눈이 먼 인물이었다. 한편으로는 충직한 정부 관료였으나 다른 한편으로는 양심을 팔아먹는 기회주의자였다."

점령 치하에서는 항상 점령세력에 저항하는 반대세력이 있기 마련이다. 빌라도는 로마의 권력에 반대하는 유다인들을 적대시한 인물이었다.

파스카 축제에 즈음해 제기된 예수님의 소송사건은 빌라도에게 여간 성가신 일이 아니었다. 그는 소송사건을 가능한 한 빨리 처리하고 싶었지만 뜻대로 되지 않았다. 때마침 유다 임금 헤로데가 파스카 축제에 즈음하여 예루살렘에 머물고 있었다. 헤로데에게는 일정 기간 동안 특별법을 제정할 권한이 있었다. 곧 사형선고를 받은 죄수를 풀어주거나, 사형을 직접 집행할 수 있는 권한이 있었다. 따라서 빌라도는 헤로데라면 이 특별 소송을 유다인들의 마음에 들게 처리할 수 있을 거라고 생각했다.

사실 헤로데는 예수님에 대해 호기심을 가지고 있었다. 그는 예수님의 기적들이나 병자의 치료, 그 밖의 많은 진기한 일에 관심이 있었다. 예수님이 기적을 행한다는 소문을 듣고, 그를 만나 기적을 행하는 것을 직접 보고 싶었는데 마침 좋은 기회가 온 것이다.

그러나 예수님과의 만남은 기대한 것과 전혀 다르게 이루어진다. 예수님은 기적을 행하지 않으셨다. 헤로데의 아첨과 비아냥도, 협박이나 공갈도 예수님의 마음을 움직이지 못했다. 그분은 헤로데의 마음에 들기 위해 기적을 행하거나 특별한 일을 하지 않으셨기 때문에, 폭군으로 알려진 헤로데의 미움과 분노를 산다. 헤로데는 예수님을 모욕한 다음 빌라도에게 돌려보낸다. 아마도 헤로데는 빌라도에게 "이런 망상가를 보내 내 화를 돋울 셈이오?" 하고 말했을 것이다.

그러므로 예수님의 소송사건을 둘러싸고 일어나는 혐오감이 빌라도에게 점점 고조되는 것은 놀라운 일이 아니다. 빌라도는 예수님이 정치적으로 그렇게 위험한 인물이 아니라고 생각하여 석방하려고 한다. 그러나 예수님을 석방하려는 그의 의도는 산헤드린의 심한 반대에 부딪힌다. 백성의 종교지도자들 또한 노련한 책략가들이었다. 그들은 예수님을 석방할 경우 모여있는 군중이 어떤 일을 벌일지 잘 알고 있었기 때문에 예수님을 율법의 반대자, 종교적 전통을 파괴하는 자, 곧 하느님을 모독한 자라고 고발한다.

빌라도는 흥분하는 군중을 진정시키고, 산헤드린을 만족시키기 위한 방안을 찾아야만 했다. 우리가 흥미를 갖는 것은 딜레마에 빠진 빌라도의 입장이다. 먼저 몇 가지를 물어보자. 빌라도는 무엇을 생각하고 있는가? 빌라도가 예수님에게 유죄판결을 내린다면 도대체 그 근거는 무엇인가? 무엇이 예수님에 대한 반대와 찬성의 논박을 결정하는 기준인가? 예수님의 생사가 달린 중대한 판결에서 빌라도는 어떤 태도를 취하는가? 빌라도의 입장이 루카복음서의 수난사에 잘 나타난다.

그리하여 온 무리가 일어나 예수님을 빌라도 앞으로 끌고 갔다. 그리고 예수님을 고소하기 시작하였다. "우리는 이자가 우리 민족을 선동한다는 사실을 알아냈습니다. 황제에게 세금을 내지 못하게 막고 자신을 메시아 곧 임금이라고 말합니다." 빌라도가 예수님께 "당신이 유다인들의 임금이오?" 하고 묻자, 그분께서 "네가 그렇게 말하고 있다" 하고 대답하셨다. 빌라도가 수석 사제들과 군중에게 말하였다. "나는 이 사람에게서 아무 죄목도 찾지 못하겠소." 그러나 그들은 완강히 주장하였다. "이자는 갈릴래아에서 시작하여 이곳에 이르기까지, 온 유다 곳곳에서 백성을 가르치며 선동하고 있습니다." 이 말을 들은 빌라도는 이 사람이 갈릴래아 사람이냐고 묻더니, 예수님께서 헤로데의 관할에 속한 것을 알고 그분을 헤로데에게 보냈다. 그 무렵 헤로데도 예루살렘에 있었다. 헤로데는 예수님을 보고 매우 기뻐하였다. 예수님의 소문을 듣고 오래전부터 그분을 보고 싶어 하였을 뿐만 아니라, 그분께서 일으키시는 어떤 표징이라도 보기를 기대하고 있었던 것이다. 그래서 헤로데가 이것저것 물었지만, 예수님께서는 아무 대답도 하지 않으셨다. 수석 사제들과 율법 학자들은 그 곁에 서서 예수님을 신랄하게 고소하였다. 헤로데도 자기 군사들과 함께 예수님을 업신여기고 조롱한 다음, 화려한 옷을 입혀 빌라도에게 돌려보냈다. 전에는 서로 원수로 지내던 헤로데와 빌라도가 바로 그날에 서로 친구가 되었다. 빌라도는 수석 사제들과 지도자들과 백성을 불러모아 그들에게 말하였다. "여러분은 이 사람이 백성을 선동한다고 나에게 끌고 왔는데, 보다시피 내가 여러분 앞에서 신문해 보았지만, 이 사람에게서 여러분이 고소한 죄목을 하나도 찾지 못하였소. 헤로데가 이 사람을 우리에게 돌려보낸 것을 보면 그도 찾지 못한 것이오. 보다시피 이 사람은 사형을 받아 마땅한 짓을 하나도 저지르지 않았소. 그러니 이 사람에게 매질이나 하고 풀어주겠소." 그러자 그들은 일제히 소리를 질렀다. "그자는 없애고 바라빠를 풀어주시오." 바라빠는 예루살렘에서 일어난 반란과 살인으로 감옥에 갇혀있던 자였다. 빌라도는 예수님을 풀어주고 싶어서 그들에게 다시 이야기하였지만, 그들은 "그자를 십자가에 못 박으시오! 십자가에 못 박으시오!" 하고 외쳤다. 빌라도가 세 번째로 그들에게, "도대체 이 사람이 무슨 나쁜 짓을 하였다는 말이오? 나는 이 사람에게서 사형을 받아 마땅한 죄목을 하나도 찾지 못하였소. 그래서 이 사람에게 매질이나 하고 풀어주겠소" 하자, 그들이 큰 소리로 예수님을 십자가에 못 박으라고 다그치며 요구하는데, 그 소리가 점점 거세졌다. 마침내 빌라도는 그들의 요구를 들어주기로 결정하였다. 그리하여 그는 반란과 살인으로 감옥에 갇혀있던 자를 그들이 요구하는 대로 풀어주고, 예수님은 그들의 뜻대로 하라고 넘겨주었다.루카 23,1-25

우리 모두는 '본시오 빌라도가 확실히 예수님의 죽음에 대한 공범자'라는 사실에 동의할 것이다. 빌라도는 당시 영향력이 있는 권력자들과 산헤드린의 폭력적 언사에 대항하고 예수님에 대한 소송사건을 올바르게 판결하여 전혀 다른 결과를 가져오게 할 수 있었을 것이다. 그러나 빌라도는 그렇게 하지 않았다. 따라서 우리가 '두려움 없이 용기 있게 정의를 위해 판단하고 행동하는 사람이 빌라도의 위치에 있었더라면 어떻게 되었을까'라는 식으로 상상의 나래를 펴도 소용이 없다. 그 당시의 문제는 모양만 다를 뿐 세기를 거듭하면서 국가와 정치적 영역에서뿐만 아니라 교회의 역사 안에서도 계속되기 때문이다.

우리는 빌라도가 여러 측면에서 압박을 당해 저항할 수 없을 정도로 무리한 요구를 받았을 것이라고 생각할 수도 있다.

빌라도가 어떻게 총독 자리에 오르게 되었는지에 대해서는 알려진 것이 없다. 그러나 로마 총독과 같은 중요한 직분을 맡는 자에게는 탁월한 능력이 요구된다는 조언을 사전에 해주었더라면 좋았을 것이다. 자격도 없이 그런 중요한 직분을 맡은 것은 잘못된 것이다. 그토록 불안정하고 억압된, 서로 엇갈린 정신적 조류가 지배하는 예수님 시대의 팔레스티나에서 로마인 점령세력을 옹호하고 대변하는 일은 결코 단순한 일이 아니다. 아마 권력 지향적이면서도 인간의 기본권을 우습게 여긴 빌라도는 항상 합리적이고 좋은 의견들을 거부했을 것이다. 왜냐하면 빌라도가 자신을 궁지에 몰아넣은 많은 사건들 때문에 좋은 경력을 쌓지 못한 것이 사실이고, 그 결과 총독이라는 직위를 자신의 여생을 확고히 하는 발판으로 여겨 현실에만 안주하려 했을 것이기 때문이다. 바로 이런 이유에서 그는 모든 일을 적극적으로, 무리하게 처리하려 하지 않는다. 그는 '많은 이들의 적수가 되는 것보다 한 사람을 희생시키는 것이 좋다'는 비극적 발상을 물리칠 수 없었고, 이제 그 발상을 당연한 것으로 받아들였다. 현대식으로 표현하자면, 빌라도는 자신이 무엇을 할 수 있고 또 무엇을 할 수 없는가를 잘 아는, 결국 자신에게 무엇이 유리한가를 보고 그 유리한 쪽으로만 행동하는 실용주의자였다.

이런 그의 애매모호한 성격과 내적 갈등이 예수님을 십자가형에 처하게 한 것이다. 하느님 섭리와의 불협화음이 그렇게 예수님을 넘겨주게 한 것이다. 예수님의 수난을 묵상하다 보면 우리는 책임 있는 사람들이 일상 수준에 미치지 못하는 판단과 행동을 하고 있음을 볼 수 있다.

빌라도를 조금 더 가까이서 살펴보도록 하자. 지금까지 보면 '빌라도가 나자렛 사람 예수님을 눈여겨보지 않았다'는 인상을 받게 된다. 그러나 그렇게 말할 수 없는 것이 루카복음서에 따르면 빌라도는 산헤드린이 요구한 유죄판결을 세 번씩이나 거부하려고 시도했기 때문이다. 예수님을 직접 심문한 빌라도는 예수님이 결코 백성의 선동가가 아니라는 결론에 이른다. 빌라도는 아마 이전에도 종교적 열광주의자들의 문제를 여러 차례 다루었을 테고, 따라서 그런 자들을 즉시 사형에 처할 필요가 없다는 결론을 내렸을 것이다.

빌라도는 자신의 직권으로 예수님을 석방하려고 두 번째 시도를 한다. 그러나 군중은 살인 강도 바라빠가 석방되는 것을 원했다. 이때 매우 놀라운 일이 벌어진다. 곧 군중이 재판권을 손에 넣고 중대한 사건을 좌우하게 되었다는 것이다. 점점 이성을 잃고 감정만을 앞세우는 상황에서 소수의 사람들이 옳은 목소리를 낸다 할지라도 상황은 변하지 않는다. 사람들은 실제로 무엇이 문제인지 알지 못한다. 군중은 '십자가에 못 박으시오, 십자가에'라고 함성을 지르며 사태를 악화시킨다. 그러나 그들은 후에 그런 불행한 사태에 대해 서로 책임을 회피한다.

빌라도는 세 번째로 예수님을 석방하려고 시도한다. 그는 군중 앞에서 '나는 이 사람에게서 사형에 처할 죄를 찾아내지 못하였다'라고 말한다. 그러나 빌라도는 예수님에게 아무런 잘못도 없다고는 생각하지 않는다. 그래서 그 잘못의 대가로 예수님을 매질하고, 그것으로 모든 일이 잘 해결되기를 바란다. 그러나 군중은 이미 빌라도의 제안을 받아들이기 불가능할 정도로 흥분되어 있었고, 상황은 극도로 악화되었다. 빌라도는 종교지도자들과 함께 운집한 군중의 요구를 들어주지 않을 경우 자신의 지위마저 위험해질 것이라는 생각이 들었다.

이런 상황이 계속된다면 폭동이 일어날지도 모를 일이었다. 빌라도는 불안했다. 게다가 이 일이 로마 황제에게 알려지는 날, 파직은 불 보듯 뻔한 일이었다. 이제 빌라도에게는 한 가지 선택만이 남아있을 뿐이다. 나자렛의 종교적 몽상가를 지지하느냐, 아니면 자신을 위해 예수님을 처형하느냐 하는 양자택일뿐이었다. 빌라도는 크게 고민할 필요가 없었다. 그는 마침내 예수님을 군중에게 넘겨준다.

빌라도가 예수님을 넘겨준 다음 백성 앞에서 보라는 듯이 손을 씻은 것은 매우 인상적이다. 손 씻음은 예수님의 죽음에 아무런 책임이 없다는 표시이지만, 기묘하게도 예수님의 무죄한 죽음과 그 죽음의 결과로 가져올 죄의 용서를 미리 암시한다는 인상을 지울 수 없다. 그러니 빌라도가 군중에게 예수님을 넘겨 준 다음, '나는 이 일에서 손을 뗀다. 내 마음은 순수하고, 내 손은 깨끗하다. 모든 것은 이제 너희 책임이다. 너희가 이 일을 망쳤다'라는 표시로 손을 씻은들 무슨 소용이 있겠는가!

산헤드린의 원로들이 하는 주된 일은 예수님과 같은 선동가들을 침묵하게 하는 일이었다. 그러나 그들은 예수님에게 가르치는 일을 그만두게 할 수 없었고, 예수님을 팔레스티나 밖으로 추방할 수도 없었다. 그러는 사이에 자신들을 향한 예수님의 질책이 점점 고조되었다. 예수님은 성전에서 드리는 예배행위에 의문을 가졌고, '너희는 옛 사람들이 하는 말을 들었다. 그러나 나는 이렇게 말한다'라는 식으로 원로들의 가르침에 정면으로 도전하기까지 하신다. 예수님은 권위 있는 율법학자들의 가르침과 오랫동안 금기시된 종교적 전통까지도 문제 삼으셨다. 이에 원로들이 예수님을 위협하기 시작하지만 그러한 위협도 예수님의 가르침을 저지시키지 못했다. 그래서 그들은 예수님을 죽이기로 결정한다. 빌라도는 이를 유다인들의 내부 문제로 생각하고 관여하기를 원하지 않는다. 그 문제는 열심한 유다인들이 해결해야 할 과제로 생각한 것이다. 그러므로 빌라도는 이 문제를 유다인들에게 넘겨주고, 자신은 적당하게 해결할 수 있는 다른 문제에만 관심을 기울인다. 우리는 이 같은 빌라도의 모순적 태도에 경악하게 된다.

이와 비슷한 사례가 오늘날 우리 시대에도 엄연히 존재하지 않는가? 우리는 빌라도와 같은 자세로 살아가는 이들을 어디서나 쉽게 발견할 수 있다. '나는 그 진단서가 가짜라는 것이 밝혀지더라도 모른 척하겠다', 또는 '네가 임신한 것에 대해서 나는 모르는 일로 해'와 같은 태도가 바로 그것이다. 대부분의 사람들은 이러한 태도를, 살아남기 위한 세상의 지혜라고 생각한다.

그러나 우리는 바로 그런 태도에서 수많은 악이 시작된다는 사실을 정직하게 인정해야 한다. 그런 태도는 이미 사회 전반에 퍼져있고 우리의 개인적·사회적 삶의 많은 영역에까지 지대한 영향을 끼치며, 실제로 우리를 위협하고 있는데도 전혀 놀라지 않고 오히려 자연스럽게 받아들인다.

다시 한번 빌라도를 관찰하자. 처음에 빌라도는 예수님을 구출하려고 했다. 그러나 그는 자신의 정치적 평판을 더 중요하게 생각했기에 위험을 감수하면서까지 예수님의 문제를 해결할 생각은 없었다.

처음에 빌라도는 어느 정도 동정적이었다. 그러나 나중에는 태도를 바꾸어 이렇게 말한다. "어쨌든 너는 임금이 아니다. 네가 정말로 하느님께 선택된 자라면 하느님은 너를 그렇게 넘겨주지 않으셨을 것이다. 너는, 네가 말했듯이, 진리 외에는 그 어떤 삶도 원하지 않는다. 그러니까 너는 내적으로나 외적으로, 하느님 앞에서 진지하게 다른 인간을 위해 살기를 원한다. 나는 네가 올바르고 또 진리를 사랑한다는 것을 믿는다. 진리가 무엇인지 나에게 말해다오."

빌라도는 결국 자신의 지위를 유지하기 위해 예수님을 희생시켰다.

우리 중에 과연 누가 자신에게 닥칠지도 모르는 위험 앞에서 의연히 맞설 수 있겠는가? 본시오 빌라도에 대한 묵상은 시종일관 하느님께 진지하게 기도하도록 우리를 재촉한다. '하느님, 우리를 감당하기 어려운 유혹에 빠지지 않도록 지켜주시고, 유혹에 저항할 수 있도록 함께하시고, 도와주소서.'

우리는 하느님께서 우리가 신앙고백을 해야 할 때 함께 계시고, 비겁하게 어려움을 피하지 않게 해주시기를, 그래서 우리가 정말 죄짓고 살지 않도록 지켜주시기를 기도해야 한다.

우리 주님이신 하느님, 당신께서는 우리의 삶이 나약함과 허약함, 불의함과 죄악으로 이어진다는 것을 아시나이다. 하느님, 우리에게 진리와 정의를 위해 몸 바칠 용기를 주소서. 불의가 판을 치는 세상에 불의를 행하지 않고, 귀를 닫지 않도록 우리를 지켜주소서. 우리가 비겁하게 좌절하거나, 아무런 잘못이 없다고 생각하지 않도록 도와주소서. 주님, 당신께서 하시는 말씀을 들을 용기와 한 분이신 당신을 믿을 수 있는 용기를 주소서. 항상 우리와 함께 계시는 당신께 진심으로 감사드립니다.

베드로

'사람이 사는 곳에는 인간적인 면이 있다'는 격언이 있다. 사람이면 누구에게나 약점과 모순이 있다는 말이다. 이 말은 보통 사람들과 교제를 할 경우 먼저 많은 것을, 아니 가능한 한 모든 것을 각오해야 한다는 뜻으로 사용된다. 그러나 그런 각오는 나보다는 다른 사람이 갖추어야 할 태도라고 생각하기 십상이다. 말하자면 그런 말을 자신에게 적용하기를 원하지 않는 것이다.

우리가 '인간적인 면'이라고 말할 때는 부정적인 면을 지칭한다는 것도 주목할 만하다. 우리는 누구든 좋은 면이 많고 실제로 다른 사람들에게서 좋은 경험을 많이 하곤 한다. 그러나 우리는 그 좋은 경험과 체험을 단지 한마디로 '그도 인간이다'라고

클라우스 무카Klaus Mucha: 신부. 가톨릭 신학 연구.

51

일축해 버린다.

인간은 피조물이다. 인간은 결코 대량으로 생산된 물건이 아니다. 인간은 일정한 부분만 피조물인 것이 아니라 존재 전체가 피조물이다. 강한 사람이 있는가 하면 약한 사람도 있고, 성실하고 올곧은 사람이 있는가 하면 쉽게 동요하는 사람도 있다. 포악한 사람이 있으면 모든 것을 잘 받아들이는 온순한 사람도 있다. 모든 사람은 각자의 길을 가며 이 길들은 서로 교차된다. 사람들은 서로 만나 체험을 나눈다. 이것이 바로 '인간적인 면'이다. 필자는 인간은 바로 이런 인간적인 면을 나누며 살아야 한다고 생각한다. 그렇지 않으면 우리가 어떻게 살아갈 수 있겠는가?

물론 우리는 많은 사람의 불행을 불러오는 만남을 상상할 수도 있을 것이다. 이기심을 충족하기 위한 만남이 그것이다. 이 경우에 서로 만나 삶을 나누는 것은 자신의 욕구와 요구를 관철시키기 위한 수단일 뿐이다. 이런 만남과 나눔에서 상대방은 엄밀하게 보자면 사람이라기보다 단지 사물일 뿐이다. 이런 만남은 서로에게 불행을 가져다줄 뿐이며 그러한 관계에서는 '인간적인 면'을 찾아볼 수 없다.

삶의 여정은 행복과 희망의 역사인 동시에 환멸과 불행의 역사이기도 하다. 우리 모두는 이러한 사실을 잘 알고 있다. 우리는 가까운 이웃이 절망에 빠져있는 것을 종종 본다. 때로는 전혀 기대하지 않던 희망을 갖기도 한다. 한 가정에는 행복스런 시간이 있는가 하면, 서로 대립하는 고통스런 순간도 있다. 우리는 '좋은' 친구들과 경험을 나누기도 한다. 그러나 그런 경험은 빨리 잊힌다. 원하던 것이 채워지고 친구들로부터 더는 아무것도 기대할 수 없다고 생각될 때 더 빨리 잊힌다. 왜 그런지 그이유를 생각해 보아야만 할 것이다.

우리는 특히 예수님의 수난에서 큰 역할을 담당한 베드로를 바라보면서 이웃을 쉽게 잊는 것에 대해 생각해 보고자 한다. 우리는 여기서 두 개의 길, 곧 베드로의 길과 예수님의 길만 서로 교차되고 있다고 생각해서는 안 된다. 예수님의 길과 우리 삶의 길도 교차하기 때문이다. 베드로는 예수님을 자기 사람으로 만들려고 한 기분파였다. 그 때문에 우리는 이 두 분의 삶의 길이 교차되는 지점에서 많은 것을 관찰할 수 있고, 유익한 교훈을 얻을 수 있을 것이다.

루카복음서에 나오는, 예수님의 삶과 베드로의 삶이 교차되는 지점은 베드로의 삶에서 가장 어두운 부분이다.

그들은 예수님을 붙잡아 끌고 대사제의 집으로 데려갔다. 베드로는 멀찍이 떨어져 뒤따라갔다. 사람들이 안뜰 한가운데에 불을 피우고 함께 앉아있었는데, 베드로도 그들 가운데 끼어앉았다. 그런데 어떤 하녀가 불 가에 앉은 베드로를 보고 그를 주의 깊게 살피면서 말하였다. "이이도 저 사람과 함께 있었어요." 그러자 베드로는 "이 여자야, 나는 그 사람을 모르네" 하고 부인하였다. 얼마 뒤에 다른 사람이 베드로를 보고, "당신도 그들과 한패요" 하고 말하였다. 그러나 베드로는 "이 사람아, 나는 아닐세" 하였다. 한 시간쯤 지났을 때에 또 다른 사람이, "이이도 갈릴래아 사람이니까 저 사람과 함께 있었던 게 틀림없소" 하고 주장하였다. 베드로는 "이 사람아, 나는 자네가 무슨 말을 하는지 모르겠네" 하고 말하였다. 그가 이 말을 하는 순간에 닭이 울었다. 그리고 주님께서 몸을 돌려 베드로를 바라보셨다. 베드로는 주님께서 "오늘 닭이 울기 전에 너는 나를 세 번이나 모른다고 할 것이다" 하신 말씀이 생각나서, 밖으로 나가 슬피 울었다. 루카 22,54-62

우리는 대부분 베드로의 이런 태도를 못마땅하게 생각한다. 그러나 복음사가들은 베드로의 삶에서 어두운 면만을 보여주지 않는다. 복음서에서 베드로의 삶을 보도하는 내용들을 간략하게 살펴보자.

루카복음서에 따르면 예수님은 배에 올라 첫 제자들을 부르신다.루카 5,1-11 베드로는 이때 새로운 사명을 받는다. "이제부터 너는 사람을 낚을 것이다."루카 5,10 요한복음서에 따르면 이 첫 만남에서 예수님은 베드로를 "케파"요한 1,42라고 부르신다. 베드로는 예수님께 대한 신앙을 명확하게 고백한다. "주님, 저희가 누구에게 가겠습니까? 주님께는 영원한 생명의 말씀이 있습니다."요한 6,68 베드로는 예수님을 그리스도라고 고백한 첫 사람이다.마르 8,29 그러나 그런 고백이 있은 다음 즉시 예수님은 베드로를 '하느님의 계획을 방해하는 사탄'마르 8,33이라고 질책하신다.

예수님은 베드로의 집에 가서 그의 장모의 병을 고쳐주신다.루카 4,38-39 베드로는 예수님의 변모가 이루어지는 다볼 산에 동행하고, 그곳에서 세 명의 제자들을 대표해서 말한다.루카 9,28-33 베드로는 예수님이 죽은 야이로의 딸을 살려주실 때도 함께 있었다.마르 5,37 베드로는 예수님을 따르는 대가가 무엇인지 묻기도 한다.루카 18,28 예수님은 최후의 만찬 때 베드로에게 이제 모든 제자가 사탄의 시험을 받을 것이라고 말씀하신다. 동시에 베드로가 다른 제자들에게 힘이 되도록, 특히 그의 믿

음을 위해 기도하신다. 곧 베드로에게 예수님의 일을 계속해야
하는 사명이 주어진 것이다. 바로 이때 베드로의 배반이 예고된
다.루카 22,31-34 부활하신 예수님은 열두 제자 중 베드로에게 가
장 먼저 나타나신다.루카 24,34

베드로는 배반자 유다의 자리를 메울 사도로 마티아를 뽑는
다.사도 1,15-26 베드로는 성령강림 후에 군중 앞에서 부활사건을
선포하고 초대교회를 이끈다.사도 2장 하느님의 특별한 보호가 그
와 함께하는 것이다.사도 12,6-19

베드로는 예수님의 열두 제자 가운데 으뜸가는 제자였다. 그
는 어디에서나 항상 예수님과 함께했다. 그는 예수님의 친구였
으며, 예수님의 신뢰를 받는 사람이었다. 예수님은 베드로 위에
교회를 세우겠다고 하셨다.

이런 베드로가 어려운 순간이 닥치자 예수님을 모른다고 부
인한다. 그렇다면 도대체 예수님은 무엇 때문에 베드로와 관계
를 맺으신 것일까? 왜 예수님은 그런 비겁하기 짝이 없는 베드
로를 수제자로 택하셨을까? 사실 우리는 쉽게 베드로를 단죄하
고 별 볼 일 없는 사람으로 취급할 수 있다. 그러나 그것은 옳
은 일이 아니다. 왜냐하면 베드로의 배반이 예수님의 마음을
아프게 했다 할지라도, 바로 그 순간 새로운 미래가 도래하기

때문이다. 베드로가 스승 예수님을 배반한 다음 하느님의 도우심으로 즉시 회심한 사실은 우리 신앙에 중요한 의미가 있다.

우리는 베드로가 예수님을 비겁하게 배반했다는 생각을 버려야 한다. 예수님은 정말로 당신을 믿은 베드로와 관계를 맺으셨기 때문이다. 베드로는 예수님의 말이 귀에 거슬려 떠난 많은 제자들처럼 예수님을 떠나지 않았다.요한 6,60-71 베드로는 올리브 동산에서 예수님을 위해 싸우려고 칼을 빼어들기도 했다. 베드로는 예수님을 부인한 다음 즉시 후회하지 않았던가? 메시아는 당신에게 닥친 어려운 상황을 벗어나려고 애쓰지 않으셨다. 이미 모든 것을 버리신 메시아는 당신이 사람들에게 넘겨지고, 당신이 신뢰했던 사람이 당신과 비슷한 운명에 처하게 하신다. 이때 베드로는 곤경에서 벗어나기 위해 스승을 모른다고 한다. 메시아가 당신 스스로를 넘겨주셨다면 베드로를 포기하지 않으신 것은 무엇 때문일까?

하느님의 길은 인간의 길과는 다르다. 다른 제자들은 이미 도망갔다. 그러나 베드로는 멀찍이 서서 예수님의 뒤를 따라갔다. 베드로는 예수님의 사건이 어떻게 진행되는지 알고 싶었다. 그러나 베드로는 예수님을 부인하지 않을 수 없었다. 자신이 처한 상황이 매우 위험하고 절망적이었기 때문이다.

예수님은 베드로에게 우리가 '인간적인 면'이라 부르는 것을 허용하신다. 베드로는 약한 사람이었고, 예수님과 함께 길을 가는 것을 두려워했다. 그렇지만 그는 그 예수님에게 사로잡힌 사람이었다.

그러므로 예수님은 '당신의 사람' 베드로가 넘어지지 않도록 하신다. 그리고 베드로는 예수님의 기도와 배려로 회개할 수 있었다. "나는 너의 믿음이 꺼지지 않도록 너를 위하여 기도하였다. 그러니 네가 돌아오거든 네 형제들의 힘을 북돋아 주어라."루카 22,32 이는 베드로에 대한 예수님의 배려다. 예수님은 베드로가 배반한 그 순간 그를 위해 무엇을 하셨는가? "주님께서 몸을 돌려 베드로를 바라보셨다. 베드로는 주님께서 하신 말씀이 생각나서, 밖으로 나가 슬피 울었다."루카 22,61-62

베드로가 회개하게 하기 위해서는 아무 말 없이 사랑하는 눈길로 바라보는 것만으로 충분했다. 베드로의 약함을 질책하며 판단하는 시선이 아니다. 우리는 티모테오에게 보낸 둘째 서간에서 "우리는 성실하지 못해도 그분께서는 언제나 성실하시니"라는 구절을 읽을 수 있다. 회개한 베드로는 죽을 때까지 주님과 교회에 봉사하는 삶을 살았다.

이제 우리 자신을 살펴보자. 복음사가들이 베드로에 대해 침묵하지 않고 그의 성실함과 약한 모습을 이처럼 상세하게 다루는 것은 우리에게 많은 것을 시사한다. 이제 그 점을 간략하게 살펴보자.

먼저 그리스도인이란 어떤 사람들인가? 그리스도인이라는 신분은 한 번에 결정되는 것이 결코 아니다. 매일 새롭게 선택해야 하는 신분이다. 그 까닭은 예수님을 척도로 삼는 삶을 살아야 하기 때문이다. 그 척도는 세상에서 만나는 여러 상황과 심하게 충돌하며 갈등을 일으킨다. 그러나 우리는 우리가 만나는 여러 상황과 적당히 타협하려고 하는 경향이 있다. 사회 변두리로 밀려나면서까지 예수님의 가르침을 따르려는 사람은 드물다. 우리는 예수님이라는 척도보다도 먼저 우리 자신을 변호하며 살고 있다.

우리는 세상에서 안녕과 권세를 추구하고, 세상 걱정에 노심초사하며 돈을 최상의 가치로 삼는다. 가끔은 많은 돈을 벌고 높은 지위에 오르기도 한다. 그러나 인간은 단 한 번만 살 뿐이다. 그래서 예수님이 우리에게 이렇게 말씀하신 것이다. "너희는 스스로 조심하여, 방탕과 만취와 일상의 근심으로 너희 마음이 물러지는 일이 없게 하여라. 그리고 그날이 너희를 덫처럼 갑자기 덮치지 않게 하여라. … 너희는 앞으로 일어날 이 모든 일에

서 벗어나 사람의 아들 앞에 설 수 있는 힘을 지니도록 늘 깨어 기도하여라."루카 21,34.36

예수님은 염세적인 생각으로 이런 말씀을 하신 것이 아니라, 우리의 삶을 예수님이라는 척도에 맞추어 살아가도록 하기 위해 말씀하셨다. 우리 삶의 목적을 하느님의 뜻에 일치시키려는 노력 없이 그리스도인으로 항구하게 살아갈 수는 없다. 그리스도인에게 기도는 필요불가결한 것이다. 그리스도인이 되는 것은 우리의 힘과 노력에 의한 것이 아니라 하느님의 선물이다. 우리는 그 선물을 주십사고 기도해야 한다.

하느님은 인간을 구원하기 위해 예수님께 극적인 투신을 요구하고 허용하셨다. 우리가 다시금 비구원의 상황에 빠지지 않도록, 하느님께서는 계명 또는 산상설교라는 형태로 당신의 잣대를 내려주신다. 곧 하느님께서는 우리의 삶에 지침을 마련하시고, 그 지침을 통해 우리를 구원으로 이끄신다. 하느님의 이런 고유한 계획에 맞서 자기주장을 하는 것은 의미 없는 일이다. 우리의 상황은, 적당하게 사는 방식으로는 개선될 수 없다. 하느님의 고유한 계획은 '우리'의 생각으로 해결할 수 없다. 오히려 우리 자신이 하느님의 고유한 계획에 따라 구원되도록 해야한다. 바로 여기서 그리스도인이라는 신분이 결정되고 매일 새롭게 된다. 그리스도인이라는 존재는 잃어버릴 수 없는 소유물이 아니다. 우리는 우리의 신분을 확실한 것으로 여겨서는 안된다. 예수님은 베드로를 '바위'라고 부르시기도 했고, '사탄'이라 부르시기도 했다. '신앙의 바위'에서 '자신의 생각만 하는 사탄'이 되는 길로 넘어가는 것은 순식간의 일이었다. 그러나 '사탄'의 길은 오래 지속되지 않았다. 베드로의 삶의 역사는 복음사가들을 통해 우리에게 전승된다.

예수님은 아버지의 뜻을 매우 진지하게 받아들이시어 수난의 길을 가셨다. 그 결과 그분은 우리에게 구원의 길을 주셨고 그 길을 여셨다. 당신을 따르라는 부르심은 구원의 길을 가라는 요구다. 이를 위해서는 분명한 결단이 필요하다. 예수님을 따름은 아무도 모르게, 또는 아무 대가도 치르지 않는 은밀한 것이 결코 아니다.

다시 베드로에게로 돌아가자. 주님은 타락의 기로에 서있는 '당신의 사람' 베드로에게 한 번 더 기회를 주신다. 그 기회는 예수님의 시선을 받음으로써 이루어졌다. 베드로는 그 기회를, 의심을 품어 물에 빠졌을 때 주님의 손을 붙잡았던 것처럼마태 14,29-31 이용했다.

하느님은 모든 인간에게 마지막까지 기회를 주신다. 이것은 우리 모두에게 큰 희망이다. 스스로에게 물어보자. 우리는 타인에게 마지막까지 기회를 준 적이 있는가? 우리는 베드로에게 다시 한번 기회를 준 적이 있는가? 하느님은 인간을 거절하지 않으신다. 이 또한 하느님 독자성의 한 부분이다.

베드로의 역사는 놀랍게도 계속된다. 예수님은 베드로에게 한번 주신 것을 빼앗지 않으신다. 그분은 베드로 위에 당신 교회를 세우신다. 놀라운 일이 아닌가? 베드로는 삶의 심오함과 소중함을 이미 배웠다. 그는 타락의 벼랑 위에 서있기도 했다. 죄악과 회개를 체험했고, 또 그로 인해 고통을 받기도 했다. 타락의 벼랑 끝에 서본 사람은 그 고통이 어떤 것인지 잘 이해할 수 있다. 그러나 어려움을 겪어보지 못한 사람은 그만큼 견디기 어려울 것이다.

베드로는 많은 체험을 한 인물이다. 그렇기 때문에 예수님은 그에게 당신 일을 맡기실 수 있었을 것이다.

필자가 사제로 살아가면서 늘상 떠오르는 물음은 '내 삶의 체험이 다른 사람을 이해하고 도와줄 수 있을 만큼 풍요로운가?' 하는 것이다. 법대로만 한다면 문제될 것이 없겠지만, 그러나 세상은 그리 간단치가 않다. '성직자들은 세상을 모른다'는 말을 종종 듣는 이유도 어쩌면 체험이 부족한 탓일 것이다. 삶에는 대낮같이 밝은 빛만이 아니라 밤의 어두움도 있는 법이다. 베드로는 이를 잘 알고 있었고, 그 때문에 예수님의 큰 일꾼이 되었다.

한 가지 더 언급하고 이 글을 마치기로 하자. 베드로와 같은 이력, 곧 삶의 어두운 과거를 가진 사제가 우리 본당에 새로 부임한다면 어떻겠는가? 추기경들이 베드로와 같은 과거를 지닌 사람을 교황으로 선출할 수 있을까? 하느님은 베드로와 같은 사람에게 또 한 번의 기회를 주시지만 우리는 그런 사람에게 기회를 베풀지 않는 것이 사실이다. 이에 대해 좀 더 깊이 생각해 보자.

주님, 당신 생명의 법은
제 생명의 법이기도 합니다.
언제나
죽음이 생명이며
자기를 버리는 것이 얻는 길이며
가난함이 부유함이며
고통이 은총이며
마지막에는 모든 것이 완성되리라는

사실을 깨달을 수 있겠습니까?

세상은 구원되었습니다.

죽음은 사라졌습니다.

죄는 극복되었습니다.

자유를 누리게 되었습니다.

아버지께서 저에게 주신 사명을

완성할 수 있게 하소서,

당신이 이루신 것처럼. 아멘.

유다 이스카리옷

운명적인 만남이란 것이 있다. 한 사람의 인생을 결정적으로 변화시키는 만남을 가리켜 그렇게 말한다. 주님을 만난 많은 사람은 이러한 체험을 한다. 우리도 주님을 만나지 않았더라면 어떻게 되었을까?

이 질문은 특히 한 사람, 곧 성경이 묘사하는 수수께끼 같은 인물 중의 한 사람인 유다 이스카리옷에게 잘 어울린다. 그가 나자렛 사람 예수님을 만나지 않았더라면 어떻게 되었을까? 우리는 이에 대해 아무것도 확실히 말할 수 없다. 그는 아마 익명의 무수한 사람들 가운데 한 사람, 이미 오래전에 잊힌 인물에 지나지 않았을 것이다. 그러나 그의 이름은 이천 년이 지난 오

노르베르트 마기노트Norbert Maginot: 신부. 철학과 가톨릭 신학 연구.

늘날에도 예수님에 대해, 특히 예수님의 수난과 죽음에 대해 이야기할 때 늘 언급된다. 우리는 카리옷 출신인 시몬의 아들 유다를 어떻게 보아야 할까? 그를 외면하고 멀리하여 아예 생각조차 하지 않는 것이 차라리 낫지 않을까? 그의 삶을 생각하는 것이 우리에게 그토록 중요한가? 유다의 삶을 우리의 삶과 관련지어 생각하는 일이 도대체 가당키나 한 일인가?

우리는 유다에 대해 무엇을 아는가? 어떻게 그를 정당화할 수 있는가? 우리는 그에게서 무엇을 배울 수 있고, 또 배워야만 하는가? 이에 대해서는 초대 그리스도인들도 쉽게 대답하지 못할 것이다. 그들은 유다가 한 일들을 납득하기가 더욱 힘들었을 것이기 때문이다.

오늘날 우리가 유다에 대해 알 수 있는 방법은 복음과 사도행전을 통해서다. 그러나 성경에서 다루는 것은 유다의 생애나 실제 사건의 역사적인 기록이 아니라 신학적인 의미다. 그 때문에 성경은 유다의 말과 행동, 그의 최후에 대해 부분적으로 서로 다르게 묘사한다. 우리는 바로 이런 배경을 놓고 유다에 관하여 묵상하고자 한다. 특히 이 묵상은 예수님의 수난기와 함께하는 묵상이 될 것이다.

우리의 묵상 한가운데에는 예수 그리스도가 계시다. 왜냐하면 그분은 인류 역사의 결정적인 순간에 일어난 비극적인 드라마의 주인공이기 때문이다. 보통 단번에, 결정적으로 일어난 비극적인 사건에는 본인이 원하든 원하지 않든 나름대로 그 사건에서 각기 다른 역할을 담당하는 수많은 사람이 등장한다. 한 사건에는 행동하는 자와 관중, 고통당하는 자와 심문자, 신원이 확실한 사람과 그렇지 않은 사람이 있다. 이처럼 오늘날에 이르기까지 모든 시대에는 약한 자와 악을 꾸미는 자, 절망하는 자와 자기의 안전을 꾀하는 자, 평화를 사랑하는 자와 폭력을 휘두르는 자, 열심한 자와 하느님을 배반한 자 등이 있었다.

여기서 우리는 이렇게 물을 수 있다. 왜 하필이면 나자렛 사람 예수님의 수난을 취급하는가? 피와 눈물로 뒤범벅이 된 그 사건을? 이런 물음은 아마도 우리를 결코 침묵하지 못하게 하는, "이분이 어떤 분이시기에?"마태 8,27라는 질문에 대한 답에서 그 해답을 찾을 수 있을 것이다. 특히 주님의 신뢰를 받은 열두 제자들은 이런 질문을 그냥 지나치지 않았다. 예수님은 올리브 산에서 밤새워 기도하신 후 열두 제자들을 당신 곁으로 부르셨다. 이제 그들은 예수 그리스도의 증인이 되어야 하며, 그분의 사명을 누구보다 더 깊이 깨달아야 한다.

하지만 과연 그랬던가? 그들의 예수님께 대한 기대는 원치 않는 방향으로만 흘러갔고, 사람들의 스승에 대한 평가 또한 서로 엇갈렸다.

나자렛 사람 예수님은 과연 누구인가? 종교적 몽상가인가, 아니면 개혁자인가? 예수님이 과연 오랫동안 갈망하고 기다려 온 구원자 메시아인가? 백성을 선동하는 위험한 인물인가, 하느님을 모독하고 율법을 파괴하는 사람인가? 예언자인가, 협잡꾼인가? 아니면 권력을 추구하는 정치적 야심가인가? 그는 도대체 누구인가? 이는 제자들과 유다 이스카리옷의 근본적인 질문이기도 했다.

모든 사람이 일치하여 생각한 한 가지 사실은 예수님은 결코 평범한 인물이 아니라는 것이다. 사람들은 그분을 마음대로 다룰 수 없었으며, 오히려 그분은 사람들의 논쟁을 중지시키셨다. 그분은 사람들이 결정하도록 촉구하셨고, 그 요구는 단호했다. 그분의 말씀은 청중들을 편안하게 놔두지 않았다. 그분은 당신이 옳다고 생각하는 것을 대담하게 말씀하셨고, 그 어떤 저항 앞에서도 굽히지 않으셨다. 그분은 하느님이 원하시는 바를 하셨고, 하느님의 나라를 선포하셨다. 그분의 관심사는 하느님과 인간뿐이었다. 그분은 인간들이 하느님과 함께 살기를, 하늘에 계신 아버지를 신뢰하며 그 신뢰가 날로 깊어지기를 바라셨다.

많은 사람이 그분의 인격에 매혹되어 그분을 따랐다. 열두 제자 무리도 그렇게 형성된 것이다. 열두 제자는 자신들이 예수님께 속해있다는 사실을 매우 자랑스럽게 여겼다. 그리고 언젠가는 멋진 세상이 오리라고 기대했고, 그런 기대가 머지않아 이루어질 것이라고 희망했다. 유다 이스카리옷은 부름을 받았을 때, 과연 무슨 생각을 하고 그 초대를 받아들였을까? 우리는 유다가 다른 제자들과 함께 예수님을 따라다녔다는 것을 알고 있다. 그리고 다른 제자들이 그런 것처럼 유다 또한 자기 나름으로 예수님을 생각했다. 그는 스승이 사람들과 어떻게 이야기하는지, 어떻게 관계를 맺는지를 보았다. 유다는 예수님의 구원 활동의 증인이 되었고, 사람들이 예수님을 만나면서 어떻게 내면세계가 변화하고, 새로운 사람이 되는가를 보았다. 이 모든 것은 유다에게 깊은 인상을 주었다. 그러나 그는 자신의 개인적인 바람을 포기할 수 없었다.

유다는 스승이 말하는 왕국이 사람들이 짐작하는 지상낙원이 아니라는 사실을 알아챘다. 그랬기에 예수님은 제자들의 육체적 건강이나 현세적 안녕을 돌보기보다 내적으로 상처 입고 마비된 사람들을 우선적으로 치유하신 것이다. 유다는 인간의 삶을 결정적으로 좌우하는 것이 무엇인지 체험해야만 했다. 그것은 바로 하느님의 부르심에 깨어있는 것, 그래서 하느님과 인간을 올곧게 사랑하면서 사는 것이다. 그는 이제 자신의 모든 것을 이 목적에 맞춰 새롭게 방향을 설정해야 했던 것이다.

이 요구는 매우 당연하게 생각된다. 그러나 그것을 실현하기 위해서는 상당한 노력이 요구된다. 많은 이들이 그 길을 걷기로 작정했지만, 실제로 많은 사람은, 아니 거의 모든 사람은 그 길이 너무 어렵다는 것을 깨달았다. 많은 이들이 처음에는 열광적으로 따랐지만 점점 옛 습관으로 돌아갔다. 그렇게 그들은 삶의 결정적인 기회를 잃게 되었다.

그렇다면 우리는 이렇게 물을 수 있다. 그들은 그 기회가 어떤 기회인지 알기나 했을까? 그들은 그분이 진리와 생명을 주기 위해 오셨다는 것을 알았을까? 유다는 주님과 함께 살다시피 했으면서도 주님을 진심으로 따르지 않았을 뿐더러 그분이 누구신지 제대로 깨닫지 못했다는 사실에 우리는 경악하기도 한다. 그러나 유다에게 손가락질하기 전에 우리가 그런 상황에 있었다면 어떤 반응을 보였을 것인지 스스로에게 물어보아야 한다. 예수님이 오늘날 철저하게 선동적인 방식으로, 좀처럼 이해하기 어려운 방식으로 다가오신다면 우리는 어떤 태도를 취할까? 아마도 우리 또한 분명한 태도를 취하기 힘들 것이다. 당시 많은 사람이 그랬던 것처럼, 그리고 유다가 그랬던 것처럼 현세적 기대에 부풀지 않겠는가? 아마도 우리는 그분이 혁명의 선동가, 정의로운 세계를 건설하여 모든 불의를 종식시키는 인물이기를 기대할 것이다. 그렇지 않으면 우리는 새로운 결정의 순간을 거부하고 기존의 규정들을 고집하는 당시의 입장, 곧 인간 상호관계와 하느님과의 삶을 별다른 노력 없이 단지 주어진 규칙들을 준수하는 것만으로 해결하려 하는 사람들 편에 설 것이다. 그래서 우리는 빈손으로 하느님 앞에 서있는 것이 아니라 하느님께 무엇을 제시하고, 하느님은 그것을 반드시 인정하셔야만 하는 상황에 놓이게 될 것이다.

그러나 예수님의 행적은 이런 인간의 기대와는 거리가 멀었다. 그분은 정치적 혁명가로 활동하지 않으셨다. 예수님은 당신 자신을, 폭력적인 저항을 통해 로마인들의 압제에서 조국을 해방하고 다윗의 옛 왕국을 재건하려는 운동의 우두머리로 여기지 않으셨다. 결국 기대하던 많은 이들을 실망시킨 셈이 되었다. 그리고 그분은 율법이 종국적이며 최상의 규범이라는 당시의 생각을 강화하거나 변호하지 않으셨다. 그분에게 중요한 것은 오직 사랑뿐이었다. 그분에 따르면 인간은 사랑으로 생각하고 행동해야 하고, 하느님 앞에서 중요한 것은 진정한 사랑에서 비롯되는 헌신이다. 계명과 율법은 그 자체에 목적이 있는 것이 아니라, 삶에서 무엇이 중요하고, 자신의 삶과 이웃의 삶을 올곧게 하기 위해 무엇을 행해야 할지를 보여주는 보조수단일 뿐이다.

예수님이 많은 이들의 기대를 외면하고 당신의 근본 관심사를 포기하시지 않았기 때문에 충돌은 예상된 것이었다. 당신 자신도 이를 의심한 적이 없다. 예수님은 이런 상황을 파악하고 미리 수난을 예고하신다. 사람들이 종국에는 당신을 고통의 길로 이끌 것이며, 당신은 생명을 내주어야 한다는 결론에 이른다. 그분은 그렇더라도 당신의 올바른 태도를 견지해야 한다고 생각하셨다.

결국 백성을 책임진 사람들은, 누군가 철저한 사명 의식을 가지고 예수님이 그러신 것처럼 백성들에게 절대적인 요구를 할 때 이를 수수방관할 수 없었다. 예수님은 당신이 하느님의 뜻을 권위 있게 해석한다고 주장하셨다. 그분은 '너희는 …라는 말씀을 들었다. 그러나 나는 너희에게 말한다'마태 5,27-28고 하면서 모세의 율법을 뒤집어 놓으셨다. 그분은 정말 율법의 주인이셨는가? 그분은 이제 '당신을 받아들이는지의 여부에 영원한 생명이 달려있노라'고, '당신을 믿는 자는 이미 구원을 받았으며, 믿지 않는 자는 심판을 면치 못할 것'이라고 서슴지 않고 말씀하신다. 그래서 그런 말을 들은 몇몇 사람들은 "이 말씀은 듣기가 너무 거북하다. 누가 듣고 있을 수 있겠는가?"_{요한 6,60} 하고 수군거린다. 그들은 예수님에게 중요한 것이 무엇인지 이미 알아챈 것이다.

열두 제자는 어떠했는가? 제자들 또한 "너희도 떠나고 싶으냐?"라는 예수님의 물음에 결정을 내려야 했다. 제자들은 예수님의 사랑을 받았다. 그래서 그들은 "주님, 저희가 누구에게 가겠습니까? 주님께는 영원한 생명의 말씀이 있습니다"_{요한 6,68}라고 말한다.

이 순간에 유다는 예수님을 진심으로 받아들였을까? 예수님을 이해하기 위해서는 그분과 관계를 맺어야만 한다. 아무런 선입견 없이 그분의 말씀을 들어야 하고, 바라보아야 한다. 지금까지 익숙했던 관념에서 벗어나야 하고, 새로운 것을 받아들여 자신에게 새롭게 질문을 던져야 한다. 그러나 이런 것이 어디 쉬운 일인가? 우리도 하느님과 우리 자신과 이웃에 대한 기존 관념을 가지고 있지 않은가? 우리는 이미 가지고 있는 관념을 바꾸는 것을 어려워한다. 기존 관념을 바꾸기 위해선 고통을 감수해야 하기 때문이다. 그래서 '늘 변해야 한다'는 요구는 그리 환영받지 못한다. 아마 우리는 그런 요구에 대해 즉시 방어태세를 취하고, 변하지 않아도 좋을 이유를 대며 변호하려 할 것이다. 그러나 이런 태도는 유감스럽게도 진리를 위한 대가, 결국에는 성숙한 삶을 위한 대가를 드물지 않게 치르곤 한다.

많은 이들은 유다와 함께 이렇게 묻고 싶었을 것이다. 하느님께서 약속하신 구원을 가져오는 메시아가 어떻게 나자렛 사람일 수 있는가? 사람들은 예고된 구원자를 갈망하면서 자연스럽게 나름대로 메시아상을 만들었다. 그래서 정작 메시아가 역사 안에 도래했을 때는 자신들이 만든 상 때문에 알아뵙지 못했다. 그 상에 맞지 않았기 때문에 예수님을 거부한 것이다. 그러고서도 "그것이 오히려 하느님을 섬기는 일이라고 생각하였다."요한 16,2

우리는 제자들도 예수님의 신원에 대해 논쟁을 하면서 갈등을 겪었을 것임을 어렵지 않게 상상할 수 있다. 그럼에도 제자들은 그분과 함께 계속 길을 걸어간다. 그러나 모든 제자가 그렇지는 않았다. 유다 이스카리옷은 그 길을 가지 않는다. 유다를 부르신 주님이 그를 떼어놓은 까닭은 무엇일까? 성경은 이에 대해 암시적으로만 언급할 뿐이므로 그 이유를 추측할 수밖에 없다. 도대체 유다는 스승에게 어떤 것을 기대했을까? 유다는 대중을 움직이실 수 있는 예수님과 함께 로마에 저항하기를 꿈꾸었을까? 유다는 자신의 약점 때문에, 곧 돈에 대한 집착이 너무 강했기 때문에 자기와는 정반대인 스승의 명성과 거룩함을 인정할 수 없었던 것일까? 유다는 예수님이 정말 메시아라면 좀 더 열정적으로 행동하시기를 바랐을까? 그렇다면 예수님은 다른 사람의 힘을 빌려서라도 당신이 누구인지, 그리고 당신이 '열두 군단의 천사'마태 26,53를 청할 수 있다는 것을 보여주셔야 했을 것이다.

유다가 마지막까지 예수님의 길에 함께하지 않은 이유를 찾으면서 한 가지 사실이 분명해진다. 곧 유다는 그리스도이신 예수님을 온전히 깨닫지 못했다는 사실이다. 그는 예수님과 함께하면서도 메시아에 대한 자신의 선입관과 기대를 버리지 않았다. 그 때문에 그의 마음 깊은 곳에 '더 이상 이렇게 행동해서는 안 된다'는 생각이 점점 자라게 된 것이다.

결국 유다는 나자렛 사람 예수님을 거부하고 적개심까지 품으며, 그분을 제거하기에 좋은 때만 기다리던 사람들을 찾아가 자신을 친구라 부르신 스승을 넘겨주고 만다. 유다는 예수님을 죽이려는 자들의 손에 스승을 넘겨준다. 물론 예수님을 죽이려는 자들에게도 나름대로 이유가 있었을 것이다.

유다는 다른 사도들과 함께 마지막 만찬에 참석하면서 과연 무슨 생각을 했을까? 유다는 식탁에 앉아 스승으로부터 일치의 상징인 빵을 건네받는다. 복음사가는 그때 '사탄이 그에게 들어갔다'요한 13,27고 말한다. 한때 예수님께 대한 감탄과 사랑으로 충만하던 그의 마음이 점점 돌처럼 굳어진다. 그리고 밖으로 나간다. 복음사가는 이 장면을 상징적으로 표현하여 "때는 밤이었다"요한 13,30라고 한다. 유다는 어두운 심연으로 추락하고, 사랑하는 인간의 광채는 사라진다. 사람들 가운데서 열정적으로 활동한 예수님의 공생활이 고통스럽게 마감되는 종말의 시간이 다가온 것이다.

예수님의 수난은 제자들과 함께하는 만찬 이후에 시작된다. 예수님은 만찬 때 신비스러운 방법으로 제자들을 위해, 인간과 세계를 위해 당신의 몸을 내어주는 극진한 사랑을 보여주신다. 사람들을 위해 사셨고, 마지막 순간까지 사람들을 사랑하신 예수님이 스스로 죽음을 택하신 까닭은 무엇일까? 예수님의 죽음은 하느님 아버지께서 행하신 모든 선행에 대한 감사 표시였던가? 왜 아버지 하느님께서는 예수님의 고통과 죽음에 침묵하시는가? 십자가에서 하느님을 이해하기는 힘들다. 그럼에도 예수님은 당신 아버지께 마지막까지 성실하시다. 그분은 하느님의 손에 당신을 온전히 맡기신다. "그러나 제 뜻이 아니라 아버지

의 뜻이 이루어지게 하십시오."루카 22,42

유다는 이렇게 십자가의 고통을 준비하신 예수님께 군인들을 이끌고 다가온다. 예수님을 체포하기 위해서다.

유다는 예수님을 얼싸안고 입을 맞춘다. 상상할 수 없는 행동이다. 존경과 친교, 하나 됨과 사랑의 표시가 그 반대의 의미로 악용된다. 이에 대해 예수님은 "친구야, 네가 하러 온 일을 하여라"마태 26,50 하고 응답하신다. 예수님은 배반하는 유다를 친구라 부르신다. 이 순간에 흐르는 정적과 고요함, 선하심을 느껴 보라! 배반자는 과거에 그랬듯이 지금도 예수님의 친구다. 그가 우정을 배반했을지라도 여전히 예수님의 친구인 것이다.

유다는 주님의 이런 태도에 압도되고 사로잡혔어야 했다. 사실 그는 변치 않는 스승의 사랑을 끝까지 외면할 수 없었다. 그래서 유다는 군인들이 예수님께 무례하게 행동하는 것을 보고 후회스러웠다. 유다는 스승이 그렇게 비참하게 되는 것을 원치 않았다. 그는 예수님을 넘겨준 대가로 받은 은돈 서른 닢을 더 이상 갖고 있을 수 없었다. 무죄한 사람이 흘린 피는 견딜 수 없는 괴로움을 안겨주기 때문이다. 그래서 그 돈을 되돌려 주려 했으나 그들은 받지 않았다. 유다가 비참하게 죽은 뒤에 사람들은 그 돈으로 땅을 사 그를 묻어주었다.

유다는 뒤늦게 후회는 했지만 하느님께서 자기의 죄를 용서하실 수 있다는 것을 믿지 않았다. 그래서 죄책감에 괴로워했고 절망의 수렁에 빠져 헤어나지 못한 것이다.

유다와 우리는 무슨 관계가 있는가? 유다는 우리의 삶에 무엇을 던져주는가? 우리는 유다에게서 인간이 지닌 악함과 소름 끼치는 현실을 본다. 우리는 올곧은 삶을 지향하고 안녕과 성실을 실현하며, 이웃을 이해하기 위해 열린 마음으로 듣고, 참된 만남을 가지려고 하면서도, 한편으로는 인간의 나약함과 선동적 기질이 이 모든 의미 있는 행동을 반대 방향으로 바꾸어 놓는다.

우리는 실제로 이와 비슷한 체험을 많이 했을 것이다. 우리가 배반자 유다처럼 극단에 이르지는 않았다 하더라도 우리 안에는 유다의 모습이 숨겨져 있다. 우리가 사람들과 함께 나눈 '성실한 약속'이 지금은 어떻게 되었는가? '사랑의 뜨거운 맹세'는 어찌 되었는가? 결혼서약 때 약속한 '사랑의 맹세'가 종종 중대한 위기에 직면하지는 않는가? 우리가 상대방에게 갖고 있던 상상과 기대가 현실을 있는 그대로 받아들이는 데 방해가 되고 있지는 않은가?

광신적 세계 개혁자는 인간에게 엄청난 고통을 가져다주지 않았는가? 그런 사람들은 실제로 개선되어야 할 세계를 잘못 이해하여 사람들을 과격주의자로 만들고 있지 않은가?

유다는 이웃과의 관계에서만 우리를 경악하게 하는 것이 아니다. 하느님과 우리의 관계에서도, 성인聖人들과의 친교로 불린 우리의 소명과 예수 그리스도와의 친교에서도 그의 행동은 우리에게 많은 것을 시사한다. 많은 사람 가운데 선택되어 예수님의 제자가 된 유다는 그 친교를 파괴했다. 이 사실은 우리를 아연실색하게 만든다. 그런 배반이 도대체 어떻게 가능할 수 있단 말인가? 우리는 우리 자신의 약함을 잘 알고 있다. 우리 또한 우리가 받은 선물을 잃을 수도 있고, 악용할 수도 있다.

우리도 죄를 범했고, 예수님보다 유다를 더 추종하며 살아왔노라고 고백할 수밖에 없다면 이제 어떻게 해야 할 것인가? 죄의 무거움에 짓눌려 점점 절망에 빠지고 있는가? 혹시 죄만 바라보고 있는 것은 아닌가? 유다는 자신의 미래를 전혀 바라보지 않았다. 유다는, 용서하시고 생명으로 이끄시는 하느님께 희망을 두지 않았다. 그는 베드로처럼 구원과 용서를 받기 위해 하느님께 애원하지 않았다. 그래서 자살만이 자신의 죄를 속죄하는 유일한 방법이라고 생각했다. 그의 삶은 의미 없이 되어버렸다. 그는 벼랑 끝에 서있었던 것이다.

하느님께서는 절망하여 자살한 유다의 삶으로 무엇을 하셨는가? 이에 대해 우리는 아는 것이 없다. 그러나 한 가지 분명한 사실은 우리가 진실로 뉘우치고 하느님의 자비를 신뢰한다면 용서받지 못할 죄란 없다는 사실, 곧 당신 아들을 내어주시는 하느님의 사랑 덕분에 용서받지 못할 죄가 없다는 것이다.

이 점이 바로 유다와 우리가 관계되는 것이고, 우리가 지금까지 유다와 그 운명을 묵상한 본질적 내용이다. 우리가 주님을 배반하는 순간에도 주님께서는 우리를 '친구'라고 부르신다는 사실을 명심해야 한다.

유다는 진실로 우리 존재에 대해 깊이 생각하게 하는 수수께끼 같은 인물이다. 그를 만난다는 것은 우리 고유한 삶의 좋은 기회와 위험을 새로운 관점에서 보고, 나아가 인간의 '위대함과 비참함'을 분명히 깨닫는다는 것을 의미한다. 유다는 또한 우리에게 수난의 길 한가운데 존재하는 분이 누구신지 깨닫게 해준다. 예수 그리스도는 십자가 죽음의 길을 오직 사랑으로 걸으면서 모든 이를 구원하신다. 그분을 통해 우리는 멸망하지 않고 영원한 생명을 얻게 된다.

마리아 막달레나

    성주간에 십자가의 길을 걷고자 예루살렘을 순례하는 사람들은 헤아릴 수 없이 많다. 이 사람들은 예수님의 마지막 길인, 빌라도의 관저에서부터 도시 밖에 있던 갈바리아 언덕의 사형 집행 장소까지 순례한다. 예수님의 십자가의 길은 14처로 되어 있다. 14처는 주님 수난의 여정에서 우리의 자리가 어디인지, 우리의 역할이 무엇인지를 숙고하도록 초대한다. 예수님의 수난 여정에 등장하는 인물들은 두 부류로 나누어 생각할 수 있다. 카야파, 빌라도, 유다는 비극적 인물들로서, 예수님에게 십자가를 지게 한 첫째 부류의 인물들이다. 베타니아의 마리아, 베드로, 마리아 막달레나는 둘째 부류의 인물들로서, 십자가에 구

알베르트 슈스터Albert Schuster: 수사, 신부, 가톨릭 신학 연구.

원이 달려있고, 우리는 예수님의 죽음을 통해 용서받고 새로운 생명을 얻게 된다고 일러준다.

마리아 막달레나는 어떤 여인인가? 그녀는 주님의 고통의 길에서 어떤 위치를 차지하는가? 이에 대한 루카복음서의 말씀을 읽어보자.

> 그 뒤에 예수님께서는 고을과 마을을 두루 다니시며, 하느님의 나라를 선포하시고 그 복음을 전하셨다. 열두 제자도 그분과 함께 다녔다. 악령과 병에 시달리다 낫게 된 몇몇 여자도 그들과 함께 있었는데, 일곱 마귀가 떨어져 나간 막달레나라고 하는 마리아, 헤로데의 집사 쿠자스의 아내 요안나, 수산나였다. 그리고 다른 여자들도 많이 있었다. 그들은 자기들의 재산으로 예수님의 일행에게 시중을 들었다.루카 8,1-3

예수님이 당신을 따르는 집단에 여인들을 허용하신 것은 그 당시 경건한 자들에게 매우 충격적인 일이었다. 율법학자들은 여자들을 제자단에 받아들이지 않았다. 율법학자들에게는 이런 속담이 있었다. '자기 딸에게 율법을 가르치는 사람은 마치 방탕을 가르치는 것과 같다.' 실제로 당시에 여자들은 유다인

공동체의 구성원에 포함되지 않았다. 여자들에게도 회당 예배에 참여하는 것은 허용되었지만 의무는 없었다. 예배는 최소한 열 명의 남자들이 모였을 때만 거행되었다. 예배를 드릴 때 여자들의 수효는 그다지 중요하지 않았다. 그러니까 예수님이 여자들을 제자단에 포함시켰다는 것은 이런 사회적 금기사항을 깨뜨리는 일이었고, 따라서 남자들로 구성된 제자단을 놀라게 했다. 나아가 예수님은 야곱의 우물가에서 사마리아 여인과 대화를 나누는 파격적인 일을 감행하시기도 한다. 사마리아 사람들은 유다인에게 홀대받던 처지였다. 오래된 지병에서 치유된 여인들과 악령에서 해방된 여인들, 그리고 그 밖의 많은 여인들이 예수님의 제자단에 속하게 된다.

위에서 인용한 루카복음서에는 세 여인의 이름이 나온다. 막달레나라고 하는 마리아, 쿠자스의 아내 요안나, 수산나가 그들이다. 막달라 출신 마리아가 항상 첫 번째로 거명된다. 막달라라는 지역은 카파르나움과 티베리아스 사이, 겐네사렛 호수 근처에 있으며 어업이 주종을 이루었다. 막달라 사람들은 물고기를 잡아 예루살렘 시장에 공급하고, 건어물은 근동 지방에까지 수출했다. 탈무드에 따르면 로마인들은 환락의 도시인 막달라를 없애려 했다고 한다. 이런 이유에서인지 마리아 막달레나가 한

때 유명한 창녀였다는 얘기가 있다. 복음사가는 이 사실 여부를 판단할 아무런 근거도 제공하지 않는다. 루카는 단지 예수님이 그녀에게서 일곱 마귀를 쫓아내셨다고만 전할 뿐이다. 생각건대 아마 중증의 정신병, 곧 정신분열에서 치유된 것으로 보인다.

자신과의 싸움을 거듭해 온 마리아는 자신을 정신적 질병에서 구해주신 분, 자신의 구원자이신 예수님을 따른다. 마리아는 즉시 제자단에 속하게 되었고, 봉사의 임무를 받아들인다. 그리고 자신의 소유물을 팔아 예수님과 제자들을 돌보았다. '봉사'라는 단어는 그리스어 동사 diakonein에서 파생된 것으로, 이 동사는 '돌보다', '시중들다'라는 뜻이다. 막달레나는 예수님의 주변 사람들 중에서 예수님을 진심으로 믿은 소수의 사람에 속한다. 그러니까 그녀는 예수님의 기능, 곧 예수님의 사명과 파견 때문에 예수님 곁에 있었던 것이 아니라 사랑하기 때문에 예수님을 끝까지 따랐다. 그 때문에 초대교회는 마리아 막달레나를 매우 공경했다. 아우구스티노는 그녀를 '사도 중의 사도'라고 부르기도 했다. 오늘날에도 그러한 높은 평가의 흔적을 프랑스의 부르고뉴에서 찾을 수 있는데, 그곳에 마리아 막달레나에게 봉헌된 로마네스크 양식의 대성당이 있다. 그녀는 동방교회의 이콘 중에서도 세례자 요한에 버금가는 중요한 자리를 차지한다.

마르코 복음사가는 예수님의 수난 여정에 나오는 몇몇 여인들을 골고타에서 일어난 예수님 죽음의 직접적인 증인들로 여긴다. 마르코는 이렇게 묘사한다.

> 여자들도 멀리서 지켜보고 있었는데, 그들 가운데에는 마리아 막달레나, 작은 야고보와 요세의 어머니 마리아, 그리고 살로메가 있었다. 그들은 예수님께서 갈릴래아에 계실 때에 그분을 따르며 시중들던 여자들이었다. 그 밖에도 예수님과 함께 예루살렘에 올라온 다른 여자들도 많이 있었다.마르 15,40-41

예수님이 체포되시자 제자들은 너무나 겁이 나서 모두 도망갔다. 당시 상황을 생각하면 충분히 이해할 만하다. 사형에 처해질 범죄자에 대한 사람들의 감정이 언제 어떻게 자신들에게 덮칠지 모를 일이었다. 베드로가 예수님을 부인한 것도 그가 겁이 많고 비겁하기 때문이라기보다 엄습하는 공포 때문이었다. 베드로가 예수님을 안다고 했더라면 그 역시 체포되어 십자가 죽음을 면키 어려웠을 것이다. 그러나 몇몇 여인들만이 이런 공포를 견디고 멀찍이 떨어져서 예수님을 따라간다. 그 여인들 중에서도 마리아 막달레나가 맨 앞에 서있다.

독일 화가 마티아스 그뤼네발트의 〈이젠하임 제단화〉에는 손을 모으고 애원하는 마리아 막달레나의 모습이 새겨져 있다. 마리아의 고통을 잘 표현한 조각이다. 예수님은 마리아를 인격적으로 대해주셨고 정신병에서 구해주셨다. 마리아는 그 보답으로 예수님을 도왔다. 그러나 지금은 아무것도, 그 어떤 일도 할수 없었다. 그녀는 정신적 죽음을 겪으면서도 끝까지 십자가 곁을 떠나지 않았고, 예수님이 무덤에 묻히시는 마지막 순간까지 그분 곁에 머물렀다. 이 사실을 마르코는 이렇게 묘사한다.

> 요셉은 아마포를 사 가지고 와서, 그분의 시신을 내려 아마포로 싼 다음 바위를 깎아 만든 무덤에 모시고, 무덤 입구에 돌을 굴려 막아놓았다. 마리아 막달레나와 요세의 어머니 마리아는 그분을 어디에 모시는지 지켜보고 있었다.마르 15,46-47

죽은 자의 장례는 안식일이 시작되기 전에 치러져야 했다. 안식일에는 시체의 염습만 허용되었다. 그 외에도 유다 법에 따르면 십자가에 처형된 자는 안식일에 나무에 매달려 있어서는 안되었다. 십자가에 처형된 자는 공동 무덤에 매장되었으나 예수님은 아리마태아 사람 요셉의 개인 무덤에 안치된다. 복음사가들에게 그 밖의 다른 정황은 중요하지 않다. 복음사가들은 한 가지 사실을 더 알려주는데, 그것은 예수님의 시체가 어디에 모셔지는지를 마리아 막달레나와 요세의 어머니 마리아가 지켜보았다는 사실이다. 예수님의 죽음과 부활 사이에 가로놓인 안식일은 휴식의 날이다. 여인들도, 예루살렘의 모든 사람도 모두 휴식을 취했다. 예수님의 시신은 무덤에 있었고, 그분의 영혼은 아버지 손에 있었다. 우리는 이스라엘의 창조설화에서 이런 구절을 읽을 수 있다. "하느님께서는 하시던 일을 이렛날에 다 이루셨다. 그분께서는 하시던 일을 모두 마치시고 이렛날에 쉬셨다."창세 2,2 구원 역사의 중요한 분기점이 안식일에 이루어지는 것이다. 새로운 것, 곧 안식일의 끝없는 희망의 광채가 시작되기 전에, 모든 것은 그렇게 숨을 멈추었다.

> 갈릴래아에서부터 예수님과 함께 온 여자들도 뒤따라가 무덤을 보고 또 예수님의 시신을 어떻게 모시는지 지켜보고 나서, 돌아가 향료와 향유를 준비하였다. 그리고 안식일에는 계명에 따라 쉬었다.루카 23,55-56

마리아 막달레나는 예수님의 인격을 매우 진지하게 받아들였다. 그녀는 사랑했기 때문에 예수님이 누구신지 알았고, 스승의 비극적 종말에 크게 놀라지 않았다. 오히려 종말은 그분을 더 사랑하게 만들었다. 마리아는 로마 백인대장 곁, 십자가 밑에 서 있었다. 복음사가들은 마리아에 관하여 매우 좋게 말한다. 죽음을 넘어선 사랑은 마침내 스승의 무덤을 다시 찾게 한다. 그리고 천사를 만나게 된다. 이 사건에 대해 루카는 이렇게 보도한다.

주간 첫날 새벽 일찍이 그 여자들은 준비한 향료를 가지고 무덤으로 갔다. 그런데 그들이 보니 무덤에서 돌이 이미 굴려져 있었다. 그래서 여자들이 그 일로 당황하고 있는데, 눈부시게 차려입은 남자 둘이 그들에게 나타났다. 여자들이 두려워 얼굴을 땅으로 숙이자 두 남자가 그들에게 말하였다. "어찌하여 살아계신 분을 죽은 이들 가운데에서 찾고 있느냐? 그분께서는 여기에 계시지 않는다. 되살아나셨다. 그분께서 갈릴래아에 계실 때에 너희에게 무엇이라고 말씀하셨는지 기억해 보아라. 사람의 아들은 죄인들의 손에 넘겨져 십자가에 못 박히셨다가 사흘 만에 다시 살아나셔야 한다고 말씀하셨다." 그러자 여자들은 예수님의 말씀을 기억해 내었다. 그리고 무덤에서 돌아와 열한 제자와 그 밖의 모든 이에게 이 일을 다 알렸다. 그들은 마리아 막달레나, 요안나, 그리고 야고보의 어머니 마리아였다. 그들과 함께 있던 다른 여자들도 사도들에게 이 일을 이야기하였다. 사도들에게는 그 이야기가 헛소리처럼 여겨졌다. 그래서 사도들은 그 여자들의 말을 믿지 않았다.루카 24,1-11

이 구절을 약간 거리를 두고 객관적으로 관찰한다면, 우리는 여인들의 도약을 알아차릴 수 있을 것이다. 여인들은 십자가에 못 박히고 돌아가신 스승 예수님을 모두 목격했고, 무덤까지 따라갔다. 그리고 안식일 다음 날 예수님의 시신에 향유를 바르려고 무덤으로 급히 달려간다. 그 결과 그들은 빈 무덤을 목격한 첫 사람이 되었다. 그러나 여인들은 망연자실하지 않고 부활의 기쁜 소식을 알리러 사도들에게 달려간다. 하느님은 부활하신 분의 현현을 통해 사도들의 완고함과 불신앙을 꾸짖으며, 여인들의 선포를 인정한다.

여인들의 부활 신앙은 제자들보다 훨씬 우월하다. 그 이유는 그들이 예수님과 수난의 길을 함께 걸었기 때문이다. 그들은 회개하여 성실하게 예수님을 도왔기 때문에 부활 신앙에 이른 것이 아니다. 부활하신 분의 힘으로, 부활하신 분과 함께함으로써 새로운 생명의 공동체에 들어서게 된 것이다.

마리아에게는 조용히 부활의 기쁨을 즐길 만한 여유가 없었다. 그녀는 다른 사람들에게도 이 기쁜 소식을 전하지 않을 수 없었다. "너희는 어찌하여 살아계신 분을 죽은 자들 가운데서 찾고 있느냐?" 당시에 여인들과 제자들에게 한 천사의 이 질문은 오늘날 우리에게도 유효하다. 마리아와 몇몇 여인들은 돌아가신 예수님께 마지막 존경과 감사의 마음을 표시하기 위해 몰약과 향유를 발라드리려는 헛된 시도를 했다.

우리는 마리아 막달레나 안에서 우리 자신의 모습을 본다. 세례를 받을 때는 예수님과 함께 살겠다고 굳은 결심을 하지만 불과 몇 년 후에는 그런 기억조차 희미해진다. 첫영성체 때 찍은 빛바랜 몇 장의 사진만이 잠시 과거의 추억에 잠기게 하며, 이미 잃어버린 어릴 적 신앙을 그리워할 뿐이다. 어릴 적 신앙은 갈릴래아의 봄처럼 갑자기 시작된 것이다. 그러나 우리의 삶과 현실은 우리의 기대에 미치지 못하고 다시 이전으로 돌아간다. 우리 스스로 우리의 삶을 무덤에 묻게 된다. 결국 우리는 하느님을 만나지 못하고, 신앙은 무덤에 묻히는 것이다. 그리고 헛되이 죽은 자에게서 살아계신 분을 찾는 것이다.

마리아 막달레나는 우리에게 십자가를 지신 분의 사랑을 직시하고 우리의 무력함을 견디어 내라고 충고한다. 그렇게 할 때 우리는 빛나는 옷을 입은 천사가 한 말, '너희는 어찌하여 죽은 자들에게서 살아계신 분을 찾고 있느냐?'의 의미를 깨닫고 감화를 받아 새로운 시작을 할 수 있을 것이다. 그러나 우리는 이의를 제기할 수 있다. 예수님의 사랑과 헌신, 성실성, 다른 이의 어려움을 함께한 것에 대한 대가는 무엇인가? 이 물음에 대한 대답은 부활 사건이다. 당신의 운명은 물론 우리의 운명까지 전환시킨 부활의 소식이 그 유일한 대답이다. 예수님은 살아계시다. 하느님은 십자가에서 숨을 거두신 분을 버리지 않으신다. 하느님은 예수님을 죽음에 그냥 두시지 않는다. 그분은 예수님을 새로운 시작으로 변화시키신다. 그 예수님을 믿는 이는 새로운 생명을 얻을 것이다.

마리아 막달레나를 더 잘 알기 위해 우리는 요한복음서가 전해주는, 부활하신 예수님과 그녀가 만나는 장면을 더 깊이 숙고해야 한다. 마리아는, 베드로와 예수님이 사랑하신 제자가 빈 무덤을 확인할 때 다시 등장한다. 요한은 이렇게 묘사한다.

마리아는 무덤 밖에 서서 울고 있었다. 그렇게 울면서 무덤 쪽으로 몸을 굽혀 들여다보니 하얀 옷을 입은 두 천사가 앉아있었다. 한 천사는 예수님의 시신이 놓였던 자리 머리맡에, 다른 천사는 발치에 있었다. 그들이 마리아에게 "여인아, 왜 우느냐?" 하고 묻자, 마리아가 그들에게 대답하였다. "누가 저의 주님을 꺼내 갔습니다. 어디에 모셨는지 모르겠습니다." 이렇게 말하고 나서 뒤로 돌아선 마리아는 예수님께서 서계신 것을 보았다. 그러나 예수님이신 줄은 몰랐다. 예수님께서 마리아에게 "여인아, 왜 우느냐? 누구를 찾느냐?" 하고 물으셨다. 마리아는 그분을 정원지기로 생각하고, "선생님, 선생님께서 그분을 옮겨 가셨으면 어디에 모셨는지 저에게 말씀해 주십시오. 제가 모셔 가겠습니다" 하고 말하였다. 예수님께서 "마리아야!" 하고 부르셨다. 마리아는 돌아서서 히브리말로 "라뿌니!" 하고 불렀다. 이는 '스승님!'이라는 뜻이다. 예수님께서 마리아에게 말씀하셨다. "내가 아직 아버지께 올라가지 않았으니 나를 더 이상 붙들지 마라. 내 형제들에게 가서, '나는 내 아버지시며 너희의 아버지신 분, 내 하느님이시며 너희의 하느님이신 분께 올라간다' 하고 전하여라. 요한 20,11-17

부활하신 분은 당신을 정말로 신앙하고 사랑한 마리아에게 어떻게 대답하셨는가? 요한복음서에서 마리아는 다시 무덤에 도착하여 슬피 운다. 그녀가 슬퍼하는 이유는 이미 돌아가신 예수님의 부재 때문이 아니라 그 시신을 약탈당했다는 생각 때문이었다. 이 슬픔은 주님께서 이미 당신의 고별 담론에서 언급한 슬픔이다. "내가 진실로 진실로 너희에게 말한다. 너희는 울며 애통해하겠지만 세상은 기뻐할 것이다. 너희가 근심하겠지만, 그러나 너희의 근심은 기쁨으로 바뀔 것이다." 요한 16,20 이 변화를 마리아 막달레나가 가장 먼저 체험한다. 그 변화는 마리아가 무덤에서 본 두 천사의 광경에서 준비된다. 두 천사의 흰옷은 천상 세계를 상징한다. 천사들의 현존은 예수님 부활의 표징이기도 하다. 천사는 "왜 울고 있느냐?"라는 물음으로 만남을 준비시킨다. 이에 마리아는 어이없이, 그리고 무력하게 이렇게 고백한다. "누가 저의 주님을 꺼내 갔습니다. 어디에 모셨는지 모르겠습니다." 마리아는 이런 하소연으로 우리 시대의 많은 그리스도인을 대변한다. 곧 하느님이 계시지 않는 듯한 상황을 대변하는 것이다. 경건한 유다인인 마르틴 부버Martin Buber는 우리 시대의 상황을 '하느님의 부재'라고 언급한 적이 있다. 불신앙과 진리에 대한 논쟁이 하느님의 부재를 가져왔다는 것이다.

많은 사람이 헛되이 죽은 자들 가운데서 살아계신 분을 찾는다. 그리고 어떤 이들은 그분을 더 이상 찾지도 않는다. 바로 이런 상황에서 마리아는 몸을 돌려 예수님이 서계신 것을 보았으나 그분인지 알아차리지 못한다. 마리아가 몸을 돌린 동작은 의미심장하다. 상황이 완전히 변한다. 그럼에도 마리아와 정원지기 사이에는 극복할 수 없는 낯섦이 가로놓여 있다. 곧 인간의 세계와 하느님의 세계 사이에 두꺼운 벽이 놓여있는 것이다. 그 때문에 부활 사건은 인간의 표상 능력을 넘어선다. 부활 사건은 우리가 이미 알고 있는 것이 이루어지는 것이 아니다. 오히려 전혀 새로운 것, 종말론적인 새로움이 실현되는 사건이다. 요한은 몇 마디 말로써 이 만남의 극적인 정점을 표현한다. 예수님은 하느님과 인간의 벽을 극복하시는 분이다. 이런 극복은 예수님이 마리아의 이름을 부르심으로써 실현된다.

 "마리아야!" 여인은 자신의 이름을 그렇게 부르실 수 있는 분이 오직 한 분밖에 없음을 알고 있었다. 예수님은 이 부름을 통해 이전의 신뢰와 사랑의 관계를 다시 회복하시고 항상 그 곁에 있을 것이라고 약속하신다. 우리는 그다음에 취한 마리아의 태도, 곧 예수님을 붙들려는 행동을 잘 이해할 수 있다. 그러나 예수님은 마뜩지 않게 여기신다. '나를 붙들지 마라.' 건드리고 붙잡는 행동은 어떤 실재를 확인하기 위한 태도다. 그러나 그런 세속적인 방법으로는 부활하신 분을 받아들일 수 없다. 하느님과의 만남은 다른 차원에서 일어난다. 곧 신앙 안에서, 말씀을 통해, '성령'으로 이루어진다. 우리는 무언가를 확인하기 위해 만지고 붙잡는다. 그러나 부활하신 그리스도는 그런 식의 붙잡음을 허용하지 않으시고, 인간이 마음대로 당신을 다루는 모든 태도를 물리치신다.

그런 다음 갈릴래아 여인들이 한 일은 예수님의 부활 소식을 만방에 퍼뜨리는 일이었다. 많은 사람이 마리아와 그 동료 여인들의 모범을 추종하고, 초대교회 공동체에서 자신의 모든 능력을 바쳐 말씀을 선포하는 데 봉사했다. 루카와 바오로는 리디아와 프리스킬라, 신티케와 에우오디아, 클로에와 페베 등을 선택했다. 여인들은 제자들과 함께 곧바로 예수님의 공동체를 형성하고, 바오로가 갈라티아 신자들에게 쓴 서간에서처럼, 모든 이가 예수 그리스도 안에서 남자와 여자가 아무런 차별 없이 하나 된 공동체의 삶을 영위했다.갈라 3,28

그러나 시간이 흐르면서 공동체 안에서 여성의 지위는 크게 흔들렸다. 이에 교회박사인 아빌라의 데레사는 이렇게 호소했다. "우리 시대를 잘 관찰하면 여성이란 이유로 강직하고 발랄한 영혼들을 경시하는 잘못된 관행을 찾을 수 있다."

오늘날 여성의 사제직이나 부제직 등에 대한 논쟁은 여전히 주저되고 거부되는 실정이다. 그러나 많은 이들은 여성들의 기회는 오직 교회의 직분에만 있는 것이 아니라고 확신한다.

성경에 따르면 여성들의 사명은 교회 내에서 남성들과는 전적으로 다른, 그러나 고귀한 가치평가를 받는다. 이러한 것은 로마 교황청 문서에서 찾을 수 있다. "사제직분을 요청하는 여성들은 확실히 그리스도와 교회에 봉사하려는 열망에 가득 차있을 것이다. 여성들이 이를, 지금까지 문제시되지 않던 여성 차별 대우를 의식하는 기회로 삼는 것은 놀라운 일이 아니다. 그러나 사제직은 인간 인격의 권리에 속하는 것이 아니라 그리스도 신비와 교회의 구원경륜에 의해 이끌어진다는 사실을 망각해서는 안 된다. … 교회는 각자가 자신의 고유한 사명을 지니는 다양한 몸이므로 동등성은 동시에 같은 신원을 의미하는 것이 아니다. 신앙인 각자가 갖는 사명들은 다양하며, 이것이 서로 혼동되어서는 안 된다. 그 사명들은 한 특정한 사명이 다른 사명보다 탁월하다는 식으로 이해되어서도 안 되고, 질투심을 구실로 삼아서도 안 된다. 모든 이가 갈망해야 할 높은 카리스마는 사랑이다. 하느님 나라에서 가장 위대한 자들은 직분을 받은 자가 아니라 성인들이다. 교회는 여성 그리스도인들이 자신들에게 주어진 사명의 위대함을 완전히 의식하기를 기대한다. 그들의 사명은 오늘날 최고의 중요성을 지닌다."

'여사도' 막달레나는 자기 스승께 성실했다. 인간관계는 성실에 근거한다. 서로 신뢰할 때만 진정한 대화가 가능하다. 윤리적 완전함은 무엇보다도 특히 자기 자신에게, 자신이 추구하는 이상에 성실할 때 이루어진다. 그러나 자기 성실만을 강조할 때에는 사회적 혼란이 야기될 수 있다. 성실이란 다른 사람과의 관계에서 내가 반드시 의지할 수 있어야 하는 어떤 것이라고 정의할 수 있다. 이런 성실은 '공허한 착각'이 아니며, 소외가 만연한 구체적 현실에서 신선한 향기를 가져오는 바람일 수 있다. 참된 성실함의 근거는 하느님이시다. 하느님의 성실함은 영원하시기 때문이다. 하느님은 인간을 사랑하고 구원하는 데 끝까지 성실하시다. 인간의 성실은 하느님의 성실을 반영한다. 예수님의 인격 안에서 하느님의 성실과 인간의 성실이 동일시되었다. 예수님은 인간을 향한 하느님의 절대적 확언이며, 하느님을 향한 우리 인간의 절대적 확언이시다. 그 때문에 그분은 "성실하고 참된 증인"묵시 3,14으로 불린다. 그러나 진실한 말씀이 세상에 받아들여지고 인간적 측면에서 다르게 변질되지 않도록 그 영원한 진리의 말씀을 듣고, 같은 성령 안에서 응답하는 사람이 있어야 한다. 마리아 막달레나는 성실함을 통해 새로운 하느님 백성을 위한 예형이 되었다. 하느님 백성의 구성원들은 어떤 의미에서 '성실한 자' 또는 '신실한 자'라 불린다.

교회는 성실한 사랑의 마음을 가지고 있다. 그래서 신앙인들은 영성체 전에 이렇게 기도한다. "예수 그리스도여, 저희 죄를 헤아리지 마시고 교회의 믿음을 보시어…" 마리아는 그 믿음을 우리에게 보여주었고, 우리와 고통의 길을 함께한다. 그녀는 십자가의 길이 갈바리아에서 끝나지 않고 부활날의 빛에서 끝난다는 것을 우리에게 부단히 일깨워 준다.

주님이신 그리스도님,
사랑하는 힘을 가진 자는 당신을 사랑합니다.
당신을 알지 못하는 자는
무의식적으로 당신을 사랑하지만
당신을 아는 자는
열정적으로 당신을 사랑합니다.

그리스도님, 당신은 제 희망,
평화, 행복, 저의 모든 것입니다.
그리스도님, 당신께 귀를 기울이며
당신께 기도합니다.

그리스도님,

저는 당신을 바라봅니다.

제 영혼을 다 기울여

주님이신 당신만을 사랑하고

당신만을 추구하며

당신만을 따르겠나이다. 아멘.

2부
—

고난의 길

·
·
·

예수님 수난 여정의 주변 인물들을 통해
우리 자신의 모습을 발견할 수 있다.
그것은 진실한 신앙인의 모습일 수도 있고
의심으로 가득 찬 모습일 수도 있다.

대사제의 하녀

우리는 왜 그다지 중요한 인물도 아닌 대사제의 하녀에 대해 묵상하려 하는가? 첫째 이유는 예수님의 수난 여정에 등장하는 중요한 인물들뿐 아니라 주변 인물들 또한 간과해서는 안 되기 때문이다. 곧 중요 인물들과 주변 인물들이 나름대로 제 역할을 수행한 것처럼 어느 시대나 사람들은 비슷하게 각각의 모습으로 존재하기 때문이다. 우리는 어쩌면 이 주변 인물들의 모습 속에서 우리 각자가 지니고 있는 몇 가지 특징을 발견할 수 있을 것이다. 우리 대부분도 역사 속에 살아가고 있기 때문이다.

둘째 이유는 성경이 이 인물을 아무 생각 없이 무의미하게 소개하고 있는 것이 아니기 때문이다. 달리 말하면 주변 인물들도

오토 하인리히 제메트Otto Heinrich Semmet: 신부. 가톨릭 신학 연구.

나름대로 중요한 역할을 하는 것이다. 그러기에 그들을 결코 과소평가하거나 경시해서는 안 된다.

셋째 이유는 하느님 앞에서는 누구도 차별이 없기 때문이다. 모든 인간은 하느님의 작품이다. 우리는 그들을 주변 인물로 여기지만 하느님은 그들을 가치 있는 인물로 생각하실 수 있다. 부정적인 측면에서도 그렇다. 아주 보잘것없는 사람도 아름다운 세계의 질서를 혼란시킬 수 있고, 악의 앞잡이 노릇을 할 수 있다. 비록 이해하기 힘든 대목이기는 하지만, 그들은 하느님 손에 있는 도구일 뿐이다.

대사제의 하녀는 베드로를 궁지에 몰아넣었다. 이에 관한 마르코복음서의 기록을 읽어보자.

베드로가 안뜰 아래쪽에 있는데 대사제의 하녀 하나가 와서, 불을 쬐고 있는 베드로를 보고 그를 찬찬히 살피면서 말하였다. "당신도 저 나자렛 사람 예수와 함께 있던 사람이지요?" 그러자 베드로는, "나는 당신이 무슨 말을 하는지 알지도 이해하지도 못하겠소" 하고 부인하였다. 그가 바깥뜰로 나가자 닭이 울었다. 그 하녀가 베드로를 보면서 곁에 서있는 이들에게 다시, "이 사람은 그들과 한패예요" 하고 말하기 시작하였다. 그러나 베드로는 또 부인하였다. 그런데 조금 뒤에 곁에 서있던 이들이 다시 베드로에게, "당신은 갈릴래아 사람이니 그들과 한패임에 틀림없소" 하고 말하였다. 베드로는 거짓이면 천벌을 받겠다고 맹세하기 시작하며, "나는 당신들이 말하는 그 사람을 알지 못하오" 하였다. 그러자 곧 닭이 두 번째 울었다. 베드로는 예수님께서, "닭이 두 번 울기 전에 너는 세 번이나 나를 모른다고 할 것이다" 하신 말씀이 생각나서 울기 시작하였다.마르 14,66-72

먼저 몇 가지를 지적해 보자. 네 복음사가들은 세 번씩이나 거듭된 베드로의 부인을 모두 일목요연하게 보도한다. 그러나 차이점은 있다. 예컨대 마르코는 하녀가 베드로에게 두 번 물어보았다고 하고, 마태오는 하녀 둘이 물어보았다고 한다. 루카는 한 하녀만을 소개하고, 두 번째와 세 번째 질문이 다른 사람들에 의해 제기되었다고 보도한다. 요한은 첫 번째 질문자로 문지기 하녀를 소개하고, 마지막 질문자는 올리브 산에서 베드로에게 귀를 잘린 사람의 친척이라고 한다.

이 같은 사실을 어떻게 이해해야 하는가? 하지만 이것은 그다지 중요하지 않다. 중요한 것은 네 복음사가 모두 베드로가 주님을 세 번이나 모른다고 했다는 것을 보도한다는 사실이다. 복음사가에게 질문자의 신원은 그리 중요하지 않다. 바로 이런 이유 때문에 베드로 배반의 정황이나 목격 진술의 많은 부분이 일치하지 않는다. 베드로의 배반을 중점적으로 다루고자 했기 때문에 질문자는 다소 차이가 있을지라도 같은 유형의 인물이라는 점을 알 수 있을 것이다. 어쨌든 우리는 마르코복음서에 나오는 하녀의 모습을 묵상하려고 한다. 우리가 묵상하려는 하녀는 한 특정인이 아니라 그와 같은 방식으로 살아가는 많은 사람들을 대표한다.

이제 베드로가 배반한 상황을 생각해 보자. 때는 바야흐로 파국의 밤, 예수님의 죽음을 눈앞에 둔 어두운 밤이었다. 이 밤은 주님뿐만 아니라 베드로에게도 어두운 밤이었다. 예수님이 올리브 산에 기도하러 가시기 바로 몇 시간 전, 베드로는 주님을 결코 버리지 않겠노라고 장담했다. 그 말을 듣고 예수님이 "오늘 이 밤, 닭이 두 번 울기 전에 너는 세 번이나 나를 모른다고 할 것이다"라고 말씀하시자 베드로는 이렇게 말한다.

스승님과 함께 죽는 한이 있더라도, 저는 결코 스승님을 모른다고 하지 않겠습니다.마르 14,31

그러나 이에 반하는 사건이 곧바로 일어난다. 우리는 올리브 산에서 일어난 사건을 잘 알고 있다. 가장 신실한 제자들마저도 죽음의 번민과 공포에 싸인 주님과 함께 깨어 기도하지 않았다. 베드로도 마찬가지였다. 유다가 수석 사제들과 율법학자들과 원로들이 보낸 무리와 함께 예수님을 잡으러 오자 제자들은 모두 슬금슬금 도망친다. 칼을 빼어 말코스의 귀를 자른 베드로도 마찬가지였다. 그러나 마르코 복음사가에 따르면 "베드로는 멀찍이 떨어져서 예수님을 뒤따라 대사제의 저택 안뜰까지 들어가, 시종들과 함께 앉아 불을 쬐고 있었다"마르 14,54고 한다.

대사제의 시종들은 만약의 사태에 대비해 모든 것을 철저히 준비했다. 예수님은 그 시간에 최고의회의 심문을 받고 있었다.

그 시종들 중에 예수님에 관해 아는 사람은 별로 없었다. 왜 예수님이 체포됐는지, 대사제가 왜 그렇게 예수님을 싫어하는지, 왜 예수님이 결박당해 대사제의 저택으로 끌려왔는지, 왜 자신들이 예수라는 작자 때문에 밤잠을 설쳐야 하는지 몰랐다. 그들은 시키는 대로 할 뿐이었다. 물론 그들은 자신들의 노고에 대한 대가를 충분히 받았다. 사안을 심사숙고하는 일은 그들의 임무가 아니었다.

바로 이런 사람들 사이에 베드로가 끼어 앉아 불을 쬐고 있다. 그는 가슴을 졸이며 스승에게 무슨 일이 일어나는지 주시하고 있었다. 바로 그런 상황에서 일이 터졌다. 대사제의 하녀 하나가 다가와 그에게 이렇게 물어본 것이다.

당신도 저 나자렛 사람 예수와 함께 있던 사람이지요?마르 14,67

베드로는 놀랐고, 자신이 위험한 상황에 놓여있다는 것을 알아차린다. 그래서 베드로는 단호하게 부인한다. 베드로는 '당신이 도대체 무슨 얘길 하고 있는지 알 수 없다'고 잡아떼면서 '엉뚱한 질문을 한다'고 오히려 큰소리를 친다.

그런대로 하녀를 따돌린 베드로는 위기를 모면한 것처럼 보인다. 베드로는 슬그머니 대문께로 몸을 감추고는 숨어서 바깥뜰로 나갔다. 거기에서 베드로는 다시 한번 그 하녀와 부딪힌다. 하녀가 슬그머니 도망치는 베드로를 보고 확신에 차 '저자는 체포된 사람과 한패야. 저런 자들 때문에 우리가 이렇게 밤을 새워야 해!' 하고 곁에 있는 사람들에게 외치자, 베드로는 다시 한번 부인한다.

베드로는 이제 사람이 모여있는 곳에 가지 않는다. 그 사람들은 베드로가 나갈 때까지 계속 베드로에게 추궁한 듯하다. 그리고 닭이 두 번째 우는 소리를 듣고 베드로는 정신이 번쩍 들었다. 주님이시며 스승이신 예수님을 배반하다니…. 그는 슬피 울기 시작했다.마르 14,72

어떻게 하녀는 베드로가 예수님의 추종자인 줄 알았을까? 그도 한 번쯤 예수님과 그의 제자들을 본 적이 있었을까? 아니면 베드로가 대사제의 저택에서 수상한 짓을 했기 때문일까? 권력의 앞잡이 노릇을 하는 사람들은 많은 사람과 교제하면서 다양한 체험을 한 때문인지 종종 놀라운 직감력으로 사람을 알아본다.

대사제의 하녀가 베드로를 궁지에 몰아넣지 않았더라면 그녀는 이미 사람들에게 잊혔을 것이다. 그 하녀는 베드로의 삶에서 임의적인 인물이거나 주변 인물이 결코 아니다. 그 하녀는 베드로에게 엄청나게 큰 낭패를 가져다주었으며 나름대로 예수님의 수난에 가담했다.

여기서 권력자에게 아부하는 하수인의 근성이 드러난다. 그런 사람들은 권력자에게 자신들의 충성을 항상 새롭게 각인시켜야 유리한 위치를 차지하고, 또 그것을 유지할 수 있다는 사실을 잘 알고 있다. 따라서 나자렛 예수의 패거리를 체포한다는 것은 의심할 여지 없이 자기 주인에게 충성을 보이고, 동시에 인정을 받을 수 있는 호기였다. 하녀는 예수님의 추종자들을 고발하는 일을 하지 않고서는 직성이 풀리지 않았다.

그 외에도 권력과 테러와 폭력은 언제나 위에서 아래로 자행된다. 마음에 들지 않는 인간을 억압과 폭력으로 내리누르는 곳에는 항상 그런 권력의 횡포에 몸 붙여 사는 사람들이 존재하기 마련이다. 그들은 횡포 속에서 기회를 탐지하고, 권력자들을 잘 도울 수 있는 자가 바로 자신들이라는 사실을 드러내기 위해 수단과 방법을 가리지 않는다. 이런 자들은 또한 상황이 바뀌면 주저 없이 태도를 바꾸는 기회주의자들이기도 하다. 이들에게 지금 문제가 되고 있는 것이 무엇인가 하는 것은 그다지 중요하지 않다. 중요한 것은 오직 알맞은 때에 강한 자의 편에 서야 한다는 것뿐이다.

대사제의 하녀는 권력의 앞잡이들이 예수님을 왜 대사제의 저택 안뜰로 끌고 왔는지 알았어야 한다. 앞잡이들은 예수님을 정중하게 모시고 간 것이 아니라 늘 그렇듯이 거칠게 끌고 갔다. 그리고 예수님이 다시 그들 손에 넘겨지자 예수님에게 온갖 모욕을 가했다. 하녀가 이런 광경을 목격했더라면 '예수님은 다른 사람들과 다르다'는 것을 느끼지 않았을까? 요한복음서에 따르면 예수님을 체포하러 온 자들은 예수님이 보이신 태도에 놀라

뒷걸음질 치다가 땅에 넘어졌다고 하지 않던가.요한 18,6 하녀는 이런 예수님의 태도를 목격하지 못했음이 분명하다. 그래서 그렇게 어처구니없는 심문을 받는 예수님을 보고도 동정도, 측은한 마음도 일지 않은 것이다. 어쩌면 그런 비슷한 광경을 하도 많이 봐서 무감각해졌는지도 모른다.

그렇다고 해도 불을 쬐고 있는 베드로를 그런 식으로 궁지에 몰아넣어야 했을까? 하녀는 베드로가 위태로운 상황에 있다는 것을 눈치챘기 때문에 의도적으로 그런 질문을 한 것이 아닐까? 한 사람이 궁지에 빠지면 너도나도 그 사람을 짓밟아 버리려고 달려든다. 그런 일을 당해본 사람은 알 것이다. 누군가 궁지에 빠지면 너도나도 질세라 그 사람에 관해 나쁜 것만을, 말하기 주저하는 것만을 들추어 고발한다. 베드로는 더 이상 그 자리에 있을 수가 없었다. 빨리 그 자리를 떠나야만 했다. 그곳에는 잘난 체하는 사람이 많았기 때문이다. 그런 사람들 속에는 공동으로 자행하는 악이 깃들어 있다.

한편 하녀의 태도를 이해하는 편에 서서 그녀가 그렇게 한 데는 어떤 이유가 있을 것이라고 생각할 수도 있다. 하녀에게 수상한 사람을 수색해 낼 의무가 있었을 수도 있지 않은가? 하는 식으로 말이다. 하지만 이런 생각은 별로 타당성이 없다.

대사제의 하녀와 같은 사람이 많은 사람에게 환영받지 않았는가? 지상의 많은 권력자들, 특히 독재자들, 폭군들, 크고 작은 군주들과 압제자들, 경제·사회·정치의 우두머리들은 바로 그 하녀 같은 사람을 크게 환영하며 교묘히 이용했다. 크고 작은 권력을 추구하고, 그것을 만끽하는 사람들은 항상 자신들에게 맹종하며 다른 사람들을 비방하는 부하들을 길러낸다. 그렇게 길러진 사람들은 다른 사람들을 억압하고 자신들의 영역을 끊임없이 확장한다.

대사제의 하녀는 우리에게 많은 것을 생각하게 해준다. 그러나 중요한 것은 그 하녀를 판단하는 것이 아니라 그 안에서 우리의 모습을 발견하는 것이다. 우리는 그 하녀처럼 예수님의 수난의 길목에 서있고, 매우 다양한 방법으로 수난의 길을 걸으시는 예수님을 만나기 때문이다.

한 가지만 더 생각해 보자. 우리는 지금까지 우리 자신을 베드로와 비교해 보았다. 베드로는 하녀의 희생자다. 우리는 베드로 안에서 우리의 모습을 발견하는가? 우리도 베드로처럼 예수님을 모른다고 하며 그리스도인임을 숨긴 적은 없는가? 불안해서, 두려워서, 또는 안락함을 추구하느라 주님을 배반한 적은 없는가? 그 누구 앞에서였든 그 배반은 하녀 앞에서 한 베드로의 배반과 같다.

전해지는 얘기에 따르면 그 하녀의 이름은 발릴라Ballila라고
한다. 그녀에 대해 일찍이 관심을 가진 이가 있었더라면 아마 우
리는 그가 전해주는 이야기를 간과하지 않았을 것이다. 주변 인
물, 대사제의 하녀는 엑스트라 역할만 담당하지 않는다.

하느님, 저희를 나약함에서 구해주소서.
구원을 가져다주시는 당신의 아들을
바라보게 하시고,
마지막까지, 십자가의 어리석음과
부활의 신비까지 사랑하신 그분과 함께
그분 안에서 살 수 있게 하소서.
성부와 성령과 함께 영원히 살아계시는
그리스도의 이름으로 비나이다. 아멘.
― 피에르 그리올레pierre Griolet

조롱하는 군사들

신앙의 순교자 알프레트 델프Alfred Delp는 1944년 6월, 뮌헨에
서 게슈타포에게 체포되어 베를린으로 이송되었다. 그는 다음
과 같은 편지를 썼다. "나는 절망에 빠졌다. 죽도록 매를 맞았고
늦은 밤에 감방으로 돌아왔다. 나를 끌고 온 비밀경찰들이 감
방에 밀어넣으면서 이렇게 말했다. '너는 오늘 밤 편히 잘 수 없
을 것이다. 아무리 기도해도 너를 구해줄 하느님도 천사도 나타
나지 않을 테니까. 그러나 우리는 편안히 자고 내일 아침 다시
새로운 힘으로 너를 고문할 것이다.'"

우리 교회의 역사에는 신앙의 진리를 삶으로 증거하고, 구타
와 조롱과 모욕을 참아낸 수많은 사람이 있다. 예수님의 제자

빌헬름 슈라믈Wilhelm Schraml: 주교. 철학과 가톨릭 신학 연구.

들에게는 항상, 지금 여기서도, 주님이 죽음 직전에 직접 당하신 일, 곧 군사들의 조롱이 반복된다. 마태오는 예수님이 어떤 조롱을 당하셨는지에 대해 이렇게 묘사한다.

> 그때에 총독의 군사들이 예수님을 총독 관저로 데리고 가서 그분 둘레에 온 부대를 집합시킨 다음, 그분의 옷을 벗기고 진홍색 외투를 입혔다. 그리고 가시나무로 관을 엮어 그분 머리에 씌우고 오른손에 갈대를 들리고서는, 그분 앞에 무릎을 꿇고 "유다인들의 임금님, 만세!" 하며 조롱하였다. 또 그분께 침을 뱉고 갈대를 빼앗아 그분의 머리를 때렸다. 그렇게 예수님을 조롱하고 나서 외투를 벗기고 그분의 겉옷을 입혔다. 그리고 예수님을 십자가에 못 박으러 끌고 나갔다. 마태 27.27-31

잠깐 멈추어 마태오가 보도하려는 것이 무엇인지 살펴보자. 예수님을 로마 총독 관저로 끌고 간 군사들은 평소 미워하고 증오하는 유다 백성들에게 하고 싶던 분풀이를 실컷 할 수 있는 절호의 기회를 갖게 되었다. 이 군사들은 근동에서 징집된 탁월한 기량을 갖춘 예루살렘 수비대였다. 그러나 이 수비대는 유다인의 메시아 기대 사상을 잘 알지 못한 것 같다. 그저 이 군사들은 앞서 있었던 예수님의 심문과 사람들 사이의 소문을 듣고 예수라는 자가 임금으로 자처한다고만 알고 있었다. 그 때문에 그들은 무력할 뿐만 아니라 멍청하게 보이는 거짓 임금과 증오하는 유다인을 맘껏 모욕하며 조롱한 것이다.

그들은 가장무도회를 꾸며 유다인의 임금을 모독한다. 진홍색 외투는 본디 임금과 영예를 뜻하는 것으로 로마 신하들이 입는 옷이었다. 그래서 그들은 예수님의 옷을 벗기고 진홍색 외투를 입히고, 아마도 군사들을 매질하는 데 사용되었을 법한 갈대를 예수님의 손에 쥐어준다. 그리고 가시나무 가지로 엮은 관을 머리에 씌운다.

이것은 예수님의 고통을 가중시키기 위한 것이 아니다. 군사들은 단지 아무런 저항 없이 잡혀온 예수님에게 철저히 모욕을 주려고 한 것뿐이었다. 그들은 예수님에게 외투를 입히고 갈대를 쥐어주고 가시관을 씌운 후, 황제에게 하듯이 한쪽 무릎을 꿇고 이렇게 조롱했다. "유다인들의 임금님, 만세!" 이는 로마 황제에게 하는 '체사르여!'라는 외침을 연상시킨다. 이들의 모욕은 상대방을 존경하는 예절을 거꾸로 요구하는, 곧 예수님에게 무릎을 꿇게 함으로써 절정에 이른다. 침을 뱉고 매질을 함으로써 그 모욕의 예식은 끝을 맺는다. 유다인의 임금이 조롱거리가 된 것이다. 군사들이 예수님께 가한 모욕은 수난사 중에서 가장 터무니없는 것이기도 하다.

인간 예수님을 바라보자. 피 흐르는 상처투성이의 몸, 가시관을 쓴 머리. 그분의 모습은 처절한 고독과 멸시와 모독을 받는 고통이 어떤 것인지를 말해준다. 사람들은 그분의 명예, 지고함과 존엄 등을 모두 빼앗았다. 그분께 남아있는 것이라곤 무력함과 치욕, 인간의 무자비함, 아무런 저항 없이 넘겨지는 것뿐이다. 사람들은 그분 얼굴에 침을 뱉고 매질을 한다. 아무런 생각도, 동정도 없이 그분을 마구 다룬다. 모멸과 증오, 무분별한 분노가 가져다주는 것은 무엇인가? 구타는 항상 고통을 가져다준다. 구타는 육체적 고통만이 아니라 마음 깊은 곳에도 상처를 입힌다. 예수님의 존엄성이 한낱 군사들에 의해 짓밟힌다. 군사들의 모욕은 예수님의 전 인격에 관계된다. 그러나 예수님은 자신이 하느님께서 파견하신 구세주며 임금임을 주장하신다. 군사들은 예수님을 자신들 앞에 무릎 꿇림으로써 유다인의 임금인 예수님을 바보로 만들어 버린다.

예수님의 반응은 어떤가? 그분은 이 모든 것을 침묵으로 받아들이신다. 예수님은 군사들의 경멸과 조롱을, 그 혼란스럽고 비극적인 상황을 침묵으로 다스리신다. 그분이 인간을 위해 말씀하고 행동하신 모든 것이 이제 가시관으로 표현된다. 가시에 찢겨 흐르는 피가 그분의 얼굴과 몸을 적시건만 침묵으로 일관하신다. 군사들은 아무런 저항 없이 자기 비하의 길로 향하시는 예수님을 경멸하고, 결국 예수님이 피를 흘리고 목숨을 잃으실 때까지 제물로 삼는다.

이사야 예언자의 말씀이 마침내 성취된다. "나는 매질하는 자들에게 내 등을, 수염을 잡아 뜯는 자들에게 내 뺨을 내맡겼고 모욕과 수모를 받지 않으려고 내 얼굴을 가리지도 않았다."이사 50,6 이렇게 예수님은 고통당하는 주님의 종의 모습을 드러내신다. 그 종에 대해 이사야 예언자는 이렇게 말한다. "그에게는 우리가 우러러볼 만한 풍채도 위엄도 없었으며 우리가 바랄 만한 모습도 없었다. 사람들에게 멸시받고 배척당한 그는 고통의 사람, 병고에 익숙한 이였다. 남들이 그를 보고 얼굴을 가릴 만큼 그는 멸시만 받았으며 우리도 그를 대수롭지 않게 여겼다. 그렇지만 그는 우리의 병고를 메고 갔으며 우리의 고통을 짊어졌다. 그런데 우리는 그를 벌 받은 자, 하느님께 매 맞은 자, 천대받은 자로 여겼다. … 학대받고 천대받았지만 그는 자기 입을 열지 않았다."이사 53,2-4.7

이사야가 묘사한 고통당하는 주님의 종의 운명은 현실이 되었다. 군사들은 이를 알아차리지 못한 채, 구약에서 의로운 사람들의 고통에 관해 예고된 바를 행동으로 옮기며 증거한다. 곧 그들은 무자비한 행동을 통해 '예수님은 진실로 약속된 임금, 메시아'임을 증언한다. 인간의 궤변과 비꼬는 행동이 폭로되는 이런 장면에서 예수 그리스도의 왕직의 참된 성격이 잘 드러난다. 그 왕직은 인간의 악을 침묵으로 견디어 내면서 봉사로써 인간을 다스리는 것이다. 봉사에 대한 예수님의 의지는 군사들의 무자비한 희롱을 받아들일 수 있을 정도로 철저했다.

예수님의 얼굴을 바라보자. 고통으로 일그러진 그분의 얼굴에서 우리의 얼굴을 볼 수 있지 않은가? 우리 모든 인간의 얼굴 말이다. 사실 우리는 모두 넘겨진 자들이다. 우리는 방종과 악, 또는 실패가 가져다주는 무기력함과 경솔한 경멸에 넘겨진 자들이 아닌가? 그렇게 항상 넘겨지고 있지 않은가?

로마 총독 관저에서 일어난 일이 오늘날도 수없이 계속되고 있지 않은가? 군사들처럼 우리를 격분케 하는 그 길목에는 누군가가 있다. 그는 우리가 생각하는 것과 달리 말하고, 다른 세계관과 다른 사회적·정치적 확신을 가지고 있으며, 망명자로 살아갈 수 있다. 그는 아마 자신의 죄 때문에 손가락질당하는지도 모른다. 언제나 그렇듯이 그는 우리에게 도전하고, 우리의 이웃 사랑을 문제시하며, 우리가 외면하고 싶은 문제를 제기할 뿐만 아니라 우리 자신 자체를 문제시한다.

우리는 그런 부담스런 사람을 외면하려 하지 않는가? 우리는 그를 바보로 취급하고, 조소의 대상으로 삼는다. 우리는 그를 수상한 자로 여기고, 범죄자라는 화관을 씌운다. 우리는 그에게 인간성을 말살하는 조소와 경멸의 왕관을 씌운다. 우리는 그에게 침을 뱉으며 사회의 변두리 인생들이 모여 사는 게토로 밀쳐내고, 별 볼 일 없는 사람으로 취급한다.

인간에게 사랑이 없으면 어디까지 악해질지 모른다. 사랑이 없는 인간은 자신의 생각을 드러내 보일 상대자를, 자신의 이기심과 오만을 무자비하고 주저 없이 내보일 희생양을 찾아 나선다.

우리는 예수님 안에서 우리의 악을 자신에게 분출하도록 허용하는 한 인간을 만난다. 그분은 "열두 군단이 넘는 천사"마태 26,53들의 보호로 얼마든지 위험에서 벗어날 수 있건만 그렇게 하지 않으신다. 그분은 자신을 군사들에게 넘겨주신다. 그로써 역설적으로 생각되는 일이 현실이 된다. 하느님께서 예수님에게 나타나신 것이다. 그분은 인간에게 모든 것을 맡기시는 하느님이다. 우리는 이런 하느님을 무력한 하느님으로 이해할 수 있다.

그러나 이 무력함 안에서 하느님 사랑의 전능하심을 볼 수 있지 않은가? 세상의 악은 그런 사랑을 통해서만 물리칠 수 있다. 하느님은 다른 것이 아닌 사랑을 통해 악을 극복하신다. 그리고 이 본질적 진리는 거침없이 기세를 부리는 악에 보복하지 않고 모든 것을 받아들이는 자, 멸시와 조롱까지도 참아내는 자에게서 이루어진다.

베드로 사도는 이 같은 사랑의 약함, 그러나 악을 극복하는 전능한 힘을 잘 알고 있다. 바로 그런 관점에서 그는 그리스도의 영광에 참여하기 위해서는 그리스도의 고난의 길에 동참해야 한다는 진리를 소아시아의 그리스도교 공동체에게 상기시킨다. "바로 이렇게 하라고 여러분은 부르심을 받았습니다. 그리스도께서도 여러분을 위하여 고난을 겪으시면서, 당신의 발자취를 따르라고 여러분에게 본보기를 남겨주셨습니다."1베드 2,21

그러나 솔직히 마음 한구석에서는 '베드로의 말이 옳다는 것은 알고 있지만 그렇게 행동하는 것은 어렵다'고 생각할 수 있다. 그런 행동은 이미 하느님께서 당하셨듯이 종종 모욕과 경멸을 피할 수 없기 때문이다. 그러나 우리는 무엇을 위해 살아가는가? 오늘날 세속화된 사회는 그리스도교의 근본 진리와 질서에 따라 살아가려는 사람들을 우습게 여긴다. 오늘날 교회가

'금욕'이라는 말을 하거나, 사회적 행동규범의 방향을 윤리에 결부시키거나, 인간의 존엄성에 대해 말하면 사람들은 교회는 구시대의 유물이라느니, 세상을 모르는 윤리관념이라며 비웃지 않는가? 물론 뭇사람들의 오해를 피하기 위해 우리 신앙인들은 시대에 걸맞은 윤리규범과 그 비추임이 절박하게 요청된다는 사실도 간과해서는 안 된다. 그러나 그런 비추임은 동시에 우리가 어떻게 이 충동 본위의 사회를 극복할 수 있는지 그 방법을 중재해야만 한다. 포기는 단순히 충동을 없애는 것이 아니라 인간적 성숙의 표현일 수 있다. 가치와 새로운 동기를 중재하는 이런 비추임은 현실과는 무관한 탁상공론이 되거나 현대인에게 요구할 수 없는 것이 되어서는 안 된다. 이미 오래전에 선언된 '성性 해방'이 인간을 더 자유롭고 더 행복하게 만들었는가?

베드로는 모든 그리스도인은 그분의 발자취를 따르도록 부름을 받았다고 말한다. 그리고 필요하다면 그리스도와 함께 모욕의 가시관을 쓰고, 그분과 함께 고통의 길을 가야만 한다고 한다. 예수 그리스도를 따라 걷는 참된 그리스도인이라면 자신이 어떤 오해와 모욕을 당하더라도 그것을 감수해야 한다. "그리스도께서 고통과 죄악 속에 있는 인간을 받아들이시고, 모든 이를 위해 해방하고 구원하기 위하여 당신 생명을 바치신 것같이,

그리스도인은 그분의 이 연대성을 새롭게 살아야 한다."카를 레만 Karl Lehmann 우리는 그 어떤 봉사도 가볍게 여겨서는 안 된다. 희생은 물론, 물질적 봉사도 위대한 것이다.

그리스도인의 생명에 대한 봉사는 항상 저항에 부딪힌다. 주님께서는 이 저항을 군사들의 조롱과 십자가의 죽음으로 체험하셨다. 이것은 사랑의 대가다. 그분은 사랑으로 지배와 권력의 척도를, 죄와 악, 경멸과 모욕의 척도를 부수셨기에 우리는 오직 생명을 바쳐 자비를 행함으로써 절망을 극복할 수 있다. 우리는 행동하는 사랑으로 희망할 수 있다. 예수 그리스도께 의지하고 그분을 따르며 살기를 바라는 자의 마음은 모든 압제보다 더 강하고, 세상의 어두움을 극복하는 선행을 할 수 있게 한다. 이것이 바로 새로운 희망의 표징이다. 증오로 눈이 멀고, 조롱하는 자의 광기 어린 고함으로 귀먹은 자는 희망을 보지도, 듣지도 못한다. 그 때문에 그리스도인 각자는 그 희망의 표징이 우리 안에 살아있고, 이웃도 그 희망을 느끼고 체험할 수 있도록 각자의 몫을 행해야 한다. 물론 그런 행동은 우리가 그리스도의 제자로서 많은 고통을 감수해야 한다는 것을 전제로 한다. 그런데도 우리가 계속 그리스도인으로서 증거하는 삶을 산다면 다음과 같은 주님의 약속을 누릴 수 있을 것이다.

사람들이 나 때문에 너희를 모욕하고 박해하며, 너희를 거슬러 거짓으로 온갖 사악한 말을 하면, 너희는 행복하다! 기뻐하고 즐거워하여라. 너희가 하늘에서 받을 상이 크다. 사실 너희에 앞서 예언자들도 그렇게 박해를 받았다.마태 5,11-12

빌라도의 아내

'꿈은 거품과 같다'는 속담이 있다. 꿈은 단지 환영에 지나지 않는다는 뜻이겠다. 물론 이 꿈은 현실에서 겪는 실제 체험과 아무런 관련이 없다. 많은 사람은 꿈이 실제의 삶과 무관하다는 사실을 다행스럽게 생각한다. 특히 절벽에서 떨어지는 꿈을 꾸거나, 낯선 사람의 추격을 받아 도망치다 사각지대에 몰려 진땀을 흘리며 깨어났을 경우, 그 꿈이 현실이 아니라는 사실에 안도의 한숨을 내쉰다. 우리는 종종 '꿈에서 깨어나라'고 말한다. 이는 비현실적으로 살아가는 사람들을 일깨우기 위한 충고인데, 이 충고에는 비현실을 상징하는 꿈을 현실과 분리하여 생각해야 한다는 뜻도 담겨있다.

빌리발트 라이어제더Willibald Leierseder: 몬시뇰. 철학과 가톨릭 신학 연구.

125

율법학자들과 바리사이파 사람들이 총독 본시오 빌라도에게 예수님을 고소하는 과정에서 꿈에 대한 이야기가 한 번 나온다. 한 여인이 예수님의 소송사건 전면에 잠깐 등장하며 자신이 꾼 불길한 꿈을 말하는 장면인데, 별 생각 없이 지나칠 수도 있다. 우리는 바로 이 이야기를 묵상하고자 한다. 마태오 복음사가만이 그 꿈 이야기를 전해준다.

예수님께서 총독 앞에 서셨다. "당신이 유다인들의 임금이오?" 하고 총독이 묻자, 예수님께서 "네가 그렇게 말하고 있다" 하고 대답하셨다. 그러나 수석 사제들과 원로들이 당신을 고소하는 말에는 아무 대답도 하지 않으셨다. 그때에 빌라도가 예수님께, "저들이 갖가지로 당신에게 불리한 증언을 하는데 들리지 않소?" 하고 물었으나, 예수님께서는 어떠한 고소의 말에도 대답을 하지 않으셨다. 그래서 총독은 매우 이상하게 여겼다. 빌라도가 재판석에 앉아있는데 그의 아내가 사람을 보내어, "당신은 그 의인의 일에 관여하지 마세요. 지난밤 꿈에 내가 그 사람 때문에 큰 괴로움을 당했어요" 하고 말하였다. 마태 27,11-14.19

이 이야기를 '꿈은 거품과 같다'는 식으로 치부해 버릴 수 있다. 그러나 성경적 안목에서는 그렇게 쉽게 말할 수 없다. 성경은 꿈을 소중하게 취급하기 때문이다. 성경에서는 종종 중요한 결정이 꿈을 통해 준비되고 행해지는 것을 볼 수 있다. 하느님께서도 당신을 깨닫게 하시기 위해, 또는 자신의 운명이나 삶과 죽음을 결정하려는 사람들에게 지혜를 주시기 위해 꿈을 이용하신다. 구약성경의 창세기가 보도하는 첫 번째 꿈은 하느님의 위대한 계시다. 곧 성조 야곱은 꿈에서 하늘이 열려있고, 하느님의 천사들이 층계를 오르내리는 것을 본다. 이것은 하느님께서 인간과의 교제를 원하신다는 뜻이다. 꿈속에서 인간은 살아계신 하느님을 인간을 사랑하시는 하느님으로 체험한다.

이집트로 팔려간 요셉은 감옥살이를 할 때 함께 갇혀있던 사람들의 꿈을 해몽해 주었다. 곧 잘 익은 포도 꿈을 꾼 사람은 곧 석방될 것이며, 빵을 쪼아먹는 새의 꿈을 꾼 사람은 곧 죽게 될 것이라고 해몽한다. 요셉은 또 살진 일곱 마리 암소와 깡마른 일곱 마리 암소에 관한 파라오의 꿈을 앞으로 다가올 대기근으로 해몽한다.

구약성경은 하느님께서 꿈을 통해 인간을 부르신다고 확신했다. 사무엘은 꿈에서 여러 번 하느님의 목소리를 듣고 하느님께 이렇게 응답한다. "주님, 말씀하십시오. 당신 종이 듣고 있습니다."1사무 3,9 솔로몬의 체험도 이와 다르지 않다. 하느님은 꿈속에서 그에게 이렇게 말씀하신다. "내가 너에게 무엇을 해주기를 바라느냐?"1열왕 3,5 그때 솔로몬은 부귀·장수·명예를 바라지 않고 듣는 마음과 지혜를 청한다.

욥기에서는 꿈을 인간에게 내리시는 하느님의 준엄한 경고라고 말한다. "하느님께서는 한 번 말씀하시고 또 두 번 말씀하십니다, 다만 사람들이 알아채지 못할 뿐. 사람들이 깊은 잠에 빠져 자리 위에서 잠들었을 때 꿈과 밤의 환상 속에서 그분께서는 사람들의 귀를 여시고 환영으로 그들을 질겁하게 하십니다. 그것은 사람을 제 행실에서 떼어놓고 인간에게서 교만을 잘라내 버리시려는 것입니다. 이렇게 그의 목숨을 구렁에서 보호하시고 그의 생명이 수로를 건너지 않게 하신답니다."욥 33,14-18

물론 성경은 때로 꿈을 거품과 같은 뜻으로 사용하기도 한다. 집회서에는 이런 구절이 있다. "자리에 누워 쉬는 시간에도 한밤의 잠이 그의 의식을 혼란케 한다. 쉬면서도 거의 또는 전혀 쉬는 것 같지 않고 자면서도 낮에 일하는 것 같으며 제 마음의 허깨비에 쫓겨 싸움터에서 도망쳐 나온 자와 같다. 절박한 순간에 잠에서 깨어나 두려워할 이유가 없었다는 사실에 놀란다."집회 40,5-7

구약에서 꿈은 하느님의 구원계획에 나름대로 기여한다. 그러나 그 꿈은 분별력 있는 판단을 통해 올바로 해석될 수 있다.

신약에서 하느님의 말씀은 예수 그리스도 안에서 인격적으로 만나게 된다. 예수님은 직접 인간에게 요구하고 사랑의 법을 주시며, 당신을 따르라고 부르신다. 그런데도 꿈은 신약에서도 하느님의 섭리와 지혜의 도구로서 중요한 의미를 지닌다. 천사가 요셉의 꿈속에 나타나 "두려워하지 말고 마리아를 아내로 맞아들여라"마태 1,20 하고 말한다.

천사는 또한 꿈속에서 헤로데를 피해 이집트로 피신하라고 요셉에게 명령하여, 요셉과 마리아와 아기 예수님의 목숨을 보호한다. 요셉은 천사들의 명령에 따라 다시 고향으로 돌아온다. 동방박사들도 꿈속에서 하느님의 명령을 받는다.

그리스도교가 유럽에 전해진 것도 바오로의 꿈에서 시작되었다. 바오로는 꿈속에서 마케도니아 사람이 부르짖는 소리를 듣는다. "마케도니아로 건너와 저희를 도와주십시오."사도 16,9 바오로는 한밤중에 꿈속에서 하느님의 위로를 받는다. '결코 두려워하지 말아라. 침묵하지 말고 말하라. 나는 너와 함께 있을 것이다.'

이런 맥락에서 보면 빌라도의 아내가 꾼 꿈이 결코 환상이 아나라는 것을 추측할 수 있다. 그녀는 예수님에게 유죄판결을 내리지 않게 하기 위한 자신의 이의제기가 뜻대로 이루어지지 않는다는 것을 느꼈다. 사실 그러한 일은 아무리 판사 아내라지만, 재판 과정에 간섭하는 것이기에 당시나 오늘날에나 있을 수 없는 일이다. 빌라도가 관저에서 그런 간섭을 받아들이고, 또 판결문을 작성하기 위해 군중의 의견을 받아들였다는 사실은 이해하기 힘들다. 그러나 헤로데 아그리파 1세 임금이 자신의 친구 칼리굴라 황제에게 빌라도에 관해 쓴 다음의 편지를 읽는다면, 위의 사실을 어느 정도 이해할 수 있을 것이다.

> 빌라도는 고집이 세고 무정한 성격의 소유자였다. 그의 재임 시 유다 지역에서는 뇌물과 폭력, 강도의 약탈과 억압이 판을 치고 있었으며, 사람들이 판결문 없이 잔혹하게 처형되곤 했다.Phil. Legat. ad Gaium 38

빌라도가 그런 상황에서 상당히 긴 재임 연한이라 생각되는 10년을 재직할 수 있었던 이유를 유다인 역사가 플라비우스 요세푸스는 다음과 같은 예화로 설명한다.

한 여행자가 얻어맞아 피를 흘리며 길가에 쓰러져 있었다. 상처에는 파리들과 벌레들이 뒤덮고 있었다. 길을 지나가던 사람이 이를 보고 가엾은 생각이 들어 파리들을 잡으려고 했다. 그러자 상처 입은 사람이 "그냥 놔두시오" 하며 이렇게 말했다. "피를 빨아먹는 이 파리들과 벌레들은 이미 내 피를 배불리 먹었기 때문에 이제 피에 굶주려 있지 않습니다. 만일 당신이 이것들을 쫓아낸다면, 더 피에 굶주린 것들이 나에게 올 것입니다."Jud. Altert XVIII 6,5

이것이 바로 그 여인의 남편이었다. 빌라도의 아내는 남편이 오판을 할까 봐 경고하기 위해 목숨을 내놓는 모험을 감행한 것이다. 그러나 그러한 경고도 별로 효과가 있어 보이지는 않는다. 빌라도는 자신의 판단이 틀릴 수도 있다는 생각에 예수님을 다른 죄수와 바꾸려고 한다. 예수님의 지존함과 존엄 때문인지, 아니면 고발자들의 맹목적인 증오 때문인지, 빌라도는 예수님을 빼내려고 여러 번 시도하지만, 예수님에게 가하려는 불의는 점점 뚜렷하게, 그리고 공공연하게 드러난다. 그런 불의는, 빌라도가 설령 유다인을 좋아하는 사람이었다고 해도, 그리고 십자가에 처형될 유다인에게 잘못이 있어 빌라도에게 양심의 가책을 조금도 주지 않았다고 해도 마찬가지였으리라.

빌라도의 아내는 소름 끼치는 꿈의 암시를 진지하게 받아들이고 심사숙고한 후 행동한다. 누구를 위해 그런 위험한 일을 하는가? 예수님의 선하심과 사랑의 정신을 알기 때문에, 또는 예수님을 의로운 사람이라고 여겼기 때문인가? 그녀는 유다인들이 율법에 맹목적으로 복종하고 경건한 행동을 하는 것을 우스꽝스럽게 여기고, 황제숭배가 널리 행해지는 타락한 이방인 사회를 새롭게 받아들이는 예수님의 복음을 알고 있었는가? 인간의 내적 성찰과 하느님 앞에서 갖는 경건한 마음에 다가오는 기쁜 소식을 알고 있었는가? 때가 다 되어 다가오는 하느님의 새로운 개입을 느끼고 있었는가? 새로운 시대의 도래를 진실로 받아들였기 때문인가?

아내는 자기 남편을 잘 안다. 그녀는 또한 유다인들이 자기 남편을 넘어뜨리려 한다는 것을, 체포된 예수님의 머리를 자를 수 있다는 것을 알고 있다.

그녀는 총독 관저 뒤편에서 어떻게 해야 이 고비를 넘길 수 있을까 고민한다. 나자렛 사람 예수님을 둘러싸고 일어나는 이 일은 예수님의 운명에 따라 자기 남편의 운명도 좌우될 갈등이었다. 곧 예수님을 어떻게 판결하느냐에 따라 남편의 직위와 명예, 권력과 영향력이 좌우되는 것이다. 그녀는, 이성을 잃은 군중이 외치는 그 사람을 선택할 것이냐, 아니면 로마 황제와의 우정을 선택할 것이냐? 하는 양자택일의 증인이 된다. 그리고 마침내 결정이 내려진다. 빌라도에게 황제의 우정을 잃는 것은 사형선고를 받는 것과 다름이 없다. 이런 위험에 직면하여 '십자가에 못 박으시오'라는 군중의 외침을 이 여인만이 유일하게 거부하는 것이다. 빌라도의 아내는 사람을 보내어 '당신은 그 무죄한 사람의 일에 관여하지 마세요'라고 간곡히 부탁한다.

도대체 예수님은 무슨 잘못을 하셨는가? 무엇 때문에 백성이 그렇게 증오하고 십자가에 못 박아야 한다고 고래고래 소리를 지르는 것일까? 이에 대해 요한 제바스티안 바흐는 〈마태 수난곡〉에서 다음과 같은 충격적인 대답을 한다.

"그분은 우리 모두에게 선을 행하셨다.
눈먼 이들을 보게 하고
절름발이를 걷게 하고
당신 아버지의 말씀을
우리에게 전해주셨다.
악마를 몰아내시고

슬퍼하는 이를 일으켜 세우셨다.

그분은 우리의 죄를 짊어지셨다.

그 외에 나의 예수님은 아무것도 행하지 않으셨다."

빌라도의 아내는 예수님이 부당하게 고발당하고 있다는 것을 감지했다. 그녀는 내적 소리를 들을 줄 알았고, 그것을 쉽게 외면하는 사람이 아니었다. 꿈에서 하신 하느님의 명령을 생각하고 검증하는 사람이었다. 그녀는 '꿈은 거품이나 망상과 같다'는 속담을 빌미로 사람에게 무엇인가를 요구하고 결정을 재촉하는 하느님의 말씀을 쉽게 저버리는 사람이 아니었다. 그녀는 하느님께서 여러 가지 모습으로 인간에게 다가오시는 것을 섬세하게 느끼는 사람이었다. 하느님은 인간에 대한 주권을 가지고 계시며 인간의 생명을, 그것이 한낱 꿈에서나 생각할 수 있는 생명이라고 해도, 인간의 생명 전체에 대한 주권을 가지고 계시다는 것을 아는 사람이었다. 이것은 성경의 곳곳에서 찾아볼 수 있는 한결같은 진리다.

그녀는 꿈을 통해 하신 하느님 말씀에 순종한 여인이다. 율법을 수호하려는 사제들의 무자비함에 항거하고, 광기 서린 군중의 요구에 반항하고, 증오에 가득 찬 폭도들의 압력을 제지하려

한다. 그녀는 '다수의 의견이 항상 올바르다'는 어리석은 생각에 맞선다. 자신의 운명이 남편에게 달려있다는 것을 잘 알면서도 확신을 가지고 과감하게 말한다. 마치 정의를 위해 목숨을 바치는 사람처럼 행동한다. 그러나 그녀의 이런 태도도 결국 남편의 공공연한 행동, 곧 백성 앞에서 손을 씻는 행동을 막지는 못했다. 빌라도는 겁이 많고 너무나도 세속적인 사람이라 아내의 충고를 이중적으로 대한다. 곧 '십자가에 못 박으라'고 외치는 군중을 만족시키는 동시에, 아내의 충고에 겁을 먹고 손을 씻는 것이다. "나는 이 사람의 피에 책임이 없소"마태 27,24라면서.

이제 그녀는 완전히 혼자다. 왜냐하면 재판관인 총독에 대한 존경심은 물론 자기 남편마저 잃었기 때문이다. 빌라도가 몇 년 후에 로마 황제의 총애를 잃고 그 직위에서 해임되어 당시 갈리아라고 불리던 프랑스로 좌천된 것은 이미 예고된 것과 같았다.

빌라도의 아내, 전설에 따르면 '멀리 있는 여인Procula'이라 불리는 이 여인은 이방인으로서 그리스도의 증인이 된다. 이로써 그녀는 카파르나움의 백인대장과 십자가 밑에 있던 백인대장과 긴밀한 관계를 갖게 된다. 이 이방인들은 예수님을 알아뵙고 예수님을 증거한다. 그러나 세간에서 경건한 사람들이라 일컬어지던 이들은 예수님을 거부했다.

빌라도의 아내는 예수님의 수난 여정에서 주변 인물에 속하는가? 아마 그럴 것이다. 그러나 그녀는 우리 그리스도인들에게 거울과 같은 존재다. 곧 우리는 그 거울 앞에 서서 항상 '예수님이 나에게 의미 있는 분인지, 오늘 나는 그분을 위해 무엇을 하고 있는지'를 물어야 한다.

오늘날 우리가 그리스도인의 부류에 넣지 않는 사람들이 많이 있다. 그런 사람들 중에는 '하느님이 계속 활동하고 현존하신다'는 진리에 대해 섬세한 느낌을 가진 사람도 있을 것이다. 그런 사람이, 당시에 이방인이던 빌라도의 아내처럼, 신앙인들을 훨씬 능가하여 하느님의 현존을 인정하고, 또 그 현존을 증거할 수 있다는 사실도 생각할 수 있다. 그러므로 예수님의 공동체인 교회를 세례받은 사람들의 숫자로만 평가하는 것은 충분치 않다.

예수 그리스도님, 당신은 이 세상에 인간으로 오셨습니다. 당신은 사람들의 기대나 요구에 미치지 못했습니다. 사람들은 당신을 회의적으로 대했고, 당신을 알아보기는커녕 악마의 두목으로 여기고 위험천만한 선동자로 내몰았습니다. 당신을 범죄자처럼 취급했고, 결국 사형을 선고했습니다. 우리 또한 우리 마음에 들지 않거나 고정관념에 맞지 않는 것, 기대에 어긋나는 것을 너무 쉽게 물리치곤 합니다. 모든 인간은 당신의 형제입니다. 당신은 그들에게 베푸는 사랑이 곧 당신께 대한 사랑이라고 하셨습니다. 우리가 당신 말씀에 따라 생각하고, 이웃 형제 자매들에게서 당신을 알아뵐 수 있는 올바르고 용감한 신앙심을 주소서. 아멘.

바라빠

바라빠가 우리와 무슨 상관이 있을까? 어쨌든 그리스도의 수난기는 우리에게 이 사람의 이름을 생생하게 상기시킨다. 그와 예수님의 만남은 숙명적이었으며 예수님 수난의 중심에 등장한다. 이에 대해 복음사가들은 이렇게 보도한다.

축제 때마다 군중이 원하는 죄수 하나를 총독이 풀어주는 관례가 있었다. 마침 그때에 예수 바라빠라는 이름난 죄수가 있었다. 사람들이 모여들자 빌라도가 그들에게, "내가 누구를 풀어주기를 원하오? 예수 바라빠요 아니면 메시아라고 하는 예수요?" 하고 물었다. 그는 그들이 예수님을 시기하여 자기에게 넘

노르베르트 마기노트Norbert Maginot: 신부. 철학과 가톨릭 신학 연구.

겼음을 알고 있었던 것이다. 빌라도가 재판석에 앉아있는데 그의 아내가 사람을 보내어, "당신은 그 의인의 일에 관여하지 마세요. 지난밤 꿈에 내가 그 사람 때문에 큰 괴로움을 당했어요" 하고 말하였다. 그동안 수석 사제들과 원로들은 군중을 구슬려 바라빠를 풀어주도록 요청하고 예수님은 없애버리자고 하였다. 총독이 그들에게 "두 사람 가운데에서 누구를 풀어주기를 바라는 것이오?" 하고 물었다. 그들은 "바라빠요" 하고 대답하였다. 빌라도가 그들에게 "그러면 메시아라고 하는 이 예수는 어떻게 하라는 말이오?" 하니, 그들은 모두 "십자가에 못 박으시오!" 하였다. 빌라도가 다시 "도대체 그가 무슨 나쁜 짓을 하였다는 말이오?" 하자, 그들은 더욱 큰 소리로 "십자가에 못 박으시오!" 하고 외쳤다. 빌라도는 더 이상 어찌할 수가 없을 뿐만 아니라 오히려 폭동이 일어나려는 것을 보고, 물을 받아 군중 앞에서 손을 씻으며 말하였다. "나는 이 사람의 피에 책임이 없소. 이것은 여러분의 일이오." 그러자 온 백성이 "그 사람의 피에 대한 책임은 우리와 우리 자손들이 질 것이오" 하고 대답하였다. 그래서 빌라도는 바라빠를 풀어주고 예수님을 채찍질하게 한 다음 십자가에 못 박으라고 넘겨주었다. 마태 27,15-26 ; 마르 15,6-15 ; 루카 23,17-25 ; 요한 18,39-40 ; 19,4-16ㄱ

우리는 복음사가들의 보도로 이제 새로운 국면을 맞는 예수님 수난의 길목에 서게 되었다. 원로들은 예수님을 죽이기로 결정했으며, 로마 총독은 그 결정을 실행해야 할 것이다. 원로들은 예수님을 총독 앞으로 끌고 온다. 하지만 빌라도는 예수님이 범죄자도 아니고 선동가도 아니며 위험천만한 반국가주의자도 아니라는 것을 즉시 알아차린다. 빌라도는 오히려 원로들이 예수님에게 죄를 씌우는 데는 다른 동기가 숨어있다는 것을 알아채고, 자신은 그 동기에 좌우되어 행동할 수 없다고 생각한다. 그 때문에 빌라도는 예수님을 놓아줄 기회를 엿본다. 그러나 백성은 빌라도의 계획을 받아들이지 않는다. 빌라도는 상황을 잘못 판단했고, 그 때문에 예수님을 석방하려는 계획을 너무 서툴게 세운 것 같다.

빌라도가 파스카 축일을 맞아 백성의 요구대로 죄수 하나를 놓아주는 관례를 예수님에게 적용하려던 계획은 수포로 돌아간다. 그는 아무 죄도 없어 보이는 예수님이 아니라 바라빠를 석방하게 된다.

바라빠는 누구인가? 복음은 그에 관해 자세히 전해주지 않기 때문에 나름대로 생각해 보기로 하자.

바라빠라는 이름의 뜻은 '아버지의 아들Bar-abbas'이다. 바라빠라는 이름은 그의 출발점, 가족 상황, 개인적 삶의 역사와 성장 등을 생각하게 한다. 동시에 바라빠만이 아니라 모든 사람에게 중요한 가족 상황을 묻게 한다. 바라빠의 부모는 그를 기쁘게 대했을까, 아니면 짐처럼 여겼을까? 자녀에 대한 부모의 태도는 무엇보다도 중요하다. 자녀가 부모의 따뜻한 사랑과 돌봄을 받고 성장했는지, 그렇지 않은지에 따라 그 차이는 엄청나다. 부모와의 단절은 부모의 사랑을 적게 받았거나, 부모가 원하지 않는 아이라는 이유에서 비롯되기도 한다. 인간의 비극은 사실상 부모의 사랑을 받지 못하는 데서부터 시작된다고 해도 과언이 아니다. 부모의 사랑을 받지 못하면 아이 때부터 이미 고통스런 운명이 시작되고, 그런 운명은 자신에게나 주위의 수많은 사람에게 불행을 가져다주며, 결국 한 생명을 파괴하는 결정적 이유가 되기도 한다.

이에 대해 조금 더 생각해 보자. 바라빠의 아버지와 어머니는 어떤 사람이었을까? 그와 부모의 관계는 어땠을까? 그의 부모는 서로의 성향과 성격이 다름에서 비롯되는 피할 수 없는 긴장에도 서로 사랑과 기쁨으로, 항상 새롭게 서로에게 감사하는 마음으로 함께 살았을까, 끊임없는 부부싸움과 논쟁으로 일관했을까? 이에 대한 대답 여하에 따라 아이의 성장 결과에는 엄청난 차이가 생긴다.

어린 바라빠는 가정에서 무엇을 배웠을까? 그는 가정에서 하느님·세계·인간에 대해 배웠을까? 그의 부모는 다른 사람들에 대해서, 그리고 마을 사람들의 상호관계나 정치적 사안이나 사회를 책임진 사람들에 대해서 어떻게 말했을까? 상대방에 대해 이해하는 방향에서 말했을까, 질투나 시기, 또는 악의에 찬 말을 했을까? 가족의 사회적 관계는 어떠했을까? 그 가족은 무엇을 해서 생활비를 벌었을까? 그의 집은 잘살았을까, 하루하루 끼니 걱정을 해야 하는 삶을 살았을까?

불의는 어느 시대에나 존재한다. 그러나 문제는 그런 불의를 대하는 태도다. 그의 가족은 그 불의를 적당히 받아들였을까, 손해를 보더라도 불의에 항거하여 정의를 바로 세워야 한다는 확신을 가졌을까? 가정과 주위환경은 성장하는 바라빠에게 어떤 정치적 신념을 심어주었을까? 그의 부모는 어떤 정치 정당을 선호했을까, 아예 관심조차 없었을까? 그의 부모는 바리사이파였을까, 사두가이파였을까? 그도 아니면 열혈당원이었을까?

성장하는 바라빠의 삶에 영향을 끼친 것은 무엇일까? 부모와 가족, 그리고 주변 사람들은 문제를 바라빠와 함께 해결하려고 노력했을까, 혼자서 해결하도록 했을까? 그는 자신의 삶의 길을 홀로 힘겹게 찾아야만 했을까, 누군가의 도움을 받았을까? 그는 훌륭하고 성실한 친구들을 가졌을까, 잘못된 길을 가는 친구들을 사귀었을까? 그는 자신을 신뢰했을까, 열등의식에 사로잡혀 있었을까? 행동은 현명했을까, 툭하면 폭력을 휘둘렀을까?

이것은 그때나 지금이나 크게 다르지 않을 것이다. 더욱이 어떤 조직에 가입하려면 종종 무모한 행동을 요구하거나 그릇된 용기를 시험한다는 점에서 더욱 그렇다. 그런 행동은 상점 약탈이나 절도행위뿐만 아니라 살인까지 행하게 한다.

우리는 복음을 통해 바라빠가 반란을 일으키다가 사람을 죽이고 체포되어 감옥에 갇힌 폭도라는 것을 안다. 여기서 우리는 바라빠 행동의 동기를 찾기 위해 몇 가지 더 생각해 볼 수 있다. 그 반란은 단순 범죄였을까, 국가전복 기도였을까? 그는 목숨을 걸고서라도 세계를 변화시키려는 테러리스트였을까? 당시에는 그런 테러리스트들을 열혈당원, 곧 옷 속에 단검을 품고 다니며 살인까지도 서슴지 않는 열성주의자라고 일컬었다. 그들의 목적은 로마인들의 압제에서 백성을 구하는 것이었다. 그러나 그들의 과격한 활동은 역사를 피로 물들게 했고, 로마인들과 싸워 패배함으로써 수많은 사람에게 죽음과 좌절을 안겨주었다. 바라빠는 바로 이 열혈당에 속한 인물이라고 생각된다.

바라빠의 살인은 오늘날 우리가 보고 듣는 살인과 크게 다르지 않다. 우리는 오늘날 언론 매체를 통해 세계 도처에서 일어나는 소름 끼치는 테러의 난행을 본다. 테러를 일으키는 자는 열혈당원만이 아니다. RAF(Red Army Faction, 적군파)와 붉은 여단, 행동주의자와 바스크족의 저항운동, IRA(Irish Republican Army, 아일랜드 공화국군)와 팔레스티나의 근본주의자, 댈러스와 러시아 베드로 광장의 암살주의자, 디키부티와 10월 축제 중의 폭탄테러 분자 등도 있다.

다른 사람의 생명을 심판하는 재판관으로 자처하고 유괴와 폭탄세례와 살인을 아무렇지도 않게 자행하는 사람들, 그들의 그런 행동으로 과연 세상이 더 나은 세상으로 변할 수 있을까? 우리는 그런 이상주의자들을 보며 어이없어한다. 그 이상주의자들의 젊은 시절은 어땠을까? 비뚤어져 있지는 않았을까? 그들이 그렇게 사는 동안 다른 사람들은 어디에서 무엇을 했는가? 불의한 행동을 하고 이기주의와 흥미만을 추구하던 사람들은 이상주의자들의 경악스러운 행동을 저지하기 위해 무엇을 했는가?

이는 바라빠의 동시대 사람들뿐만 아니라 오늘날 우리에게도 해야 하는 질문이다. 그러나 더더욱 놀라운 것은 당시에도 그렇게 잘못된 길을 걸어가는 사람을 '영웅'으로 간주했고, 오늘날도 그렇다는 사실이다. 그들은 "바라빠를 놓아주시오" 하고 소리치며, 그를 자기 사람이라고 말하기를 주저하지 않는다.

평소에 로마인들에 대한 증오심으로 가득 차있던 군중은 흥분되어 있다. 그들은 빌라도 앞에서 바라빠와 예수님 중 한 사람을 선택한다.

나자렛 사람 예수님은 과연 누구인가? 그분 또한 온화하고 조용히 인내하기만 하는 겁쟁이가 아니었다. 그분은 독선과 자기 만족만을 찾는 사람들과, 하느님의 영광보다는 돈을 더 생각하는 사람들을 향해 분노했다. 그러나 그분은 인간의 마음의 혁명을 부르짖었다. 곧 혁명은 회개와 고백 안에서 일어나고, 사랑과 화해와 용서로 향하는 하느님의 계명에 새롭게 자신의 삶을 질서 지우는 곳에서 일어난다. 그분은 '아버지의 아들', 곧 사람이 되신 하느님의 아들이셨다. 그러나 기묘하게도 사람의 손에 넘어가 스스로 제물이 되신다. 그분은 음모와 권력 찬탈, 시기와 질투, 종교적 환상과 정치의 제물이 되신다. 사람을 신분 상승과 돈벌이를 위해 이용하고, 자신의 경력을 위한 카드로 사용하는 재판관과 극도로 흥분한 폭도들 앞에서 예수님은 과연 무엇을 하실 수 있었겠는가?

이런 장면은 흥분한 군중이 군인들과 공권력을 위협하고, 동시에 한 사람의 선동으로 이리저리 몰려다니며 특정인의 죽음을 요구하면서 그의 형상을 만들어 불에 태우는 텔레비전 뉴스를 연상시킨다. 이런 행동들은 우리에게 도대체 무슨 목적으로 그렇게 하는지를 묻게 한다.

모든 사람이 자기 자신을 척도로 삼았다면 인류의 역사는 어떻게 되었겠는가? 예수님은 이렇게 말씀하셨다. "'살인해서는 안 된다. 살인한 자는 재판에 넘겨진다'고 옛사람들에게 이르신 말씀을 너희는 들었다. 그러나 나는 너희에게 말한다. 자기 형제에게 성을 내는 자는 누구나 재판에 넘겨질 것이다."마태 5,21-22

마음먹은 것은 행동으로 나타나는 법이다. 악한 생각으로 행동하는 사람은 불장난을 하는 것과 같다. 악한 생각은 언젠가는 피를 부르는 법이다.

이것을 우리의 상황에서 생각해 보자. 자기가 중요하게 생각한다고 폭력을 사용하면서까지 그 생각을 관철시키려는 사람은 그것을 손에 넣지 못한다. 뭇사람을 폭력의 제물로 삼을 뿐이다. 돛단배가 자유롭게 항해하도록 하겠다고 돛을 잘라버린다면 그 배는 어떻게 되겠는가? 그것은 마치 의미 있게 살겠다고 사회의 구조악에 반대하는 사람을 죽여버리는 것과 같다.

여기에서 명심할 일은, 우리가 이 시대의 발전상에 문제점을 느끼고, 좀 더 나은 세계를 위해 노력하려 한다면 더 철저하게 깨어있어야 한다는 것이다. 우리는 세상을 책임 있게 돌보아야 하고, 특히 경제·정치·사회 등 우리의 삶 전반을 좌우하는 모든 것을 등한시해서는 안 되며, 양심적이어야 한다. 그런 돌봄은 폭력으로 이루어지지 않는다. 우리는 혼돈이나 이미 성취된 것을 파괴하기를 원하지 않는다. 바로 이런 면에서 바라빠의 사건은 우리에게 많은 것을 시사한다.

계속 질문해 보자. 예수님을 죽이라고 고함을 지른 사람들은 훗날 자신의 행동에 대해 어떻게 생각했을까? 그중에는 예수님의 말씀을 들은 사람들도 있었을 것이고, 치유를 받은 사람들과 도움을 받은 사람들도 있었을 것이다. 또한 '호산나'를 부르며 예루살렘에 입성하시는 예수님을 환영한 사람들도 있었을 것이다. 그들은 정말 예수님이 죽는 것을 원했을까? 아니면 그들의 올바른 목소리는 군중의 흥분된 목소리에 덮여버렸을까? 그들은 유다처럼 후회했을까?

우리 자신에게도 같은 질문을 해야 한다. 우리는 아무 죄 없이 빌라도 앞에 서계시는 예수님, 군중의 분노에 의해 채찍질 당하고 결국은 십자가에서 돌아가셔야 했던 예수님을 진지하게 받아들이는가? 다른 사람을 반대하는 좋지 않은 생각과 나쁜 관념을 실제로 포기하는가? 우리는 일상적인 견해와 주입식 교육에서 탈피하여 우리의 독자성을 유지할 수 있는가? 우리는 우리 마음에 들지 않는 사람을 가차 없이 내치지는 않는가? 우리의 방식이나 의견에 일치하지 않는 사람을 불쾌하게 생각하며 멀리하지는 않는가? 혹시 "그 사람을 풀어주면 총독께서는 황제의 친구가 아니오"요한 19,12라는 말을 뿌리칠 용기가 없는 것은 아닌가?

우리는 정치적·사회적·종교적·교육적인 면에서 우리의 주장을 관철시키기 위해 수단과 방법을 가리지 않고 동원하지는 않는가? 바로 우리의 그런 태도 때문에 다른 사람이 고통을 당하고 상처를 입게 된다는 것을 알고 있는가?

우리는 생각과 말로, 타인이 존엄과 자유를 억압당한다고 느낄 정도로 경멸하지는 않는가? 우리는 정의와 공평을 위해, 그리고 고통을 당하는 사람을 위해, 사람들이 전혀 돌보지 않고 오히려 비난하는 사람을 위해 무엇인가를 할 수 있는 용기가 있는가? 물론 그것이 지금 대세를 이루는 의견과 소리가 아니기 때문에 즉시 결단을 내리긴 힘들다 해도, 그렇게 할 용기가 있는가? 그런 다수의 목소리 안에서 명확한 이성의 소리를 듣는가, 다수의 의견을 아무런 생각 없이 받아들이며 살아가는가?

우리는 처음에 바라빠가 우리와 어떤 상관이 있을지 의아해했다. 이제 우리는 처음보다는 바라빠와 많은 상관이 있음을 고백할 수 있을 것이다. 바라빠와의 관계를 기회가 있을 때 더 생각해 보는 것도 좋을 것이다. 그리고 이제 새롭게 예수님을 바라보자. 바라빠는 결국 무죄한 예수님의 죽음을 통해 자유롭게 되었기 때문이다. 바라빠는 예수님 죽음의 덕을 입은 자다.

석방된 바라빠는 어떻게 살았을까? 그는 자기 대신 형장의 이슬로 사라져 간 예수님이 누구인지 알았을까? 아니면 적어도 그분이 누구인지 관심이라도 가졌을까? 예수님이 어떻게 사람을 만나고, 사람들을 위해 무엇을 하셨고, 바란 것이 무엇인지 관심을 가졌을까? 바라빠도 후에 예수님의 제자가 된 것은 아닐까? 우리는 이에 대해 아무것도 모른다.

그러나 우리 앞에는 빌라도가 주목하던 한 분이 서계신다. '엑체 호모(Ecce homo, 보아라, 이 사람을).' 예수 그리스도를 바라보자. 그분은 하느님과 인간에 대한 사랑을 죽음의 순간까지 아무 저항 없이 실현하신 분이며 자신의 생명을 바치신 분이다. 그분은 우리 삶의 유일한 잣대시다. 우리는 그분에게서 배울 수 있고, 또 배워야 한다.

마지막으로 우리의 주님, 우리를 위해 죽으시고 부활하시고 다시 오실 주님께 이렇게 기도하자.

주님, 우리가 참된 인간의 길을 걷도록 하시고, 당신의 모습을 닮은 자가 되도록 도와주소서.

아리마태아 사람 요셉

모든 사람에게는 자기만의 길이 있다. 그래서 우리는 자신만의 삶의 계획을 세우고, 확신에 차 걸어간다. 그러나 우리에겐 지금까지 걸어온 삶과 그 방식을 수정해야만 하는 일이 종종 생긴다. 처음에는 뜻대로 잘되다가도 나중에는 생각한 것과 다르게 되는 경우가 많기 때문이다. 삶은 항상 그렇게 예상과 다르게 진행된다.

우리는 아주 쉽게 다른 사람의 삶에 연루될 수 있다. 물론 그런 계획을 전혀 세우지 않는데도 그렇다. 그리고 다른 사람도 우리 삶에 아주 쉽게 연루될 수 있다. 그렇게 우리는 함께 일하며 살아간다. 우리 서로는 다른 사람의 삶의 역사에 깊이 개입

클라우스 무카Klaus Mucha: 신부. 가톨릭 신학 연구.

하며, 타인 또한 내 삶에서 큰 역할을 담당한다. 이것은 처음에는 아주 우연한 일로만 여겨진다. 그러나 그런 일을 누군가가 하지 않았다면 그런 일은 아예 일어나지도 않았을 것이다. 우리 삶의 주변에서 일어나는 작은 일들이 가끔은 중요하게 느껴지기도 하고, 때로는 무게 있는 사안으로 떠올라 결정적인 영향을 미치기도 한다. 그런 작은 일들은 종종 일어나 우리 삶을 변화시키고, 전혀 다른 방향으로 이끈다.

필자는 몇 주 전에 어떤 사람을 처음 만났다. 길지 않은 시간이었다. 그러고 나서 며칠 후 그는 필자에게 자신의 어려운 처지를 얘기하면서 조언을 부탁했다. 아마 그도 필자를 처음 만났을 때는 그런 부탁을 하게 되리라고는 전혀 생각하지 못했을 것이다. 필자 또한 뜻하지 않게 사람의 생명이 달려있는 그 결정에 깊이 관여하게 되었다.

우리는 지금까지 예수님의 수난에 관여한 사람들을 묵상했다. 그 사람들은 아주 우연히 예수님과 만난 듯이 보인다. 그러나 이 만남은 그들 삶에 중요한 자리를 차지하게 된다. 그들은 무엇인가를 결정하고 행동해야만 했다. 예수님의 삶과 우리의 삶은 이제 서로 깊은 관계를 갖게 되었다. 예수 그리스도께 대한 신앙과 그리스도인이란 신분은 끊임없이 우리 자신과 다른 사람을 위해 더 중요한 것을 결정하도록 요구한다. 그런 결정을 회피하거나 게으름을 피워서는 안 된다. 어떤 중요한 결정 없이 저절로 이루어지는 삶은 없다. 그렇지 않다면 그것은 살아있는 삶이 아닐 것이다.

여기서 한 사람을 주목해 보자. 예수님의 수난기에는 한 부유한 유다인 의회의원 아리마태아 사람 요셉이 나온다. 복음사가들은 그를 예수님의 죽음과 관련지어 언급한다. 이스라엘 백성이 오랫동안 간절히 기다려 온 메시아에게 어떤 일이 일어났는가? 메시아의 삶은 좌절과 비극으로 종결되는 듯이 보였다. 두 제자가 엠마오라는 동네로 걸어가면서 주고받은 이야기에서 우리는 예수님의 죽음에 대한 그들의 깊은 실망을 엿볼 수 있다.

그분은 하느님과 온 백성 앞에서, 행동과 말씀에 힘이 있는 예언자셨습니다. 그런데 우리의 수석 사제들과 지도자들이 그분을 넘겨, 사형선고를 받아 십자가에 못 박히시게 하였습니다. 우리는 그분이야말로 이스라엘을 해방하실 분이라고 기대하였습니다.루카 24,19-21

예수님의 죽음은 많은 사람에게 세상이 무너지는 듯한 느낌

153

을 주었다. 제자들은 예수님께 모든 것을 기대했고, 모든 것을 버리고 예수님을 따랐다. 그러나 예수님은 비참한 죽음을 맞으신다. 스승이 죄수처럼 십자가에 매달린다. 이제 그들도 사람들에게 알려졌으니 어떻게 될지 불안하기 짝이 없다. 그들은 이제 자유롭게 길거리에 나다닐 수도 없었다. 십자가에 달리신 예수님의 마지막 말씀도 절망에 가득 찬 비명이었다. "저의 하느님, 저의 하느님, 어찌하여 저를 버리셨습니까?" 모든 것이 끝났다. 성금요일 오후 3시, 예루살렘 해골산에는 어둠만이 온 땅을 뒤덮고 있었다. 마태오 복음사가의 보도를 들어보자.

> 저녁때가 되자 아리마태아 출신의 부유한 사람으로서 요셉이라는 이가 왔는데, 그도 예수님의 제자였다. 이 사람이 빌라도에게 가서 예수님의 시신을 내달라고 청하자, 빌라도가 내주라고 명령하였다. 요셉은 시신을 받아 깨끗한 아마포로 감싼 다음, 바위를 깎아 만든 자기의 새 무덤에 모시고 나서, 무덤 입구에 큰 돌을 굴려 막아놓고 갔다. 거기 무덤 맞은쪽에는 마리아 막달레나와 다른 마리아가 앉아있었다.마태 27,57-61

당시의 관습에 따르면 십자가에 처형된 자는 적절한 장례절

차를 거쳐 무덤에 안장할 수 없었다. 그래서 그 시체는 대부분 알려지지 않은 곳이나 가족무덤에 급히 매장되곤 했다. 어쨌든 유다인들은 시신이 나무에 매달린 채 밤을 지나지 않도록 세심한 주의를 기울였다.

예수님이 돌아가신 지 몇 시간 후, 해가 기울어 모든 노동이 금지되는 안식일이 시작되기 바로 직전, 그때까지 알려지지 않은 아리마태아 사람 요셉이 등장한다. 네 복음사가들은 모두 그에 관해 보도하고 있다. 그는 부유한 사람이었고, 예루살렘에 자신의 무덤을 가지고 있는 사람이었다. 그는 산헤드린의 의회 의원이었다. 의회는 세 그룹, 곧 대사제와 율법학자들과 원로들로 구성되어 있었다. 요셉은 원로 그룹에 속한 의원이었다. 루카는 그에 대해 이렇게 증언한다.

이 사람은 의회의 결정과 처사에 동의하지 않았다. 그는 유다인들의 고을 아리마태아 출신으로서 하느님의 나라를 기다리고 있었다.루카 23,51

요셉은 여우들의 음모에 가담하지 않았다. 그는 나자렛 사람 예수님을 나름대로 판단하고 있었고, 그분의 제자가 되는 것을

155

주저하지 않았다. 그는 예수님이 비참하게 돌아가셨음에도 신앙을 고백하는 큰 용기를 가졌다. 이로써 예수님의 십자가 죽음에 대한 책임을 유다 민족 전체에 전가하려는 것은 터무니없는 일이라는 사실이 분명해진다. 요셉은 사도들처럼 도망가지 않았다. 예수님이 십자가에서 돌아가신 것을 보고 얼마든지 등을 돌릴 수 있었지만 요셉은 그러지 않았다. 사실 의원으로서 신앙을 고백하기 위해서는 대단한 용기가 필요했을 것이다. 이 같은 사실을 마르코복음서는 이렇게 전한다.

> 아리마태아 출신 요셉이 빌라도에게 당당히 들어가, 예수님의 시신을 내달라고 청하였다.마르 15,43

빌라도의 허락 없이는 예수님을 매장할 수 없었다. 이에 대해 우리는 이렇게 물을 수 있을 것이다. 격식을 갖춰 장사를 지내는 것이 허용되지 않았다면 그렇게까지 할 필요가 있었을까?

그러나 아리마태아 사람 요셉의 생각은 달랐다. 그는 아무런 죄도 없이 돌아가신 분에게 마지막 예의나마 갖추어 장례를 치러드려야 한다고 생각했다. 비록 그렇게 하는 것이 위험하고 개인적으로 손해를 보는 일이더라도 그렇게 해야 한다고 생각했다. 그러니까 예수님이 십자가에서 비참한 운명을 맞으셨을 때 도망치는 사람만 있는 것이 아니라 그분 곁에 성실하게 머물러 있는 사람들도 있었다는 얘기다. 그분께 더 이상 기대할 것이 없는 상황에서도 끝까지 충실한 사람도 있었다.

오늘날을 신앙의 위기라고 한다. 그 때문에 신앙이 왜곡될 수도 있고, 사람들은 더 이상 예수님을 믿으려고 하지 않는다. 예수님을 믿는 사람을 '바보'로 취급하는 분위기라면 예수님께 대한 집단적 신앙고백은 기대하기 힘들 것이다. 그리고 '도대체 신앙이 나에게 무엇을 가져다주는가?'라며 빈정거릴 것이다. 그러나 요셉은 그렇지 않았다. 요셉이 빌라도에게 가서 예수님의 시신을 내달라고 했다는 것은 중요한 사실 한 가지를 확인시킨다. 곧 예수님이 죽으셨다는 것이다.

> 빌라도는 예수님께서 벌써 돌아가셨을까 의아하게 생각하여, 백인대장을 불러 예수님께서 돌아가신 지 오래되었느냐고 물었다. 빌라도는 백인대장에게 알아보고 나서 요셉에게 시신을 내주었다.마르 15,44-45

예수님의 죽음은 빌라도에 의해 공식적으로 확인된다. 그 후 요셉은 골고타에 가서 십자가에서 예수님의 시신을 내렸다.

생각해 보자. 의회의원들에 의해 비참하게 죽은 사람이 그 의회의 구성원인 요셉의 개인 묘지에 모셔진다? 얼마나 역설적인가! 이로써 요셉은 의회가 내린 사형선고가 잘못된 것이라고 상징적으로 항의한 셈이다. 매우 용기 있는 행동이 아닐 수 없다. 그의 행동은 뭇사람들의 웃음거리가 된 분께 대한 신앙고백이었다. 이것은 또 다른 중요한 의미가 있다. 곧 그의 무덤은 부활의 장소가 되며, 역사를 전환하는 결정적인 장소가 된다는 것이다.

우리는 이 사건을 이렇게 보아야 한다. 하느님은 당신의 아들을 돌보신다. 그래서 예수님의 시신은 불명예스럽게 아무 곳에나 장사 치러지지 않는다. 이것이 바로 예수님에 대한 명예회복이다. 그 명예회복이 요셉을 통해 일어나는 이유는 요셉이 하느님의 뜻에 따라 행동하기 때문이며, 하느님과 함께 살아가기 때문이다. 본래 아리마태아 사람 요셉의 무덤이었던 곳에 예수님의 시신을 안치함으로써 그 무덤은 전혀 다른 의미를 지니게 된다. 뜻하지 않은 기쁜 소식의 출발점이 된 것이다. 예수님의 십자가 죽음은 영원한 좌절이 아니라 새로운 시작, 곧 부활이다. 이제 십자가는 생명의 나무가 된다.

안식일이 지나고 주간 첫날이 밝아올 무렵, 마리아 막달레나와 다른 마리아가 무덤을 보러 갔다. 그때에 천사가 여자들에게 말하였다. "두려워하지 마라. 너희가 십자가에 못 박히신 예수님을 찾는 줄을 나는 안다. 그분께서는 여기에 계시지 않는다. 말씀하신 대로 그분께서는 되살아나셨다. 와서 그분께서 누워 계셨던 곳을 보아라."마태 28,1.5-6

사람은 죽음을 넘어 밝은 미래를 향한다. 물론 하느님을 통해서만 그 미래를 누릴 수 있다. 예수 그리스도를 믿는 사람은 죽더라도 영원히 살게 될 것이다. 예수님의 십자가의 길은 무의미한 것이 아니다. 십자가의 길은 모든 인간을 위한 구원의 길이 되었다. 역사의 마지막 순간까지, 죽음의 순간까지 그분의 수난의 길은 계속될 것이다. 세계는 그리스도의 수난이 이루어지는 비극적 현장이다. 그러나 죽은 이들 가운데서 모든 것이 새롭게 시작되는 부활이 있을 것이다.

그리고 어좌에 앉아계신 분께서 말씀하셨습니다. "보라, 내가 모든 것을 새롭게 만든다."묵시 21,5

무덤 경비병

복음서가 네 개라는 것은 얼마나 다행스러운 일인가! 루카가 복음서를 기록하지 않았더라면 우리는 성탄 구유를 만들 수 없었을 것이다. 왜냐하면 네 복음서 중에서 루카만이 우리에게 마구간과 구유와 목자들에 대해 말해주기 때문이다. 그리고 마태오만이 새로 나신 유다인의 임금께 경배드리는 동방박사의 이야기를 전해준다.

예수님의 수난기에 대해서도 이와 다르지 않다. 예수님의 수난기도 네 번에 걸쳐 전해지기 때문에 그 사건과 모습을 더욱 풍요롭고 생동감 있게 받아들일 수 있다.

처음 세 복음서, 그러니까 마태오와 마르코와 루카에 따르면

에른스트 슈미트Ernst Schmitt: 신부. 철학과 가톨릭 신학 연구.

열두 제자는 스승이 겟세마니 동산에서 체포되셨을 때 모두 스승을 그대로 두고 도망갔다고 전한다. "제자들은 모두 예수님을 버리고 달아났다."마태 26,56; 마르 14,50 제자들 가운데 누구도 십자가를 지고 가는 예수님을 따른 사람이 없다. 그러나 예수님이 돌아가시고 90여 년이 지난 후 집필된 네 번째 복음서는 예수님이 사랑하신 제자에 관한 이야기를 전해준다. 그는 골고타까지 예수님을 따른다. 물론 복음서는 그의 이름을 밝히지 않는다. 그런데 성지주일에 봉독되는 마태오의 수난기에는 최후의 만찬 때도, 십자가 밑에서도 그런 사람은 전혀 등장하지 않는다.

우리는 아마 마태오가 전하는 예수 그리스도의 수난기를 가장 잘 알고 있을 것이다. 다른 수난기는 노래로 작곡되지 않았기 때문이다. 요한 제바스티안 바흐도 마태오의 수난기를 가장 먼저 작곡했다. 마태오의 수난기는 매우 특별하다. 마태오만 빌라도의 아내가 빌라도에게 '예수님의 일에 관여하지 말라'고 간절히 당부했다는 이야기와, 예수님을 배반한 유다의 뒤늦은 후회와 비극적 종말에 대해 전해준다. 그리고 마태오에게서만 무덤 경비병의 이야기를 들을 수 있다.

복음서들의 내용이 그렇게 서로 다르다면 어떤 것이 진짜인가? 어떤 내용을 받아들여야 하고, 또 어떤 내용을 받아들이지 않아야 하는가? 네 복음서의 보도 내용은 분명히 일치되지 않는다. 하지만 그 내용을 일목요연하게 정리하려는 시도는 무의미한 일이다. 그 내용에는 차이와 모순이 분명히 공존한다. 예수님이 십자가에서 하신 마지막 말씀도 서로 다르다. 그 까닭은 네 복음서의 예수님 수난과 죽음에 관한 이야기는 실제 사건의 기록 조사서가 아니기 때문이다. 부활에 관한 이야기도 마찬가지다. 그 이야기는 모두 선포문이다. 그 선포문에는 실제 역사적 핵심 사안이 모두 일치하여 증거되기 때문에, 그 선포문은 역사에 관한 신앙 이야기라고 말할 수 있다.

특히 예술가들은 어떤 사실을 색깔이나 나무나 돌 등으로 형상화한다. 그 예술작품을 바라보는 우리의 상상은 예술가들의 표현방법에 의해 예술의 세계에 빨려들어 간다. 예술가들이 예수님의 부활보다도 십자가에서의 죽음을 더 즐겨 택하는 것에 대해 놀랄 필요가 없다. 부활의 내용은 그림으로 묘사할 수 있거나 사진이나 영화로 찍을 수 있는 사건이 아니기 때문이다. 뒤러나 그뤼네발트와 같은 화가들에게는 무덤 경비병의 이야기가 더 현실적이다. 예술가들은 무덤 이야기를 경비병들의 갑옷과 방패와 칼, 그들의 당황과 무기력함 등을 이용하여 아주 현실적으로 묘사한다.

부활이 어떻게 일어났는지에 대해서는 말로도, 그림으로도 묘사하기가 어렵다. 그 때문에 네 복음사가는 이에 대해 모두 침묵한다. 복음사가들이 말할 수 있는 것은 부활하신 예수님의 발현이다. 베드로와 야고보 및 열두 제자들은 개인적 부활 체험, 그분이 살아계심을 증언한다. 이 증언이 예수님의 부활에 대한 우리 신앙의 근거다. 우리는 이 진리를 어떻게 받아들일 수 있는가? 바오로는 그리스도께서 부활하시지 않았다면 우리는 아직 죄에 머물러 있었을 것이라고 말한다. 그렇다면 죽은 이들의 부활도 없을 것이다.

　　부활 신앙은 우리 그리스도인의 삶에 정말 각인되어 있는가? 초대 그리스도교 신자들은 이 부활 신앙을 고수하기 위해 온갖 노력을 다했다. 그들은 그리스도께서 실제로 부활하셨다는 증거들을 찾았고, 그러던 중 빈 무덤 이야기를 하게 된다.

　　안식일 다음 날, 예수님의 시신에 향유를 바르기 위해 무덤으로 달려간 여인들은 무덤이 비어있는 것을 발견한다. 그들은 무덤으로 달려가면서 어떻게 동굴 무덤을 막은 큰 돌을 치울 수 있을까 고민했지만 도착해 보니 이미 돌이 치워져 있었다. 요한 복음서에 따르면, 마리아 막달레나가 돌이 치워져 있는 것을 목격하고 이 사실을 제자들에게 알리자, 베드로와 예수님이 사랑하신 제자가 무덤으로 달려갔다고 한다.

이렇게 하여 빈 무덤은 초대 그리스도교 공동체에서 부활 사건의 중요한 증거가 된다. 예루살렘에 살던 유다인들도 무덤이 비어있었다는 사실에 대해서는 논쟁의 여지 없이 받아들였다. 그런데 빈 무덤은 무엇을 말하는가? 어떻게 예수님의 시신이 사라지게 되었는지는 하느님만이 아실 것이다. 마태오가 복음서를 집필할 당시, 그러니까 기원후 70년경, 로마인들이 예루살렘 성전을 파괴한 후에 유다인들 사이에는 예수님의 제자들이 그 시신을 훔쳐갔다는 소문이 나돌았다.

이 중상모략을 방어하기 위해 그리스도인들은 이제 다른 이야기를 들어 설명한다. 곧 무덤 경비병에 대한 이야기다. 그러니까 마태오는 경비병에 대한 이야기(이 이야기가 마태오복음서의 수난기 마지막 부분이다)를 우리를 위해 쓴 것이다. 그 이야기를 가능한 한 선입견을 버리고 읽어보자.

이튿날 곧 준비일 다음 날에 수석 사제들과 바리사이들이 함께 빌라도에게 가서 말하였다. "나리, 저 사기꾼이 살아있을 때, '나는 사흘 만에 되살아날 것이다' 하고 말한 것을 저희는 기억합니다. 그러니 셋째 날까지 무덤을 지키도록 명령하십시오. 그의 제자들이 와서 시체를 훔쳐내고서는, '그분은 죽은 이들 가운데에서 되살아나셨다' 하고 말할지도 모릅니다. 그러면 이 마지막 기만이 처음 것보다 더 해로울 것입니다." 그러자 빌라도가 그들에게, "당신들에게 경비병들이 있지 않소. 가서 재주껏 지키시오" 하고 대답하였다. 그들은 가서 그 돌을 봉인하고 경비병들을 세워 무덤을 지키게 하였다. 안식일이 지나고 주간 첫날이 밝아올 무렵, 마리아 막달레나와 다른 마리아가 무덤을 보러 갔다. 그런데 갑자기 큰 지진이 일어났다. 그리고 주님의 천사가 하늘에서 내려오더니 무덤으로 다가가 돌을 옆으로 굴리고서는 그 위에 앉는 것이었다. 그의 모습은 번개 같고 옷은 눈처럼 희었다. 무덤을 경비하던 자들은 천사를 보고 두려워 떨다가 까무러쳤다. 마태 27,62—28,4

오늘날 예루살렘에서는 그리스 정교회 수사들과 프란치스코회 수사들이 예수님의 무덤을 지키고 있다. 그들은 그곳에서 장엄한 미사성제를 거행한다.

그러나 골고타 가까운 곳에 있었던 아리마태아 사람 요셉의 무덤은 오늘날 존재하지 않는다. 본래 콘스탄티누스 황제가 그 자리에 웅장한 성당을 짓게 했는데, 이 성당이 바로 아나스타

시스Anastasis, 곧 예수부활성당이다. 그런데 이 성당은 1009년에 한 광신적 회교주의자 하킴Hakim에 의해 파괴되었다가 복구되어 오늘날 그리스도교 순례자들을 위한 중요한 성지가 되었다. 이곳에 수많은 그리스도교 신자들이 밀려드는 것은 놀라운 일이 아니다.

복음서의 경비병에 관한 이야기는 전해 내려오는 이야기일 뿐이다. 그리고 세월이 흐르면서 이야기는 많은 부분이 각색되었다. 신약성경의 정경으로 받아들여지지 않는 '베드로복음서'는 경비를 맡은 관리들의 이름까지 밝힌다. 그중 하나는 베드로니우스Petronius다. 그 복음서는 부활하신 예수님이 당신의 십자가를 끝까지 따른 두 사람을 거느리고 나타났다고도 한다. 이에 반해 마태오는 역사를 기술하는 것처럼 건조하게 전할 뿐이다. 그런데 마태오는 예수님의 무덤에서 일어난 실제 사건을 보도하는 것이 아니다. 그는 '제자들이 예수님의 시체를 훔쳐갔다'는 소문을 잠재우기 위해 그리스도인들의 이야기를 전하는 것뿐이다.

이런 이야기는 오늘날 우리에게 낯설기만 하다. 한 사람이 꾸며낸 이야기를 통해 자신의 생각을 표현하는 것은 당시에 작가와 시인뿐만 아니라 일반 백성에게 통용되는 일이었다. 지어낸 이야기와 자유로운 설명을 통해 말하는 근동 사람의 방식이 성경에 그대로 통용된 것이라고 볼 수 있다.

무덤 경비병의 이야기를 전한 사람은 그 이야기를 듣는 청중이나 독자들로부터 그것이 너무 불합리하고 터무니없는 말이라는 핀잔을 듣지 않았을 것이다. 왜냐하면 경비병 이야기는 제자들이 시신을 약탈하는 것이 전혀 불가능했다는 사실을 아주 잘 대변하기 때문이다. 곧 그 이야기를 듣는 사람은 모두 '제자들의 시신 약탈'에 관한 풍문에 동의하지 않게 된다. 거기에는 몇 가지 이유가 있다.

첫째 이유는 수석 사제들과 바리사이파 사람들이 '그리스도께서 부활하셨다'는 신앙 정식을 사용했다는 사실이다. 이것은 아주 놀랄 만한 일이다. 그 신앙 정식은 오직 그리스도인들만이 사용한 형태이기 때문이다. 둘째 이유는 유다인 관료들이 사전에 제자들의 속임수를 이미 예상했다는 것이다. 셋째 이유는 팔레스티나의 동굴 무덤을 보지 못한 사람들은 어떻게 그 무덤을 봉인할 수 있는지 상상하기 힘들다는 것이다. 설화자는 아마 예언자 다니엘을 사자 굴에 내던진 네부카드네자르 임금을 생각한 것 같다. 네부카드네자르는 다니엘을 굴에 넣은 다음 그 굴을 막은 돌을 봉인했다. 그럼으로써 다니엘이 빠져 나오지 못하게,

또는 아무도 다니엘을 구하지 못하게 했다.다니 6,18 넷째 이유는
빌라도의 태도다. 빌라도가 "당신들에게 경비병들이 있지 않소.
가서 재주껏 지키시오" 하고 말했다면, 빌라도 역시 무덤을 지키
는 것이 아무런 소용이 없다고 생각한 것이다. 오히려 경비병들
이 무덤을 지키지 않았더라면 부활 신앙을 저지할 수 있었을 것
이다. 마지막 이유는 경비병들이 겁에 질려 떨다가 까무러쳤다
는 것이다. 정말 경비병들이 겁에 질렸고, 죽은 듯이 땅바닥에
쓰러졌다면 어떻게 그들이 벌어진 일을 상부 인사들에게 보고
할 수 있었겠는가? 그들의 보고를 마태오는 이렇게 전한다.

여자들이 돌아가는 동안에 경비병 몇 사람이 도성 안으로 가
서, 일어난 일을 모두 수석 사제들에게 알렸다. 수석 사제들은
원로들과 함께 모여 의논한 끝에 군사들에게 많은 돈을 주면서
말하였다. "'예수님의 제자들이 밤중에 와서 우리가 잠든 사이
에 시체를 훔쳐갔다' 하여라. 이 소식이 총독의 귀에 들어가더
라도, 우리가 그를 설득하여 너희가 걱정할 필요가 없게 해주
겠다." 경비병들은 돈을 받고 시킨 대로 하였다. 그리하여 이 말
이 오늘날까지도 유다인들 사이에 퍼져있다.마태 28,11-15

이 이야기는 무덤을 지키던 로마 경비병들이 시체 약탈을 알아차리지 못했다는 사실을 전해준다. 로마 경비병들은 이 사실을 자신의 직속 상관이 아니라 유다인 수석 사제들에게 보고한다. 그러나 수석 사제들은 로마인들을 철저히 증오하는 사람들인데, 어떻게 그들에게 가서 보고를 할 수 있단 말인가!

이 사실만 문제가 되는 것은 아니다. 수석 사제들은 경비병들에게 제자들이 시체를 훔쳐갔을 때에 잠들어 있었다고 말하라고 한다. 그렇다면 그건 직무유기다. 그러나 경비병 중 아무도 사실을 사실대로 말하지 못했을 것이다. 제자들이 시체를 훔치기 위해 무덤에 왔다는 것을 잠들어 있는 사람이 어떻게 알 수 있단 말인가! 꿈을 꾸었다는 말인가!

경비병들은 매수되었다고 한다. 로마에는 보초근무를 소홀히 하는 자는 가차 없이 처벌한다는 엄격한 법이 있었다. 실제로 베드로가 감옥에서 탈출하도록 협조한 경비병들은 헤로데에 의해 처형되지 않았는가! 그런 죽음을 각오하고 매수될 경비병들이 어디에 있단 말인가!

마태오가 복음서를 집필할 때, 그는 자신의 공동체에서 다른 많은 부활 이야기들과 함께 무덤 경비병의 이야기를 들었고, 부활하신 예수님께 대한 신앙을 증거하기 위해 그 이야기를 받아들였다. 실제로 예수님 무덤의 경비병 이야기는 결코 삭제될 수 없다. 그리스도인들은 시체 약탈의 소문을 잠재우기 위해 경비병들을 무덤 앞에 세웠기 때문이다. 그 결과 무덤 경비병들은 '나는 부활이요 생명이다'라고 말씀하신 분의 증인이 된 것이다.

전능하시고 영원하신 하느님,
당신께 순종하여 성자께서는
사람이 되셨나이다.
그분은 자신을 낮추시어
십자가에 달리시기까지
자신을 낮추시었나이다.
우리가 그분의 고통의 길을 따라 살다가
장차 그분의 부활에 참여할 수 있도록 도와주소서.
우리 주 예수 그리스도를 통하여 비나이다. 아멘.

3부
—

십자가의 길

·
·
·

예수님의 십자가 여정은 제자들에게

당신의 길을 따르라는 초대다.

소경 바르티매오

바르티매오는 예수님의 수난 장면에 등장하는 인물은 아니다. 그는 앞을 보지 못하는 거지였다. 그를 처음 대하는 순간 우리는 직감적으로 그를 예수님의 주변 인물로 여긴다. 그러나 이런 추측은 너무 성급한 결론이다. 왜냐하면 마르코 복음사가는 예리코의 바르티매오 이야기를, 예수님의 수난사화를 본격적으로 전해주기 위한 '신앙의 서곡'으로 소개하고 있기 때문이다. 바르티매오는 우리에게 신앙의 모범을 보여준다. 예수님의 참된 제자가 어떤 사람인지 그에게서 알아차릴 수 있다. 그는 앞을 보지 못하는 고통 속에서 살고 있었지만, 미래에 대한 희망을 잃지 않았다. 먼저 마르코복음서를 읽어보자.

클라우스 무카Klaus Mucha: 신부. 가톨릭 신학 연구.

그들은 예리코에 들어갔다. 예수님께서 제자들과 많은 군중과 더불어 예리코를 떠나실 때에, 티매오의 아들 바르티매오라는 눈먼 거지가 길가에 앉아있다가, 나자렛 사람 예수님이라는 소리를 듣고, "다윗의 자손 예수님, 저에게 자비를 베풀어 주십시오" 하고 외치기 시작하였다. 그래서 많은 이가 그에게 잠자코 있으라고 꾸짖었지만, 그는 더욱 큰 소리로 "다윗의 자손이시여, 저에게 자비를 베풀어 주십시오" 하고 외쳤다. 예수님께서 걸음을 멈추시고, "그를 불러오너라" 하셨다. 사람들이 그를 부르며, "용기를 내어 일어나게. 예수님께서 당신을 부르시네" 하고 말하였다. 그는 겉옷을 벗어던지고 벌떡 일어나 예수님께 갔다. 예수님께서 "내가 너에게 무엇을 해주기를 바라느냐?" 하고 물으시자, 그 눈먼 이가 "스승님, 제가 다시 볼 수 있게 해주십시오" 하였다. 예수님께서 그에게 "가거라. 네 믿음이 너를 구원하였다" 하고 이르시니, 그가 곧 다시 보게 되었다. 그리고 그는 예수님을 따라 길을 나섰다.마르 10,46-52

이 이야기는 마르코가 예수님의 '예루살렘을 향한 여정'을 묘사하는 단원의 마지막 내용이다. 예수님은 당신의 제자들과 함께 당신 삶의 결정적 지점을 향해 여행중이시다. 예루살렘을 향한 여정은 곧 십자가를 향한 여정이다. 소경 바르티매오 이야기는 이 여정의 마지막 부분에 자리한다. 마르코는 이 이야기를 마친 다음 즉시 예수님의 예루살렘 입성 이야기를 우리에게 전해준다.

예리코는 요르단 저지대의 오아시스에 위치한 종려나무가 많은 도시다. 이 도시는 팔레스티나에서, 아니 세계에서 가장 오래된 도시로 알려져 있다. 고고학의 발굴에 따르면, 기원전 일만 년경에 이미 확고한 주거지역이 예리코에 형성되어 있었다고 한다. 여기에서 그리 멀지 않은 곳에 헤로데 대왕의 건축사업 결과로 신 예리코 도시가 생겨났다. 이 도시를 편의상 신약성경의 예리코라 부른다. 헤로데 대왕은 이곳에 겨울 궁전을 짓고, 이 궁전을 중심으로 경마장과 원형경기장을 세우게 했다. 예리코는 로마의 수비대가 주둔하는 도시였고, 또 세금을 징수하는 도시였다. 예리코는, 협곡으로 이루어진 유다 광야를 거쳐 일천 미터 더 높은 곳에 자리한 예루살렘으로 가는 중요한 길목이었다.

때는 바야흐로 파스카 축제를 일주일 앞둔 시기였다. 예수님은 당신의 제자들과 군중과 함께 이 예리코를 떠나신다. 바로 이때 길가에 앉아 구걸하는 소경을 만나신다. 아마 소경 바르티매오만 구걸하고 있지는 않았을 것이다. 왜냐하면 그때는 구걸하기에 적절한 시기였기 때문이다. 눈앞으로 다가온 파스카 축제 때문에 많은 사람이 예루살렘을 향해 순례하고 있었다. 구걸하는 이에게 자선을 베푸는 일은 순례자의 당연한 의무였다. 바르티매오는 예리코에서 앞 못 보는 거지로 이미 잘 알려져 있었다. 복음서는 그의 이름을 직접 거명한다. 그의 운명은 전승의 원저자들에게도 잘 알려져 있었고, 초대교회도 바르티매오를 잘 알고 있었다.

우리는 바르티매오의 이야기를 기적 이야기가 아니라 신앙의 이야기로 생각해야 한다. 왜냐하면 이 이야기의 초점이 하느님의 도우심으로 어려운 운명을 극복한 인간 자체가 아니라 그의 신앙에 있기 때문이다. 그는 다시 볼 수 있다는 사실을 믿었다. 그렇기 때문에 바르티매오의 계속되는 삶은 모범적인 제자상이 된다. 우리는 여기서 한 인간이 신앙을 통해 어떻게 자신의 삶을 예수님과 깊이 결합시키는지를 분명히 볼 수 있다. 바로 이 점을 우리는 주목하고자 한다. 바르티매오의 이야기를 좀 더 구체적으로 살펴보자.

바르티매오는 앞을 전혀 보지 못하는 소경이다. 그가 살아남을 수 있는 유일한 방법은 구걸뿐이었다. 그렇게 구걸하여 하루하루 연명하며 사는 것이 과연 삶이라고 할 수 있는가? 그는 얼마나 자주 주저하며 마지못해 구걸하는 장소에 나갔는가? 그가 구걸하기 위해 사람들에게 매달려 하소연했을 때, 얼마나 자주 모욕과 비난을 당해야 했는가? 그 당시에는 소경의 삶을 도와주는 사회보장제도가 없었다. 그는 구걸하는 장소에서, 예수님이 많은 순례객과 함께 지나가고 계시다는 말을 듣는다. 그는 이미 예수님의 활동상을 익히 알고 있었기 때문에 예수님이 지나가신다는 말을 들었을 때 '바로 지금이다. 지금이 아니면 끝장이다'라고 생각했을 것이다. 하지만 그는 예수님이 어디에 계신지 알 수가 없었다. 그래서 그는 "다윗의 자손 예수님, 저에게 자비를 베풀어 주십시오!" 하고 외쳤고, 그곳에는 동요가 일어나기 시작한다. 여러 사람이 화를 내며 조용히 하라고 꾸짖는다. 그 사람들은 바르티매오의 고함소리가 경건한 순례길을 방해한다고 생각한 것이다. 그러나 바르티매오는 지금이 자기 삶의 마지막 기회라고 생각했기 때문에 쉽게 포기하지 않는다. 그는 성경에 기록된 대로 메시아가 소경을 다시 보게 할 수 있다고 믿고 있었다. 그는 포기하지 않고 더욱 큰 소리로 "다윗의 자손이시여, 저에게 자비를 베풀어 주십시오!" 하고 소리 지른다. 이에 예수님이 가던 길을 멈추고 그를 가까이 부르시자 소경은 자리에서 벌떡 일어난다. 군중이 두 줄로 늘어서서 길을 만들어

주었고, 소경은 맹목적으로 예수님께 가까이 다가선다.

"내가 너에게 무엇을 해주기를 바라느냐?" 소경은 오직 한 가지, 더 이상 구걸하지 않고 평범한 사람처럼 살 수 있기만을 바랐다. 이런 소원이 이루어지기 위해서는 먼저 볼 수 있어야 한다고 생각했다. 그 때문에 소경은 "스승님, 제가 다시 볼 수 있게 해주십시오" 하고 말한다. 복음사가는 그다음에 무슨 일이 일어났는지에 대해서는 아무 말도 하지 않는다. 예수님이 어떤 행동을 하셨는지 한마디도 언급하지 않고, 오직 "예수님께서 그에게 '가거라. 네 믿음이 너를 구원하였다' 하고 이르니, 그가 곧 다시 보게 되었다"는 것만 전해준다.

"네 믿음이 너를 구원하였다"라는 예수님의 말씀에서 믿음이란 무엇을 뜻하는가? 소경은 자기의 어려움을 마음 깊은 곳으로부터 외칠 수 있는 절호의 기회를 갖는다. 그것도 바로 이 순간뿐이다. 그는 예수님께 외쳤지만 예수님을 볼 수는 없었다. 그것이 도대체 의미 있는 외침이었을까? 그는 많은 사람에게 이미 이런 식의 말을 들었을 것이다. "너를 도울 수가 없다. 너를 위해 아무것도 할 수가 없다. 그것은 너의 운명이다. 너는 이제 끝장난 몸이다. 그러니 제발 귀찮게 하지 말아다오."

그러나 이제 사람들 가운데 한 분이 오신다. 그분은 나자렛 사람 예수님이시다. 바로 그분이다. 그분은 도울 수 있을 것이다. 그분은 나의 삶에 빛을 주실 수 있다. 오직 그분만, 다른 사람이 아닌 그분만이 다시 빛을 주실 수 있다. 그분께 다가가 하소연한다면, 그분은 나를 분명 도와주실 것이다. 지금 나는 외쳐야 한다. 그분이 내 목소리를 들으실 때까지 나는 외쳐야 한다. 사람들이 뭐라 해도 상관없다. 소경에게는 이제 의심할 수 있는 시간적 여유조차 없는 것이다. 예수님이 지금 내 곁을 지나가신다. 나의 삶에서 가장 결정적인 순간이다. 만일 예수님이 그냥 지나치신다면, 모든 것이 끝장이다. 그러니 나는 바로 이 순간을 놓칠 수 없다. 소경은 벌떡 일어선다. 나는 그분을 반드시 만나야 한다. 그분은 나를 도와주실 수 있다. 소경은 '지금이 아니면 끝장이다'라는 절대적 확신, 곧 믿음을 지니고 있었다.

소경 바르티매오는 지금까지 고통스럽고 힘겹게 살아왔다. 그러나 지금은, '혹시'라는 생각 없이 예수님께 대한 절대적인 신앙만을 갖고 있는 지금은 활력에 넘쳐있다. 그는 이것저것 가리지 않고 예수님께 달려간다. 자신의 구원을 위해 필사적으로 노력한다. 그는 자기 자신조차 망각한 채 오직 예수님만 생각한다. 소경은 예수님을 부른다. 그는 "나에게로 오는 데 방해되는 모든 것을 과감히 버려라. 그 모든 것은 쓸모없는 것들이다"

라는 예수님의 말씀을 그대로 실천하는 듯 보인다. 이것이 바로 산을 옮길 수 있는 신앙이다. 우리는 마르코복음서에서 이와 유사한 말씀을 듣는다.

> 하느님을 믿어라. 내가 진실로 너희에게 말한다. 누구든지 이 산더러 '들려서 저 바다에 빠져라' 하면서, 마음속으로 의심하지 않고 자기가 말하는 대로 이루어진다고 믿으면, 그대로 될 것이다.마르 11,22-23

우리가 바르티매오를 바라보며 우리 자신을 유심히 살펴본다면, 우리는 그와 우리 사이에 별 차이가 없다는 것을 느낄 것이다. 그러나 바르티매오는 불행한 처지에 있었음에도 대단한 장점을 지니고 있지 않았는가? 그는 예수님을 만났고 확실히 붙잡았다. 우리는 예수님에 관한 감미롭고 교훈적인 이야기를 듣는 것이 고작이다. 그러나 이것으로는 충분하지 않다. 이것만으로 우리는 살 수 없다. 방금 우리가 들은 복음을 받아들이도록 하자. 우리는 이 복음 내용을 구체적으로 상상할 수 있다. 우리는 어렵지 않게 바르티매오 같은 우리 자신이, 많은 사람이 지나다니는 시청 광장 앞, 또는 순례객들이 쇄도하는 성지의 길목에서 구걸하고 있는 식으로 살아가고 있다고 생각할 수 있다. 우리 자신의 이런 처지를 인정한다면, 우리도 예수님을 붙잡을 수 있다. 신앙이 깊은 사람에게 손을 내밀 때에도 우리는 예수님을 만날 수 있다. 기도 중에 십자가를 받아들이는 사람은 예수님을 만난다. 그러므로 예수님을 만나는 것이 그리 힘든 일만은 아니다. 그 만남은 묵주의 기도 중에도 이루어진다. 옛날에는 죽어가는 사람이나 이미 죽은 사람의 손에 십자가를 쥐어주는 일을 당연시했지만, 요즘에는 드물게 행해진다. 이는 예수님을 붙잡는다는 표시다. 그러나 예수님을 붙잡는 일이 죽음의 순간에야 비로소 이루어져야 하는가? 우리가 '혹시'라는 생각을 버리고 더욱 용기 있게 믿으면 믿을수록, 우리는 살아계신 예수님을 더 일찍 만날 수 있을 것이다. 우리는 지금부터 예수님께 다가서야 한다. 신앙은 예수님께 향하는 일이다. 우리는 미사성제에서 예수님을 만나고, 살아있는 말씀(성경)에서도 예수님을 만난다. 우리 곁에 있는 형제자매들 안에서도, 빵을 함께 나누는 모습에서도 참으로 예수님을 만난다. 우리가 만나는 주님은 바로 우리 안에 사신다.

그러나 혹시 우리는 바르티매오와 달리 행동하고 있지는 않은가? 살아가면서 언젠가 한 번은 바르티매오처럼 예수님을 만나야만 한다. 우리가 바르티매오처럼 예수님을 그리워하고 벌떡 일어나 예수님께로 향할 때 우리는 그분을 만날 것이다. 그분을 과감하게 부르고 외치고, 그분께 필사적으로 달려가지 못할 이유가 무엇인가? 그분을 만나게 되면 우리는 그분 안에 머무르면서 그분과 함께 걸어갈 수 있을 것이다.

산을 옮길 만한 신앙이 바르티매오에게 한순간에 주어졌다. 그는 확고한 신앙을 갖고 있었으므로 볼 수 있었다. 이런 일이 일어나기 전에 소경이 먼저 갖추어야 했던 것은 무엇인가? 그것은 평범한 삶에 대한 욕구였다. 더 이상 길거리에 앉아 구걸하지 않는 삶, 사람들이 모여있는 곳에서 자연스레 함께하면서 평범한 사람으로 살아가는 것이 그의 유일한 소원이었다. 다른 사람들의 자선에 의지하여 사는 것이 아니라 스스로 자신의 삶을 가꾸며 사는 것, 올바르게 자신의 힘으로 살아가는 것을 간절히 원했다.

드디어 눈을 뜨게 된 바르티매오에게는 새로운 세계가 펼쳐진다. 그는 이제 어떻게 반응할 것인가?

이런 질문은 우리에게 어쩌면 유치하게 들릴 것이다. 그 답이 너무 뻔하게 생각되기 때문이다. 우리는 치유된 소경이 지금까지 하지 못한 일을 이제부터 천천히 보충할 것이라고 대답할 것

이다. 그러나 복음사가는 그가 어떤 모습으로 도시에 되돌아갔
는지, 어떤 방식으로 자신의 치유 과정을 사람들에게 설명했는
지, 어떻게 마을 사람들과 기쁨의 잔치를 벌였는지 등에 대해
아무것도 전해주지 않는다. 그리고 그가 "나의 하느님, 당신을
믿습니다. 이렇게 좋을 수가 있습니까!"라고 환호성을 질렀음직
한데도 그것에 대해서도 침묵한다. 복음사가는 치유된 바르티
매오의 반응을 이렇게 짧게 보도할 뿐이다.

> 그가 곧 다시 보게 되었다. 그리고 그는 예수님을 따라 길을 나
> 섰다.마르 10,52

바르티매오는 예수님을 따라나선다. 그는 예수님과 함께 예루
살렘에 올라간다. 자신이 도대체 어디로 향하는지 바르티매오는
알았는가? 그는 이런 질문을 자신에게 제기하지 않는다. 그런
질문을 가지고 논쟁할 시간적 여유가 그에게는 도무지 없었기
때문이다. 그러나 바로 '그 순간에', 신앙의 힘으로 다시 볼 수
있게 된 그 순간에 그에게는 모든 것이 분명해졌다. 곧 예수님
이 자신의 주님이며, 자신은 그분의 종이라는 사실이 분명해진
것이다. 그는 오직 예수님 곁에 머물러야 한다고 생각했고, 자신

의 미래는 예수님께 달려있다고 확신했다. 눈을 뜨게 되어 그에게 열린 새로운 삶은 이제 예수님을 빼놓고는 도저히 생각할 수 없었다. 따라서 그는 예수님과 함께 가기로 결정한다. 그곳이 어디라도. 그러니까 그를 다시 보게 만든 그 신앙은, 지금까지의 삶이 예수님 없이 살았기 때문에 어두웠던 것임을 깨닫게 하는 동시에, 그가 이제부터 걸어야 할 길을 명확히 보여준다. 이제 예수님의 길은 바로 자신의 길이 된다.

소경은 예수님께 자비를 구했다. 그리고 예수님에게서 새로운 삶을 얻는다. 소경은 예수님께 손을 내밀었다. 그는 자신의 신앙을 손짓으로 표현한 것이다. 그리고 이제 예수님이 그에게 손을 내미신다. 치유된 소경은 자신에게 내미신 그 손을 거부하지 않는다. 그는 새로운 삶을 다시 잃어버리고 싶지 않기 때문이다. 자신에게 자비를 베푼 분 곁에 머물기 위해 그는 '혹시'라는 생각을 완전히 버린다. 이제 주사위는 던져졌다. '그리고 그는 예수님을 따라나섰다.'

마르코는 바르티매오의 이야기를 마친 다음 바로 이어서 '예루살렘에서 보낸 예수님의 마지막 날들'에 관해 묘사한다. 예수님의 수난이 본격적으로 시작되는 것이다. 그러나 소경이었던 바르티매오는 예수님의 수난 예고에 대해 아는 바가 없었다. 그는 "십자가를 지고 나를 따르라"는 말씀을 들은 적도 없다. 그렇지만 그의 무조건적 신앙에 의해 점점 확연하게 드러나는 점이 있었다. 그것은 바로 예수님이 단지 기적을 베푸시는 분이 아니라 그것을 넘어서는 분이라는 신앙고백이다. 곧 예수님은 고통 중에도 구원을 가져다주시는 하느님의 아들이라는 신앙이다. 이처럼 예수님을 철저하게 따르는 사람은 이 세상에서 올곧게 살아가는 삶이 비록 십자가의 길이 될지라도 마침내 부활의 승리를 얻게 될 것임을 확신한다.

이런 체험을, 아주 단순하고 보잘것없는 사람, 가련한 가난뱅이 소경이 직접 경험했다는 사실이 우리에게 큰 위로가 되지 않는가? 마르코는 예수님의 본격적 수난에 앞서 바로 이런 보잘것없는 사람인 바르티매오를 우리에게 소개한다. 이로써 마르코는 우리의 신앙에 용기를 북돋아 주고 격려하고자 한다. 이를테면 복음사가는 '우리가 모두 바르티매오다'라고 말하고 싶은 것이다. 바르티매오처럼 우리 자신의 모습을 깨달을 수 있는 기회는 삶 가운데 많이 있다. 우리 모두는 주님의 자비를 반드시 필요로 하는 바르티매오다. 바르티매오는 "다윗의 자손이시여, 저에게 자비를 베풀어 주십시오" 하고 외쳤다. 우리도 미사를 시작하면서 똑같이 외친다. "주님, 저희에게 자비를 베푸소서."

예수 그리스도님,

죄인을 부르러 오신 주님,

저희에게 자비를 베푸소서!

상처 입은 사람들을 치유하러 오신 주님,

저희에게 자비를 베푸소서!

진심으로 뉘우치는 사람을 용서하러 오신 주님,

저희에게 자비를 베푸소서!

물동이를 메고 가는 남자

역사의 진행과정, 곧 세상과 인간의 운명을 실제로 좌우한다고 여겨지는 사람은 그리 많지 않다. 우리는 보통 자신의 권력을 행사하여 다른 사람과 세상에 영향을 끼치며 실제로 역사의 운명을 뒤바꾸는 사람은 소수의 인물이라고 생각한다.

우리 대부분은 역사 안에서의 자기 존재를 아마 보잘것없는 것으로 여길 것이다. 곧 역사의 진행과정에 있어 자신의 존재를 있으나 마나 한 하찮은 존재로 여긴다. 우리는 대개 자기 자신을 그렇게 생각하며, 또 다른 사람들도 그런 존재라고 여긴다. 그러나 성경은 이와는 전혀 다른 입장을 취한다. 성경의 말씀을 믿는 신앙인은 하느님께서 인간 모두에게 각각 삶의 과제를 주셨

빌리발트 라이어제더Willibald Leierseder: 몬시뇰. 철학과 가톨릭 신학 연구.

다고 확신한다. 하느님께서 우리 각자를 '필요로 하신다'고 믿는
다. 성경은 바로 이런 사실을 우리 각자에게 전달해 주는 하느님
의 말씀이다. 이것이 사실이라면, 우리는 성경의 각 구절들과 어
휘들을 꼼꼼하게 짚어보아야 할 것이다. 실제로 하느님께서 우
리 각자에게 말씀하시려는 기쁜 소식들 중에 부수적이거나 그다
지 중요하지 않은 것으로 여겨질 수 있는 말씀은 하나도 없다.

　우리는 바로 이런 관점에서, 곧 하느님께서 우리 각자에게 말
씀하신다는 관점에서 마르코가 전하는 예수님 수난사화의 한
단원을 살펴보려고 한다. 우리는 이 단원을 당시의 전설로 여겨
단순하게 평가절하해서는 안 된다. 우리의 관건은 성경에 의해
공공연하게 주변 인물로 취급되는 그 사람이 정말 하찮은 인물
인가, 아니면 중요한 인물인가 그 여부를 가리는 데 있다.

　　무교절 첫날 곧 파스카 양을 잡는 날에 제자들이 예수님께, "스
　　승님께서 잡수실 파스카 음식을 어디에 가서 차리면 좋겠습니
　　까?" 하고 물었다. 그러자 예수님께서 제자 두 사람을 보내며
　　이르셨다. "도성 안으로 가거라. 그러면 물동이를 메고 가는 남
　　자를 만날 터이니 그를 따라가거라. 그리고 그가 들어가는 집
　　의 주인에게, '스승님께서 '내가 제자들과 함께 파스카 음식을

먹을 내 방이 어디 있느냐?' 하고 물으십니다' 하여라. 그러면 그 사람이 이미 자리를 깔아 준비된 큰 이 층 방을 보여줄 것이다. 거기에다 차려라." 제자들이 떠나 도성 안으로 가서 보니, 예수님께서 일러주신 그대로였다. 그리하여 그들은 파스카 음식을 차렸다.마르 14,12-16

위 성경 구절에서 가장 먼저 주목할 점은 '어디에다 파스카 음식을 차려야 하는가?'라는 제자들의 짧은 질문에 대한 예수님의 구체적인 대답이다. 예수님의 대답은 매우 놀랍다. 이 대답은 전설적 요소를 지니고 있는 것처럼 보인다. 이 대답에 따르면 예수님은 놀랍게도 앞을 내다보는 통찰력을 지니고 계신다. 파스카 음식을 나눌 방이 어렵지 않게, 기적적인 방식으로 구해진다. 그러나 마르코의 의도는 예수님을 어떤 마술사나 기적을 행하는 인물로 제시하려는 것이 아니다. 예수님을 드러내고, 또 그분이 제자들에게 깊은 감명을 주셨다는 것을 말하기 위해 그런 기적적인 사건을 언급하는 것이 아니다.

복음사가가 분명하게 강조하려는 점은 바로 이렇다. 예수님은 다른 사람이 꾸민 운명에 어쩔 수 없이 걸려 넘어지신 것이 아니며, 당신의 사명을 명확하게 알고 계셨을 뿐만 아니라 그 사명을 미리 순명으로 받아들이셨다는 것이다. 마르코는, 예수님이 당신이 걸어야 하는 길의 모든 것을 마지막 가장 작은 부분까지도 모두 계획하고 실행하셨다는 점을 나타내고자 한 것이다. 그 때문에 마르코는 예수님을, 항상 어디에서나 예지력豫知力을 지니시는 분, 또는 모든 일을 섭리하시는 분으로 소개한다. 이런 점은 예수님의 본격적인 수난에서도 마찬가지다.

그러므로 예수님을 낮추어 하찮게 생각해서는 안 된다는 점이 강조된다. 예수님은 어쩔 수 없이 사람들의 계략에 넘어가시는 것이 아니요, 당신의 어리석음과 경솔함 때문에 죽음을 당하시는 것도 아니다. 그분은 그 사건들의 모든 구체적 과정까지도 스스로 결정하신다. 예수님은 그런 과정을 모두 알고 계시며, 또 원하는 분으로서 당신 홀로 그 과정을 섭리하신다. 그분은 우연하게 보이는 일까지도 미리 내다보신다. 그분은 수난사건을 섭리하시며, 그 전개되는 과정을 탁월한 자유로 기꺼이 받아들이신다. 바로 이 점을 마르코는 강조하고 싶어 한다.

예수님은 파스카 음식 준비 방식을 당신 제자들에게 상세하게 알려주신다. 그것은 어떤 의미에서 매우 신비롭고 조심스러운 방식이다. 예수님이 이렇게 구체적으로 설명하신 것은 당시의 외적 상황 때문이었다. 때는 바야흐로 예수님의 체포와 재판이 이루어지기 전, 모든 것이 급박하고 비극적으로 치닫고 있던 때였다. 이 같은 정황을 마르코 복음사가는, 모든 것이 예수님에게 불리하게 돌아가고 있었다는 식으로 말한다. 예수님이, 무덤에 묻힌 지 나흘이나 지난 라자로를 슬퍼하는 사람들 앞에서 다시 살리신 일은 그분에게 역효과를 가져온다. 그날부터 예루살렘의 지도자들이 "예수님을 죽이기로 결의"요한 11,53하기 시작했기 때문이다.

모든 정황이 예수님에게 불리하게 돌아갔다는 것 외에도, 당신을 따르는 제자들 중에서 배반자가 생겨났다는 이유를 들 수 있다. 그 배반자는 스승이신 예수님을 지도자들에게 넘겨줄 적당한 기회를 찾고 있었다. 이런 이유들 때문에, 예수님은 예루살렘에 머물기를 꺼려하시고, 공공연한 장소에 당신을 드러내기를 원치 않으셨다. 파스카 축제 거행 장소를 비밀에 부치기를 원하시고, 그 장소를 안내하는 중개인까지도 익명의 인물로 정하신다. 마르코가 이를 통해 강조하려는 점은 예수님은 여기에서도 앞날을 미리 내다보시며 당신 홀로 섭리하신다는 점이다. 그런데 예수님이 익명의 인물로서 하필 물동이를 메고 가는 남자를 선택하신 것에는 특별한 이유가 있었다. 이제 그 특별한 이유에 대해 좀 더 묵상해 보자.

예수님은 당신 수난이 시작되기 전날 밤 제자들에게 특별히 어떤 일을 강조하고자 하셨다. 그 일은 당신의 일에 속하고 당신의 이름을 찬양하는 일이며, 또한 모든 시대에 항상 실현되어야 하는 일이다. 예수님은 당신 자신을 통해 이루어지는 그 일이 사람들에게 항상 신선하게 새로움을 안겨주는 일이 되기를 원하셨다. 그 일은 바로 세계와 인간을 변화시키는 일이다. 예수님은 그 일을 당신의 표징적 행동을 통해 직접 이루신다. 예수님은 그 표징을 위해 물을 사용하신다. 스승이신 예수님은 수난 전날 밤에 종이 되어 당신 제자들의 발을 씻어주신다.

예수님께서는 식탁에서 일어나시어 겉옷을 벗으시고 수건을 들어 허리에 두르셨다. 그리고 대야에 물을 부어 제자들의 발을 씻어주시고, 허리에 두르신 수건으로 닦기 시작하셨다. 요한 13,4-5

그런 다음 예수님은 당신 제자들에게 종으로서 봉사하는 사명을 주신다.

내가 너희에게 한 것처럼 너희도 하라고, 내가 본을 보여준 것이다. 내가 진실로 진실로 너희에게 말한다. 종은 주인보다 높

지 않고, 파견된 이는 파견한 이보다 높지 않다. 이것을 알고 그
대로 실천하면 너희는 행복하다.요한 13,15-17

예수님은 부활하신 후에 당신 제자들에게 역시 물을 상징적
재료로 사용하여 모든 사람에게 세례를 베풀고 당신 제자로 삼
으라고 명하신다.

그러므로 너희는 가서 모든 민족들을 제자로 삼아, 아버지와
아들과 성령의 이름으로 세례를 주어라.마태 28,19

이 물보다도 더 절박하게 요구된 것은 마지막 만찬을 거행할
수 있도록 준비된 공간이었다. 이 준비된 공간은 글자 그대로의
어떤 공간을 뜻하는 것이 아니라 상징적 의미를 지닌다. 예수님
의 구체적 상황과 제자들의 관점에서 그 공간은 곧 사람을 뜻
한다. 예수님과 제자들에게는, 물을 길어줄 뿐만 아니라 파스카
만찬을 위해 방을 준비해 준 친구에게로 안내할 사람이 필요했
다. 그 사람은 성실하고 헌신적인 사람이어야 한다. 그는 자신의
철저한 성실성 때문에 아무것도 모른 채 다른 사람에게 악용되
거나 업신여김을 받는 종의 신분일 수도 있다. 아무튼 그는 모

든 것을 맡길 수 있을 정도로 신뢰할 수 있는 사람이어야 한다. 예수님의 제자이자 친구였던 유다처럼 매수되지 않는 사람이어야 한다. 그리고 베드로처럼 겁에 질려 벌벌 떠는 사람이 아니어야 한다. 또한 많은 사람이 그랬듯이 자신의 병만 치유받고는 즉시 예수님 곁을 떠나는 사람이 아니어야 한다. 길을 성실히 안내할 사람, 만찬을 거행할 집의 주인을 소개한 후에도 그 곁을 떠나지 않을 사람, 예수님과 제자들에게 들이닥치는 위협과 위험에도 예수님 곁에 머물 사람이 필요했다. 그러나 그는 이 예수님이 누구인지 전혀 모르는 사람이어야 한다. 그는 자기 주인의 집으로 자신이 안내한 그 손님에 대해 전혀 알지 못한다. 그는 예수님이 자신을 협조자로 여기신 사실조차 모른다.

도성 안으로 가거라. 그러면 물동이를 메고 가는 남자를 만날 터이니 그를 따라가거라.마르 14,13

남자들이 실로암 연못에서 물을 긷는 것은 당시에 빈번히 일어나는 일이었다. 그러나 남자들은 여자처럼 물동이를 사용하지 않고 가죽부대로 물을 길어 날랐다. 따라서 물동이는 제자들이 마지막 만찬을 준비하기 위해 먼저 만나야 할 그 사람을 알아보는 표지가 되어주었다.

물동이를 메고 가는 익명의 인물은 마르코에게, 이제 인간을 향한 하느님 사랑의 마지막 새로운 계시가 이루어지는 파스카 만찬을 위해 자기 주인의 이 층 방으로 안내하는 사람이 된다. 당시 파스카 만찬은 이스라엘이 이집트의 종살이에서 해방된 사건을 해마다 기억하는 만찬이었고, 동시에 하느님의 선택된 백성이 장차 누리게 될 궁극적 해방을 희망하는 만찬이었다. 그러나 이 만찬은 오늘 여기에서 예수님을 통해 새롭고 결정적인 만찬으로 변하게 된다. 왜냐하면 하느님께서 몸소 예수 그리스도를 새로운 파스카의 어린양으로 내어주시기 때문이다. 그 어린양은 세상의 죄를 없애시며 인간을 하느님과 화해하게 하시는 양이다. 이처럼 새로운 파스카 만찬의 근본 바탕은 분명 이스라엘의 파스카 만찬이다. 그러나 예수님을 통해 이루어지는 새로운 만찬은 이스라엘의 낡은 파스카를 무한히 초월하며 완성한다. 새 만찬의 양은 하느님께서 몸소 내어주시는 어린양인 당신의 아들이며, 새 만찬의 빵과 포도주는 예수님의 몸과 피다. 하느님께서 몸소 만찬의 음식이 되어 오시는 이 저녁 식사는 이스라엘의 파스카 만찬 형식을 이용하는 셈이다. 이런 맥락에서 마르코는, 오늘 밤에 일어나는 이 사건이 결코 예수님에게 닥쳐오는 재난이 아니라는 점을 의식적으로 강조하려 했다. 또한 예수님은 오히려 이 사건을 미리 내다보시고, 하느님 아버지께 대한 순종으로 이를 의식적으로 원하고 받아들이신다는 점을 강조한다.

이러한 목적에서 마르코는 예수님이 당신 주위에 있는 모든 정황을 꿰뚫어 보시고 가장 작은 부분까지도 모든 것을 미리 계획하시어 알고 계셨다고 말한다. 그분은 당신의 제자들 중 한 사람이 당신을 배반할 것이며, 어떤 이는 당신을 모른다고 부인할 것이고, 성실하고 용감하게 끝까지 당신 곁에 있을 제자가 한 명도 없을 것이라는 점을 알고 계셨다. 예수님은 바로 그런 제자들과 함께 새로운 파스카 만찬을 거행하신다. 그 만찬 중에 예수님의 영광스러운 예지가 다시 한번 번쩍인다.

> 내가 진실로 너희에게 말한다. 너희 가운데 한 사람, 나와 함께 음식을 먹고 있는 자가 나를 팔아넘길 것이다.마르 14,18

예수님을 따르는 제자들은 그다지 훌륭하지 않았다. 제자들 각자는 모두 안타깝게도 예수님을 배반할 수 있는 가능성을 지니고 있었다. 제자들이 이를 스스로 고백이라도 하듯 한 명씩

차례차례 스승이신 예수님께 이렇게 묻는다.

저는 아니겠지요?마르 14,19

제자들은 스스로 몸을 바치시는 스승의 사랑을 받을 만한 자격이 없었다. 그러나 스승이신 예수님은 당신의 몸을 바치신다. 그렇기 때문에 당신 몸을 바치신 예수님의 사랑은 제자들에게 감명을 주었고 끝없는 매력을 주었다. 그 감명이 너무 컸기 때문에, 파스카 만찬이 거행된 정확한 시각이 부수적인 것에 가려져 언급되지 않는다. 이것은 마르코만이 아니라 다른 복음사가들도 마찬가지다. 그리고 하느님께서 세상의 구원을 위해 마련하신 새로운 어린양 때문에, 복음사가들은 이스라엘의 파스카 만찬 거행에서 가장 중요한 자리를 차지하는 파스카의 어린양을 더 이상 고려하지 않고 있다.

당시에 물동이를 메고 가는 익명의 인물은 아주 평범한 사람이었다. 그는 확실히 보잘것없는 인물이지만 '있어도 그만 없어도 그만'인 임의적인 인물은 아니었다. 그러나 그는 사람들의 이목을 끄는 인물도 아니었기 때문에 아주 평범하게 살 수 있었다. 바로 그렇게 살았기 때문에 그는 예수님에게 중요한 마지막 만찬 거행장소를 안내하는 역할을 맡았고, 예수 그리스도를 통하여 이루어진 구원사건의 중개인이 될 수 있었다.

역사 안에서 얼마나 많은 사람이 다른 사람의 이목을 전혀 끌지 않고, 나지막이 주어진 일을 끝까지 성실하게 하면서 익명으로 사라져 가는가! 물론 주어진 일에 성실하게 임한 그들의 삶은 종종 애매모호하기도 하다. 어떤 사람은 주어진 일에 성실하게 임한 결과로 다른 사람에게 생명과 평화를 가져다주고, 한 민족 전체를 구해낼 수 있었을 것이다. 그러나 어떤 사람은 주어진 일을 성실하게 한 결과 다른 사람에게 죽음과 불행을 가져다주고, 한 민족 전체를 멸망시키기도 했을 것이다. 그 때문에 주어진 일을 완수했다 할지라도 어떤 이는 배반자로 낙인찍히게 되고, 또 어떤 이는 영웅으로 칭송받기도 한다.

물동이를 메고 가는 익명의 인물은 예수님의 수난사건에 참여한다. 그는 예수님의 길을 성실히 안내하는 사람으로서 하느님의 구원사건 안에서 자신에게 주어진 역할을 다하였다.

이처럼 역사 안에서 주목을 받지 못한 많은 익명의 인물들은 이제 애매모호한 인물로만 여겨질 수 없고, 또 그렇게 생각되어서도 안 된다. 그들이 자신에게 주어진 사명을 나름대로 성실하게 수행했다면, 그들은 모두 하느님의 구원계획을 이루기 위해 준비된 사람들이라고 말할 수 있다.

물동이를 메고 가는 사람이 우리에게 시사하는 점은 바로 이렇다. 이 세상에 하느님께서 필요로 하지 않는 인간은 없으며, 하느님께 봉사할 수 없는 인간도 없다. 모든 인간은 각자 하느님께 중요한 인물이다.

당시에 보잘것없는 주변 인물들은 하느님에게서 자기 삶의 의미를 찾았다. 이 사실은 게오르그 노이마르크Georg Neumark가 1657년경에 지은 시를 상기시킨다. 필자는 이 시를 삶의 좌우명으로 삼고 있다.

하느님께서는
사랑이신 당신의 다스림만을 원하고
항상 당신을 희망하는 사람을
온갖 슬픔과 고통에서 지켜주실 것이다.
지존하신 하느님을 신뢰하는 사람은
모래 위에 집을 짓는 것이 아니다.

그 무엇이 무거운 근심 속에 있는
우리를 도와주며

그 무엇이 고통과 한숨 속에 살아가는
우리를 도와주는가?
우리는 내일 당할 불행에 벌써
신음소리를 내는데,
그 무엇이 이런 우리를 돕는가?
우리는 스스로 우리의 십자가를 만든다.
슬픔을 통하여 그 십자가는 더욱 커진다.

노래하고 기도하며 하느님께 나아가자.
우리 일을 성실히 행하며
하늘의 풍성한 축복에 신뢰하자.
그러면 그분은 우리 곁에 계실 것이다.
하느님만을 바라는 사람을
그분은 결코 버리지 않으시기 때문이다.

알몸으로 달아난 젊은이

알몸으로 달아난 젊은이가 감기에 걸리지 않았기를 바란다. 그는 그날 밤 알몸이 된 채 급히 서둘러 집으로 갔기 때문이다. 그날 밤에 일어난 모든 일은 하느님 홀로 아실 것이다. 그분은 그 모든 것을 지켜보고 계셨기 때문이다. 그날 밤 아마포만 두른 젊은이는 황급히 그 옷을 버리고 알몸이 된 채 짙은 어두움 속으로 사라졌다. 예루살렘의 4월의 밤은 상당히 춥다. 그러나 그 젊은이는 추위를 고려할 겨를이 없다. 그는 아무것도 생각하지 못한 채 도망치기에 바빴다.

필자가 묵상의 서론을 이런 식으로 전개하는 것을 독자들은 용서하기 바란다. 필자는 예수님의 수난 여정에서 만나는 또 다

에른스트 슈미트Ernst Schmitt: 신부. 철학과 가톨릭 신학 연구.

른 인물을 소개하고자 한다. 그 인물은 마르코 외에 다른 복음
사가들은 전혀 언급하지 않는 주변 인물이다. 마르코의 수난사
화도 알몸이 된 이 젊은이에 대해 고작 두 문장으로 짧게 묘사
할 뿐이다. 당시 상황은 유다가 스승 예수님과 인사하면서 입을
맞추자마자 종교지도자들이 달려들어 예수님을 체포하는 상황
이었다.

> 어떤 젊은이가 알몸에 아마포만 두른 채 그분을 따라갔다. 사
> 람들이 그를 붙잡자, 그는 아마포를 버리고 알몸으로 달아났
> 다.마르 14,51-52

독자들은 필자에게 이 내용은 주목할 만한 가치가 없는 매우
이례적인 것이라고 말할지도 모른다. 사실 이 이야기는 사건의
전개상 그다지 중요한 대목은 아니므로 한바탕 웃으며 적당히
넘길 내용으로 생각할 수 있을 것이다. 이런 이유 때문에 많은
사람은 이 이야기를 복음에 어울리지 않는 것으로 생각하고,
차라리 기록되지 않았더라면 더 좋았을 것이라고 여긴다. 이런
불경스런 이야기가 예수님의 거룩한 수난사화에 들어있다니! 이
런 선입견이 있음에도 우리는 먼저 예수님의 당시 상황을 주의

깊게 살펴보아야 한다. 예수님은 당신의 잔을 거두어 달라고 하느님 아버지께 세 번 청하신다. 기도를 마치신 다음 칼로 무장한 사람들이 들이닥친다. 유다는 자기 스승을 입맞춤으로써 배반했고, 제자들은 모두 도망친다.

바로 이런 상황에서 한 젊은이가 등장한다. 제자들이 모두 예수님을 버리고 도망갔지만, 그는 도망가지 않았다. 그는 그 위험한 상황에서도 예수님 곁에 머물러 있으려고 한 것이다. 적어도 사람들에게 붙들리게 될 때까지는 그렇게 하려고 했다. 그러나 사람들이 그를 붙잡자마자 실오라기 하나 걸치지 않은 채로 달아난다. 사람들은 결국 그의 유일한 옷인 아마포만 손에 쥐게 된다.

이런 이야기가 도대체 복음의 품위에 걸맞은 이야기인가? 마르코의 수난사화를 바탕으로 하여 뒤늦게 집필된 마태오복음서와 루카복음서는 이 장면을 아예 삭제하고 있지 않은가? 이는 두 복음사가가 이 이야기를 대수롭지 않게 여겼거나 복음서에 어울리지 않는다고 생각했기 때문은 아닌가? 어쨌든 마태오와 루카는 그 젊은이의 장면을 다루지 않는다.

왜 네 복음서들 중에서 가장 일찍 집필된 마르코복음서만 유독 이 이상한 장면을 고집스럽게 소개하는 것일까? 그것도 하필이면 네 복음서들 중에서 가장 짧은 복음서요, 본질적인 내용만을 기록하려 한 마르코복음서가, 다른 복음서들은 취급하지도 않는 그 짧은 장면을 보도하는 것일까? 이 장면의 이야기가 실제로 일어났다는 점은 의심할 여지가 없다. 이 장면은 결코 꾸며진 이야기가 아니라 실제 있었던 이야기다. 이 이야기를 집필한 사람은 아마 그 이야기를 후대에 반드시 전해주어야 한다는 특별한 사명감을 느꼈을 것이다.

그런데 이 이야기를 집필한 사람은 그 이야기를 어떻게 알았을까? 간단하게 대답한다면, 알몸으로 달아난 젊은이는 바로 마르코 자신이었다. 최후의 만찬을 마치고 예수님과 함께 겟세마니 동산에 올라간 제자들 중에서는 아무도 이 장면을 목격할 수 없었고, 따라서 증인이 될 수 없었다. 그들은 모두 예수님 곁에서 이미 달아났기 때문이다. 따라서 우리에게 이 장면을 보도하는 그 사람이 바로 알몸으로 달아난 젊은이라고 확실하게 말할 수 있다. 곧 복음서의 저자 마르코 외에 그 어떤 사람도 이 장면을 전해줄 수 없는 것이다. 그러나 그 젊은이는 이름 없는 익명의 인물로 소개된다.

마르코는, 고대의 화가들이 자기 그림의 한 모퉁이에 은밀하게 자신을 그려놓듯이, 이름을 밝히지 않은 채 이 장면에다가 자기 자신을 은밀히 숨겨놓는다. 다시 말해 이 장면은 복음사가의 서명 또는 인장인 셈이다.

마르코는 겟세마니 동산에서 일어난 일을 목격했는데, 살아가는 동안 내내 그 일을 잊을 수 없었다. 그래서 그는 자신이 겪은 일을 후에 부끄러워하며 고백한 것이다. 따라서 마르코가 자신의 이름을 밝히지 않은 것은 그리 놀랄 일이 아니다. 그는 자신을, 예수님의 제자들 다음에 마지막으로 달아난 인물로 묘사한다. 그는 예수님 곁에 있으려고 작정했지만 결국 다른 제자들처럼 달아나고 만 것이다.

이런 설명에 성서학자들이 모두 동의하지는 않는다는 것을 필자도 물론 잘 알고 있다. 이런 설명은 하나의 추측에 지나지 않지만 필자는 그렇게 확신하며, 사실 많은 학자들이 필자와 같은 의견이다. 이 장면을 다른 식으로 설명하는 것이 오히려 더 불확실한 것 같다. 필자는 알몸으로 달아난 젊은이가 마르코라고 확신한다. 이 추측을 받아들인다면, 우리는 가장 오래된 복음서에 수난을 목격한 증인이 등장하고 있다는 것을 인정하는 셈이 된다. 사실 마르코는 자신의 복음서에서 복음의 증인들에게 항상 특별한 의미를 부여하기 때문에 증인들은 복음 안에서 중요한 역할을 담당한다. 마르코는 자신의 이름을 밝히지 않지만 이 장면에서 스스로 복음의 증인이라고 고백하는 것이다. 그는 그런 사건이 일어난 지 수십 년이 지난 다음 이렇게 고백하고 있다. '나는 적어도 간접적으로나마 예수님이 수난당하시는 현장에 함께 있었다. 나는 그분을 따라다니던 사람들에 속한다. 그러나 나도 몰래 달아났던 사람이다.'

우리는, 마르코가 왜 예수님을 따라가려고 했는지 정확하게 알지 못한다. 순수한 호기심 때문인가, 아니면 파스카 축제를 거행하기 위해 갈릴래아에서 예루살렘까지 온 예수님에 대한 연민 때문인가? 복음서의 본문은 간략하게 이렇게 말한다. "그는 그분을 따라갔다." 이를 그리스어 성경 원문에 따라 '(그는) 예수님의 뒤를 따르기를 원했다'라고 직역할 수 있다. 이는 제자들의 부르심에서 항상 만나게 되는 표현과 똑같은 표현이다. "예수님은 시몬과 안드레아, 요한과 야고보를 부르셨고, 그들은 예수님의 뒤를 따라갔다." 이는 소경 바르티매오가 예리코에서 눈을 뜨게 된 다음 취한 행동과 같다. "그는 예수님을 따라 길을 나섰다." 이 같은 표현법은 예수님이 십자가에 못 박히시는 광경을 지켜보는 여인들에게도 적용된다. "그들은 예수님께서 갈릴래아에 계실 때에 그분을 따르며 시중들던 여자들이었다."

마르코복음서에서 제자단과 예수님을 따름은 매우 특이한 역할을 한다. 이는 마르코의 개인적 체험에서 연유한다. 마르코 복음사가는 당시의 체험을 잊을 수 없었다. 그는 그날 밤 예수님을 따르려고 했다. 그는 바르티매오처럼 십자가의 길을 가시는 그분을 따르기로 작정한 것이다. 그러나 그는 상황이 '이상하게' 전개되자, 곧 사람들에게 붙잡혀 생명이 위험하게 되자 달아나고 만다. 아직 십자가의 의미를 이해하지 못한 것이다.

부활 이후에 그는 다시 등장한다. 신약성경은 마르코에 관해 적지 않게 언급한다. 요한 마르코라는 이름이 사도행전에 여러 번 나온다. 베드로는 헤로데의 감옥에서 기적적으로 풀려난 뒤 마르코라는 별명을 가진 요한의 어머니 집으로 간다. 루카에 따르면, 그 집에 많은 사람이 모여 기도하고 있었다고 한다. 예루살렘 공동체 전체 또는 그 일부가 모여있었던 것이다. 특별히 집주인 아들의 이름이 언급되는 것을 보면, 그 아들이 예루살렘의 그리스도인들에게 이미 잘 알려진 인물이라는 것을 알 수 있다. 그는 베드로와 잘 아는 사이였다. 그러나 베드로는 마르코의 어머니 집을 떠나 다른 곳으로 갔다고 한다.사도 12,12-17

우리는 요한 마르코를 조금 후에 전혀 다른 장소, 곧 로마의 속국인 시리아의 수도 안티오키아에서 만난다. 안티오키아는 예루살렘에서 약 오백 킬로미터 떨어진 곳에 있다. 바르나바와 사울이 마르코를 안티오키아로 데려간 것이다. 이들은 예루살렘의 가난한 그리스도인들에게 안티오키아 공동체의 자선헌금을 전달하곤 했다.

약 오십만 명이 거주하는 이 안티오키아에서 예수님의 제자들은 작은 공동체를 만들었다. 이때부터 안티오키아에 있는 신자들이 처음으로 그리스도인이라고 불리게 되었다.사도 11,26

이 안티오키아에서 이제 세계 선교활동이 시작된다. 안티오키아 공동체는 바르나바와 사울을 선교사로서 키프로스에 파견했다. 이 두 선교사는 요한 마르코를 협조자로 데리고 다녔다. 마르코는 살라미스에서 팜필리아에 이르기까지 이들의 선교여행에 동행했고, 소아시아의 페르게까지 함께 갔다.사도 13,4-13 그러나 마르코는 더 이상 선교여행에 동행하지 않는다. 사도행전은 마르코가 바르나바와 바오로를 열심히 돕지 않았다고 설명한다. 그는 이제 바르나바와 바오로와 함께하지 않고, 따라서 그들은 마르코 없이 선교여행을 하게 된다.사도 13,14 마르코가 다시 배반했단 말인가? 아니면 기력이 쇠할 정도로 약해졌단 말인가? 어쨌든 그는 피시디아로 계속 선교여행을 하는 바르나바와 바오로와 헤어져 예루살렘으로 돌아온다.

성경은 어떤 인물을 무조건 성인으로 여기지 않으며, 영웅으로 취급받는 인물의 잘못과 배반을 적당히 침묵하며 넘기지 않는다. 이것은 일어선 후에 다시 넘어지기를 일삼는 우리에게 확실히 커다란 위로를 준다.

그뿐 아니라 바르나바와 바오로는 얼마 후에 바로 이 마르코 때문에 서로 갈라지게 된다. 바르나바와 바오로가 안티오키아에서 제2차 선교여행을 시작할 때, 바르나바는 마르코와 다시 동행하기를 원했다. 그러나 바오로는 마르코가 팜필리아에서 배반했기 때문에 그를 데리고 갈 수 없다고 한다. 결국 바오로는 실라스를 데리고 떠났고, 바르나바는 마르코를 데리고 키프로스로 떠났다.사도 15,36-41

마르코는 후에 다시 바오로와 화해한 것처럼 보인다. 왜냐하면 바오로가 에페소의 감옥에서 쓴 필레몬에게 보낸 서간의 마지막에 마르코를 자신의 동료로 여기며 문안 인사를 하고 있기 때문이다. 바오로는 콜로새 신자들에게 보낸 서간의 마지막 부분에서 마르코에게 인사하며(여기서는 마르코가 바르나바의 사촌이라고 불린다), 서간의 수신자에게 특별히 이렇게 당부한다. "이 마르코에 관해서는 여러분이 이미 지시를 받았으니, 그가 여러분에게 가거든 잘 받아들이십시오."콜로 4,10

티모테오에게 보낸 둘째 서간은 "마르코는 내 직무에 요긴한 사람이니 함께 데리고 오십시오"2티모 4,11라고 한다. 따라서 우리는 첫 번째 선교여행의 불화는 오랫동안 지속되지 않았으며, 마르코가 후에 많은 노력으로 자신의 배신을 극복했다고 결론 내릴 수 있다.

마르코라는 이름이 나오는 신약성경 구절 중 가장 뒤에 나오는 구절의 내용은 주목할 만한 가치가 있다. 베드로의 첫째 서간의 마지막 부분이 그것이다. "여러분과 함께 선택된 바빌론 교회와 나의 아들 마르코가 여러분에게 인사합니다."1베드 5,13

여기서 바빌론은 로마를 뜻한다. 로마는 초대교회 신자들에게 온갖 우상숭배와 윤리적 타락을 상징하는 도시였다. 그 옛날 이스라엘 사람들이 바빌론에서 유배생활을 한 것처럼, 초대교회 공동체는 로마를 유배지로 생각했다. 우리는 바로 그곳에서 마르코를 다시 한번 만난다. 베드로는 바로 그 자리에서 마르코를 자기 아들이라고 부른다. 베드로가 마르코를 예루살렘에서 이미 알았다고 우리는 말한 적이 있다. 베드로가 그를 알지 못했더라면, 감옥에서 기적같이 풀려났을 때 마르코의 집에 가지는 못했을 것이다.

따라서 파피아스라는 원로가 2세기 초경에 "마르코가 베드로의 설교를 통역하기도 했고, 또한 그 설교를 조심스럽게 옮겨 적

기도 했다"라고 기록한 것은 그리 놀라운 일이 아니다. 사실 갈릴래아 호숫가에서 고기를 잡던 단순한 어부 시몬 베드로가 로마에서 그리스어로 설교를 하는 것은 쉬운 일이 아니었다. 실제로 베드로의 설교 내용은 마르코복음서에서 기록된 형태로 종종 발견된다.

이제 다시 성금요일 전날 밤 사건으로 돌아가 보자. 그날 밤 베드로와 마르코는 영웅적 인물로 묘사되지 않는다. 오히려 정반대다. 베드로는 다른 제자들처럼 도망가기에 바빴고, 마르코 또한 알몸이 되어 쏜살같이 달아난다. 그러나 그들이 배반한 예수님은 그들이 더 이상 넘어지지 않도록 하신다. 세 번씩이나 예수님을 부인한 베드로는 신앙의 든든한 반석이 되었고, 알몸으로 달아났던 마르코는 가장 먼저 "하느님의 아드님 예수 그리스도의 복음"마르 1,1을 집필한다.

성지주일에 마르코에 의한 수난사화가 선포된다면, 우리는 특히 알몸인 채 달아났던 젊은이를 의식적으로 생각해야 할 것이다. 우리 또한 예수님을 거듭 배반함으로써 스스로를 계속 무력하게 만들어서는 안 된다. 주님께서는 우리가 회개하기를 기다리신다. 그분께서는 우리가 장차 당신께 되돌아오기를 기다리고 계신다.

주님,

당신께서 수난과 죽음을 당하시는

그 괴로운 순간에

당신의 친구들은 영웅이 아니었습니다.

성실한 여인 이외에 모든 사람이

당신 곁을 떠나버렸습니다.

당신을 따르겠다던 젊은이마저

결국 도망치고 말았습니다.

그러나 주님께서 부활하신 다음

유다를 제외한 모든 이가

당신께 다시 모여들었습니다.

당신은 이들에게 평화와 용서를 주셨고

불성실한 이들을 새롭게

부르시어 파견하셨습니다.

저희도 넘어지지 않게 하소서.

저희 잘못을 자비롭게 대하시고

저희가 다시 일어나

새롭게 시작하도록 도와주소서.

저희가 단호하게 당신을 따를 수 있는

힘과 용기를 주소서.

당신의 무한하신 사랑에

저희가 성실하게 응답하도록 도와주소서.

키레네 사람 시몬

어떤 사람이 사형 집행 장소로 끌려가는 범죄자를 돕도록 강요받을 경우, 이에 반항하는 것은 이상한 일이 아니다. 오히려 자연스러운 일이다. 더구나 사형을 선고받은 범죄자가 완전히 낯선 사람일 경우, 그에 반항하는 것은 그를 전혀 알지 못하는 사람으로서는 아주 당연한 행동이리라.

빌라도의 군사들은 지나가는 한 남자에게 처형 장소로 끌려가는 예수님의 십자가를 강제로 지우고 일정한 거리를 가도록 강요한다. 키레네 사람 시몬이 어쩔 수 없이 예수님의 무거운 십자가를 어느 정도 대신 지고 간 것은 채찍과 고문으로 이미 기력이 쇠하신 예수님에게 확실히 고맙고 반가운 일이었다. 그러

알베르트 루프Albert Lupp: 고위성직자. 가톨릭 신학과 심리학 연구.

나 십자가 지는 것을 도운 시몬은 과연 예수님이 가진 고마운 마음을 느꼈을까?

누군가가 우리에게 무엇인가를 강요한다면, 우리 마음속에서는 분노가 치밀어 오른다. 우리는 이를 거부하고 저항하며, 불쾌함을 감추지 못하고 화를 낸다. 강요받은 시몬은 어떠했는가? 사형을 선고받은 예수님이 그에게 고통만을 안겨주셨던가?

예수님은 시몬에게 고마움을 표시하셨는가? 시몬은 예수님을 늘 잊지 못했을까? 시몬은 예수님의 십자가를 도운 대가를 받는가? 우리는 이런 물음들에 진지하게 답변해야 한다. 필자도 이에 답변하려고 노력할 것이다. 그리고 한 가지 내용을 더 첨가하여 시몬의 태도를 깊이 묵상하고 싶다. 키레네 사람 시몬에게서 우리 삶에 도움이 될 수 있는 내용을 묵상하는 것은 의미 있는 일이다.

마르코복음서는 키레네 사람 시몬에 대해 아주 짧게 이야기한다. 마르코는 군사들이 예수님께 가시관을 씌우고 침을 뱉으며 희롱한 장면을 보도한 다음 시몬의 이야기를 소개한다.

그리고 예수님을 십자가에 못 박으러 끌고 나갔다.
그들은 지나가는 어떤 사람에게 강제로 예수님의 십자가를 지게 하였다. 그는 키레네 사람 시몬으로서 알렉산드로스와 루포스의 아버지였는데, 시골에서 올라오는 길이었다. 그들은 예수님을 골고타라는 곳으로 데리고 갔다. 이는 번역하면 '해골 터'라는 뜻이다. 그들이 몰약을 탄 포도주를 예수님께 건넸지만 그분께서는 받지 않으셨다. 그들은 예수님을 십자가에 못 박았다.마르 15,20ㄴ-24ㄱ

우리는 당시의 정황을 어렵지 않게 상상할 수 있다. 유다 지방을 다스리는 총독은 최고의회의 성화를 물리치지 못하고 예수님을 내주었다. 군사들은 무력한 예수님을 악하게 대했다. 그들은 예수님을 조롱받는 임금으로 희롱하고, 모든 권리를 이미 상실한 사람을 대하듯이 다루며 고통을 주었다. 그들은 예수님이 지칠 때까지 채찍질을 하고 뺨을 때렸다.

그렇게 한 다음 그들은 사형을 선고받은 예수님을 끌고 나갔다. 예수님은 예루살렘 한복판에 있는 법정에서 성벽 밖에 있는 처형 장소까지 십자가를 지고 가셔야 했다. 예수님은 형 집행을 위해 십자가를 스스로 짊어져야 한다. 이는 채찍질과 모욕을 가하는, 두 줄로 늘어선 사람들 사이를 지나가게 하는 형벌이기도 했다. 이렇게 길가에 두 줄로 늘어선 사람들은 사형을 선고받은 죄수에게 온갖 비난을 퍼부으며 희롱할 수 있었고, 육체적 고통을 가하며 저주할 수 있었다. '이것이 너에게는 당연한 대가다'라는 뜻이었다. 무력하게 고통당하는 사람 앞에서 많은 사람은 스스로를 강하다고 느끼는 법이다. 그래서 예수님을 자극하는 모욕과 핀잔이 난무한다. '이제 너의 하느님 나라는 끝난 것이 아니냐? 너의 아버지 하느님은 어디 있느냐? 너의 친구들은 어디 있느냐? 사랑을 설파하던 너는 이제 끝장이다. 그 사랑이 너를 이렇게 비참하게 만들지 않았느냐? 네가 마음속에 새겨져 있다고 한 그 새로운 정의는 어디 있느냐?'

이런 모욕과 핀잔을 받으신 예수님은 곧 있을 십자가 죽음 때문에 모든 힘이 다 빠지신다. 군사들은 예수님께 '너는 조금 뒤에 끝장난다'는 식으로 협박한다. 그들은 예수님을 형장으로 끌고 가라는 명령을 받았다. 형장에는 군중이 기다리고 있다. 군중은 죄수가 죽어가는 모습을, 마지막 숨을 거두는 모습을 바라보며 즐기기 위해 기다리고 있다. 군사들에게서는 예수님이 당하시는 고통에 대한 동정심을 찾아볼 수 없다. 그들이 예수님의 무거운 십자가를 지나가는 시몬에게 억지로 지게 한 것은 동정심 때문이 아니다. 그리고 우연히 그곳을 지나다가 붙들린 시몬도 자발적으로 예수님의 십자가를 진 것이 아니다. 그는 어디까지나 강요를 받은 것이다. 이렇게 강요에 의해 예수님의 십자가를 어쩔 수 없이 짊어진 다음, 시몬은 아마 그곳에서 서둘러 빠져나갔을 것이다. 십자가를 짊어진 저 죄수가 지금 겪는 고통보다도 더 혹독한 고통을 당할 것이라는 사실을 시몬은 분명하게 알고 있었을 것이다.

십자가를 지고 가시는 예수님이 그 목적지에 이르면 그곳에서 무슨 일이 벌어질지 길목을 서성이던 모든 사람은 알고 있었다. 형장에 이르면 군사들은 예수님을 땅에 눕힐 것이다. 그런 다음 지금까지 지고 온 나무에 팔을 벌리게 하여 예수님의 양손을 묶고 비명이 울리는 가운데 못을 박을 것이다. 이미 땅에 박힌 기둥 꼭대기에는 좁은 홈이 있는데, 군사들은 그 홈을 이용하여 죄수의 양손이 못 박힌 나무를 높이 끌어올릴 것이다. 그렇게 예수님의 몸이 공중에 뜰 때까지 나무를 끌어올린 다음 공중에 떠있는 다리를 수직으로 세워진 기둥에 묶고 굵은 못을 박게 된다. 이를 통해 처형되는 자의 고통은 더 가중된다.

우리는 여기서 이처럼 비참한 십자가형이 로마 시민에게는 허용되지 않은 이유와, 어떤 죄수가 그런 형벌을 받았을지 이해할 수 있다. 가장 고통스럽고 수치스러운 이 사형 방법이 바로 예수님께 집행되었다는 사실은 우리를 더욱 고통스럽게 한다.

마르코는 시몬이 시골에서 올라왔다고 보도한다. 이를 글자 그대로 해석하면, 시몬이 시골에서 농사 짓는 일을 하다가 왔다는 것이다. 이는 도시에서 떨어진 시골에서 사는 그가 도시로 왔다는 것을 의미한다. 어쨌든 분명한 점은 시몬이 예수님의 십자가 사건에 개입하려는 의도를 조금도 가지고 있지 않았다는 사실이다. 군사들이 그에게 예수님의 무거운 십자가를 지고 가도록 강요했을 때, 그는 불쾌한 감정만이 아니라 자신의 전 존재가 무너지는 듯한 느낌을 가졌을 것이다. 당시에는 '함께 간다는 것은 곧 함께 매달린다는 것이다'라는 속담이 널리 알려져 있었기 때문이다.

시몬이 예수님을 도와 십자가를 지고 가는 장면을 목격한 다른 사람들은 이렇게 생각할 수 있었다. '저이는 예수라는 작자에게 많은 빚이 있을 것이다. 저이도 아마 예수에게 속한 사람일 것이다.' 그는 예수님의 십자가만이 아니라 어떤 면에서는 예수님의 죄까지도 짊어지는 것이었다.

그렇기 때문에 군사들의 강요는 키레네 사람 시몬에게 단순한 불쾌감이 아니라 커다란 심리적 고통을 안겨주었다. 한편 도움을 받는 예수님께도 군사들의 그런 강요는, 억지로 하는 봉사를 어쩔 수 없이 받아야 하는, 자존심이 상하는 일이었다. 예수님이 그때 당신의 십자가의 길에 진정으로 동행하는 사람이 한 사람이라도 있다고 느낄 수 있었더라면 아마 큰 위로를 받으셨을 것이다. 그러나 마르코복음서는 우리에게 이에 대해 지극히 부정적으로 말한다. 군사들이 어떤 사람에게 예수님의 십자가를 짊어지도록 강요한 것으로 서술하기 때문이다.

시몬은 심한 학대를 받고 기력이 쇠하신 예수님의 십자가를 억지로 짊어졌다. 그리고 예수님과 함께 형장으로 향했다. 시몬은 바로 이 여정에서 말로 표현하기 어려운 그 무엇을 체험하게 된다. 사형을 선고받고, 자기 곁에서 질질 끌려가는 이 예수님은 보통 사람들과는 전혀 다른 태도를 취하셨기 때문이다. 그분은 길목에 두 줄로 늘어선 사람들에게 저주의 말이나 욕설을 늘어놓지 않았다. 그분의 눈에서는 증오와 경멸을 전혀 찾아볼 수 없었다. 처음에는 거부하다가 나중에 억지로 십자가를 짊어져야 했던 시몬은 이제 그 십자가에 의미를 부여한다. 겉으로는 기력이 쇠해 보이지만 예수님이 가진 내적인 힘이 느껴졌기 때문이다. 그 내적인 힘은 시몬에게 일상적인 생각과 판단을 넘어서서 더욱 큰 생각과 판단을 가지도록 도와주고, 그 십자가를 인내롭게 짊어지도록 이끌었다.

당시 사람들은 키레네 사람 시몬이, 예수님이 십자가에 처형되시는 장면을 본 목격증인이었다고 말한다. 그리고 시몬이 예수님의 죽음을 함께 체험했으며, 함께 고통을 당했다고 말한다. 마르코복음서에 따르면, 시몬은 알렉산드로스와 루포스의 아버지라고 소개된다. 초대교회 공동체는 이 두 형제를 잘 알고 있었다. 그러나 이 두 형제가 어떤 과정을 통해 그리스도인이 되었고, 또한 예수님의 첫 제자 공동체에 들어오게 되었는지 우리는 확실하게 알지 못한다. 아마도 그들은 아버지의 증언을 통해 그리스도인이 될 수 있었을 것이다. 처음에 반항했던 시몬은 골고타의 체험을 통해 내적으로 완전히 달라졌다. 예수님과 함께 십자가의 길을 걷고, 또 그분의 죽음을 지켜본 체험이 그의 내면세계를 변화시킨 것이다. 결국 이방인 백인대장이 고백한 것과 똑같은 말이 그의 영혼에 울려 퍼졌으리라. "참으로 이분은 하느님의 아드님이셨다."마태 27,54 ; 마르 15,39 ; 루카 23,47

시몬은 키레네 곧 북아프리카 출신이었다. 열심한 유다인인 그는 파스카 축제를 거행하기 위해 예루살렘으로 올라가는 중이었는데, 갈릴래아와 유다의 온 지역에서 어떤 일이 벌어지고 있는지에 대해서는 잘 모르고 있었다. 또한 자신이 앞으로 어떤 일을 맞닥뜨리게 될지에 대해서도 아마 알지 못했을 것이다. 그는 예수님을 만나려고 애써 노력한 사람이 아니었다. 그는 그저 예수님과의 만남을 받아들였을 뿐이지만 그 만남은 그에게 축복이 되었다.

이와 비슷한 일이 우리에게도 종종 일어나지 않는가? 시몬은 처음엔 예수님을 도와주지 않으려 했으나 어쩔 수 없이 예수님에게 선행을 베풀게 된다. 후에 그는 그런 선행이 자신의 삶에 축복이 된다는 것을 체험했다. 우리는 여기서 또 다른 사실 한 가지를 간과해서는 안 된다. 그것은 예수님이 누군가의 도움에 당신 자신을 내맡기셨다는 점이다. 우리는 실제로 약하고 무기력하기 때문에 다른 사람의 도움이 필요한데도 남의 도움에 자신을 내맡기지 않는 경우가 얼마나 많은가? 물론 나름대로 이유나 핑계가 있을 수 있다. 이런 핑계를 대며 계속 자신을 합리화한다면 양자兩者 사이에, 곧 도움을 청하는 자와 도움을 베푸는 자 사이에 환멸만이 느껴질 뿐이다. 예수님이 누군가의 도움에 당신 자신을 내맡기시는 것은 하나의 모범이 아닌가? 시몬은 예수님의 십자가를 자신의 것으로 삼았다. 다른 사람의 십자가를 짊어지는 것은 그리 간단한 일이 아니다. 그러나 오늘날 그렇게 십자가를 대신 짊어지는 일은 대단히 중요하며, 이를 위해 노력하는 일 또한 중요하다.

한 가지를 더 생각해 보자. 시몬은 군사들에게 붙잡히기 전에는 온갖 모욕과 채찍질을 당하신 분의 생애에 대해 전혀 모르고 있었다. 그는 몹시 지친 상태로 끌려가는 예수님의 고통과 무기력함을 보았으며, 즉시 그분의 십자가를 자신의 어깨에 짊어졌다. 시몬의 이러한 모습은 우리가 항상 명심해야 할 모습이다. 곧 우리는 도움을 베풀려는 상대방에게 그가 정말 도움이 필요한지, 그리고 도움을 받아들일 준비가 되어있는지 등 모든 것을 상세하게 알고 난 후에 도움을 베풀려는 자세를 버려야 한다.

다른 사람의 무거운 짐을 짊어지는 것은 봉사다. 이런 봉사를 위해 정작 필요한 것은 많은 말이 아니라 사랑의 마음이다. 마르코복음서는 예수님이 예루살렘에서 십자가를 지고 형장으로 가실 때 그 길목에 서서 그분의 고통스런 모습을 바라보았을 많은 사람에 대해서는 아예 언급하지 않는다. 이는 그곳에 많은 사람이 있기는 했지만 그들 가운데 예수님을 돕고자 하는 사람은 아무도 없었기 때문이 아닐까? 우리는 이웃을 돕는 일이 오히려 이웃을 불편하고 성가시게 할 것 같다는 변명을 늘어놓는다. 또한 이웃이 정말 도움을 필요로 한다고 생각하고 그 이웃에게 연민을 느낄지라도, 그 이웃을 소극적으로 대하면서 많은 핑계와 이유를 둘러댄다.

키레네 사람 시몬도 처음에는 아마 이렇게 생각했을 것이다. '왜 군사들은 나를 지목하여 붙잡았는가? 다른 이를 붙잡았을 수도 있지 않은가? 왜 하필이면 내가 그 십자가를 짊어져야 한단 말인가? 왜 하필이면 내가 도움을 필요로 하는 바로 그 사람 곁에 서있어야만 하는가?' 그러나 다른 사람의 무거운 짐을 짊어진 것이 그에게는 축복이 되었다.

마지막으로 사순 시기와 직접 관련되는 한 가지를 더 생각해 보도록 하자. 우리는 골고타를 향하시는 예수님을 바라본다. 무엇 때문에 그분은 그런 고통을 당하시는가? 그분의 잘못이란 도대체 무엇인가? 왜 그분은 도망치시지 않았는가? 우리는 그분이 우리 죄와 잘못을 당신 것으로 삼으셨다고 말한다. 그분은 당신의 십자가로 모든 불의를, 오늘날까지 인간에게 고통을 안겨주는 모든 불의를 짊어지신다. 그분은 우리의 죄를 짊어지시고, 우리의 죄는 그분을 짓누른다. 그분은 인간의 증오와 불화가 만들어 낸 온갖 불합리를 십자가를 통해 겪으신다. 부당하게도 그분은 외로움과 무기력함을 맛보고, 인간 사회에서 철저히 단절되며, 심지어 하느님에게서 버림받는 고통을 겪으신다. 그분은 인간의 모든 고통을 받아들이신다. 너무 고통스러워 어떤 말로도 표현할 수 없는 인간의 고통, 제대로 도움조차 청할 수 없는 그 고통까지도 당신 것으로 삼으셨다. 그처럼 도와달라는 비명조차 지르지 못한 것은 고통이 그만큼 극심했기 때문일 것이다. 그분은 몸소 우리의 배반과 잘못과 죄의 십자가를 지고 가신다. 우리는 예수님이 지고 가셔야만 했던 십자가가 얼마나 무거운지를 분명히 깨달을 수 있다.

예수님의 십자가를 짊어진 시몬처럼 우리가 이웃의 무거운 십자가를 짊어진다면, 우리는 결국 우리의 모든 죄를 당신 것으로 받아들이신 예수님의 십자가를 짊어지는 셈이다. 우리가 이웃의 무거운 십자가를 짊어지는 것은 우리를 위해 고통당하고 속죄하시는 예수님의 수난에 참여하는 것이다. 따라서 모든 인간의 고통과 슬픔은 깊은 의미를 지니고 있다. 이런 맥락에서 파울 게르하르트Paul Gerhardt는 이렇게 노래한다.

주님, 당신께서 받으신 고통은
모두 저의 잘못 때문입니다.
제가, 제가 저지른 잘못을
당신께서 짊어지셨습니다.
하느님의 노여움을 불러일으킨
가련한 제가 여기에 있습니다.

오! 자비로우신 주님,

제가 당신의 은총을 바라보게 하소서.

우리는 십자가의 길을 가시는 예수님을 바라본다. 그분은 당신을 돕도록 우리에게 당신을 내어주신다. 그분은, 오늘날 많은 사람이 말하는 것처럼 '아무도 나를 도울 수 없다'고 말씀하시지 않는다. 그분은 도움을 베푸는 사람을 찾으시고, 그 도움을 받아들이신다. 이런 예수님의 모습이 오늘날 우리에게 매우 중요한 것을 말하고 있지 않은가? 곧 예수님을 위해서라도 자신을 남의 도움에 내맡겨야 한다고 말하는 것이다. 예수님을 위해 자신을 남에게 내어주는 것, 이것은 예수님을 따르는 행동이다.

예수님을 도운 시몬의 입장에서 한 가지를 더 묵상할 수 있다. 그 옛날 시몬이 그랬던 것처럼, 오늘날 많은 사람도 처음에는 이웃을 돕기를 꺼려한다. 그러나 이웃을 도왔을 때 그것은 오히려 자신에게 축복과 은총의 봉사가 된다. 우리가 지금까지 생각한 모든 것은 사실 우리 자신의 삶과 직접 관련된 것이다. 그것을 한마디로 요약하면, 우리는 모두 자신의 십자가를 받아들이고 다른 사람의 십자가를 함께 짊어져야 한다는 것이다.

우리가 사는 세계는 불완전한 세계다. 우리는 이 불완전한 세상에서 우리 여정의 끝이 절대적 혼돈과 어두움이 아니라 하느님의 은총으로 주어지는 완성이라는 것을 우리에게 보증하신 분을 따르고 있다. 그렇기 때문에 우리는 이 세상의 여정에서 지금 당장은 이해할 수 없고 받아들일 수 없는 의미, 곧 새 생명을 누리고 있는 것이다.

> 주님이신 예수 그리스도님,
> 당신께서는 당신을 따르라고
> 저희를 부르셨습니다.
> 저희는 당신과 함께
> 이 생명의 길을 걸어야 하고
> 우리를 위해 당신께서 짊어지신 십자가를
> 함께 짊어져야 합니다.
> 그러나 저희는 종종 겁 많고 나약하며,
> 매정하고 차갑습니다.
> 저희는 항상 이웃을 열정적으로
> 돕는 것만을 바랍니다.
> 주님, 저희가 회심하여 이제 새롭게
> 선행을 시작하게 도와주소서.

키레네 사람 시몬이 그 언젠가
십자가를 짊어지고 당신을 도운 것처럼,
이웃의 십자가를 짊어지고
또 저희 자신의 십자가로 당신을 따르려는
저희의 선한 의지를 받아주소서.
당신께서는 당신을 돕도록
저희에게 당신을 내어주셨습니다.
당신께서는 저희가 저희 자신의 힘으로
더 이상 갈 수 없을 때
다른 사람의 도움을 기꺼이 받아들이도록
모범을 보이셨습니다.
주님, 돕는 모든 사람을 축복하소서.
다른 사람의 고통에
저희의 눈과 마음을 열어주시어
당신께서 저희를 필요로 하시는 곳을
저희가 외면하지 않게 하소서.
당신께서는 세세에 영원히 다스리시나이다.

예수님께 충직한 여인들

필자는 오래된 도서관에서 이런저런 책을 살펴보다가 이상한 강론을 발견한 적이 있다. 16세기에 행해진 그 강론은 한 본당 신부가 열심한 교우들에게 기도를 가르치는 내용이었다. '오 하느님! 당신의 자비로 저희의 모자와 외투, 상의와 바지, 암염소와 숫염소, 양과 소를 돌보아 주십시오. 그리고 여편네들을 많게 하시고 아이들은 적게 하여주십시오! 또한 저희에게 돈도 주십시오. 그러면 저희는 기꺼이 당신을 따르겠나이다.'

당시에 열심하다는 사람들은 하느님을 그런 식으로 믿었다. 하느님은 유감스럽게도 당신께서 사랑하시는 피조물을 위해 존재하는 분이어야 했다. 곧 하느님은 피조물의 욕구나 궁핍을 채

미카엘 투펙Michael Tupec: 카푸친 수도자. 철학과 가톨릭 신학 연구.

워주시기 위해 존재하는 분으로 생각되었다. 본당신부는 먼저 부인들을 언급한다. 그는 부인들을 '여편네'라고 불렀다. 이런 호칭은 아직 세련되지 않았던 당시에는 아무런 문제도 되지 않았다. 그런 다음 남자들에 대해 언급한다. 그는 무엇인가를 창조하는 행위를 남성적인 모습으로 간주하고, 남성들의 소유욕과 방탕한 물질주의를 신랄하게 비난했다.

본당에서 '여편네들을 많게 해주시는 반면 아이들은 적게 해달라'고 하느님께 청하는 것을 보면, 이 본당신부는 분명 익살스런 신부였다. 이것이 당시의 현실이었다. 마지막으로 하느님은 기도의 지향대로 그 공동체에 필요한 돈도 주셔야만 했다. 하느님께서 기도의 청을 모두 들어주실 경우, 비로소 하느님께서는 그들에게서 충직한 믿음을 기대하실 수 있으리라. 하느님께서 먼저 기도를 들어주셔야 그들이 '기꺼이 당신을 따르겠노라'고 약속했기 때문이다. 당시에 그렇게 드리던 기도의 내용이 오늘날에는 얼마나 많이 변했는가?

예수님은 '제자단' 또는 '제자들'의 정체성에 관해 말씀하신 적이 있다. 그분은 당신의 길에 대해 추호의 의심도 품은 적이 없을 뿐만 아니라 당신을 따르는 제자들에게도 당신 삶에 대해 감상적 태도 따위를 요구하신 적이 없다. 오히려 "나를 따르라"고 말씀하시면서 단호한 추종을 원하셨다. 베드로가 예수님께 신앙을 고백한 후에 비로소 "예수님께서는 사람의 아들이 반드시 많은 고난을 겪으시고 원로들과 수석 사제들과 율법학자들에게 배척을 받아 죽임을 당하셨다가 사흘 만에 다시 살아나셔야 한다는 것을 제자들에게 가르치기 시작하셨다."마르 8,31 예수님의 이 수난 예고는 당시에 격렬한 논쟁의 초점이 되었다. "그러자 베드로가 예수님을 꼭 붙들고 반박하기 시작하였다."마르 8,32 베드로는 이렇게 말한다. "맙소사, 주님! 그런 일은 주님께 결코 일어나지 않을 것입니다."마태 16,22 그러자 예수님은 베드로를 못마땅하게 여기며 가혹하게 질책하신다. "사탄아, 내게서 물러가라. 너는 하느님의 일은 생각하지 않고 사람의 일만 생각하는구나."마르 8,33 그런 다음 예수님은 분명한 어조로 말씀하신다. 이 말씀은 사실 당시의 몇몇 사람들에게만 해당되는 것이 아니라 모든 시대의 그리스도인에게 해당되는 말씀이다. "누구든지 내 뒤를 따르려면 자신을 버리고 제 십자가를 지고 나를 따라야 한다."마르 8,34

이 세상에는 예수님을 처음부터 무조건 거부하는 사람들이 있다. 그러나 예수님을 높이 존경하는 사람들도 많다. 예수님께 열광하는 그리스도인들도 있다. 우리는 항간에 좋은 의도로 주창된 이런 말을 들을 수 있다. "우리는 예수님의 팬이 되어야 한다." 필자는 개인적으로 '팬'이라는 단어를 좋아하지 않는다. 이 단어는 '열광주의자'라는 말에서 유래한 것이기 때문이다. 사실 예수님은 '스타'나 '슈퍼스타'가 아니시다. 스타나 슈퍼스타는 아무런 구속력 없이 단지 사람들을 감탄시킬 뿐이다. 이 세상에는 예수님을 대충 신뢰하며 필요에 따라 그분께 기도를 드리는 사람이 많다. 그러나 그분의 발자취를 따라 그분을 추종하려는 그리스도인도 있다. 이들은 예수님의 운명을 자신의 것으로 삼으려 한다.

예수님의 운명은 '버림받음·죽음·부활' 등의 단어로 요약할 수 있을 것이다. 주님을 따르는 데 있어서 많은 그리스도인은 단지 몇 발자국만 내딛고, 어떤 이들은 그분께서 가신 길 전체를 따른다. 주님을 따르면서 어떤 이들의 발걸음은 가볍고 활기에 넘치지만, 또 어떤 이들의 발걸음은 힘들고 느리기만 하다. 우리 대부분은 예수님을 따르는 길목에서 계속 걷기를 마다하고 잠시 또는 오랫동안 주저앉아 있기 일쑤다. 그냥 주저앉은 채로 있는 사람들은 더 이상 그 길을 걷기를 원하지 않거나 걸을 수 없는 사람들이다. 또 어떤 이들은 지금까지 걸어온 길을 저버리고 되돌아가기도 한다. 추종의 길이 어렵고 위험하기 때문이다.

우리는 예수님의 수난사화 안에서 그리스도를 따르는 것을 올바로 이해한 몇몇 사람들을 만난다. 십자가를 지고 가시는 마지막 순간까지 예수님을 따른 사람들은 바로 예수님께 충직한 여인들이었다.

참으로 기이한 일은 초대교회 안에서 큰 역할을 맡고 존경을 받던 사도와 제자들이 결정적 순간에 예수님을 멀리하고 도망 갔다는 사실이다. 베드로는 예수님을 부인하기 바로 전에 자기 스승께 이렇게 약속했다. "모두 떨어져 나갈지라도 저는 그러지 않을 것입니다."마르 14,29 "스승님과 함께 죽는 한이 있더라도, 저는 결코 스승님을 모른다고 하지 않겠습니다."마르 14,31

그렇게 약속하고도 그는 도망치기에 바빴다. 이제 예수님은 사람들에게 넘겨지신다. 예수님은 백성의 존경을 받는 사람들에게, 황제의 대리 통치자에게, 십자가형을 집행하는 백인대장에게, 악랄한 군사들에게 넘겨지신다. 예수님을 따르던 제자들 중 오직 몇몇 여인만이 예수님 곁에 머물렀다. 이들은 의연한 충실함으로 그리스도 십자가의 증인이 되었다. 이들은 예수님이 예루살렘에서 골고타로 끌려가시는 것을 보았다. 예수님의 옷이 어떻게 벗겨지는지도 보았다. 이들은 예수님이 십자가를 지고 넘어지시는 것을 보았으며, 그분의 손에 굵은 못이 박히는 것과 십자가에 높이 매달려 계시는 장면을 보았다. 이들은 백성의 대리자들이 예수님을 모독하는 소리와 군사들이 희롱하는 소리도 들었다. 그리고 고통 속에 신음하는 예수님의 외침도 들었다. "저의 하느님, 저의 하느님, 어찌하여 저를 버리셨습니까?" 마르 15,34 하고 예수님이 십자가에서 부르짖으시는 소리를 들은 것이다. 이 같은 사실을 마르코는 아주 짧게 보도한다.

> 여자들도 멀리서 지켜보고 있었는데, 그들 가운데에는 마리아 막달레나, 작은 야고보와 요세의 어머니 마리아, 그리고 살로메가 있었다. 그들은 예수님께서 갈릴래아에 계실 때에 그분을 따르며 시중들던 여자들이었다. 그 밖에도 예수님과 함께 예루살렘에 올라온 다른 여자들도 많이 있었다.마르 15,40-41

이 여인들은 십자가 밑에서 교회를 형성하고 있었다. 그들 중 세 명은 이름까지 구체적으로 소개된다. 먼저 마리아 막달레나가 등장한다. 이 여인은 갈릴래아의 중요한 도시 중 하나인 막달라 출신이다. 막달라는 옛날에 부유한 도시였는데, 탈무드의 증언에 따르면 '부유와 윤리적 타락 때문에 몰락했다'고 한다. 마리아 막달레나는 라자로의 누이동생인 베타니아의 마리아와 동일한 인물이 아니며, 회개한 창녀와 동일한 인물도 아니다. 서방교회가 교황 대 그레고리오 이후부터 이 세 여인을 한 인물로서 공경했다 할지라도 세 여인은 서로 다른 인물이다. 뮌헨의 프리드리히 베터Friedrich Wetter 추기경은 이렇게 쓴 적이 있다. "예수님은 그녀에게서 일곱 마귀를 쫓아내셨다.마르 16,9; 루카 8,2 일곱이란 숫자는 완전함, 전체성을 의미한다. 그러니까 마리아 막달레나는 악령에 완전히 사로잡힌 사람, 악에 아주 깊이 연루된 사람이었다. 그녀는 악마의 노예였다. 그러나 예수님은 그녀를 악에서 완전히 해방해 주셨다. 마리아 막달레나는 주님에 의해 구원된 사람이다."

이 여인은 이제 오롯한 마음으로 주님을 따른다. 그녀의 사랑은 너무나 커서 그 어떤 것도 그녀와 주님 사이를 갈라놓을 수 없었다. 동방교회는 이 여인의 축일에 아직도 이렇게 노래한다. "당신은 십자가에까지 그리스도를 따르셨나이다."

그다음 여인들로서 작은 야고보와 요세의 어머니 마리아와 살로메가 소개된다. 초대교회는 이 세 여인을 잘 알고 있었고, 또 높이 존경했다. 이 여인들은 예수님의 죽음 후에도 예수님께 충실했다. 성경은 이 여인들 중 두 명을 예수님 무덤의 증인으로 내세운다. 마르코복음서는 이렇게 말한다.

마리아 막달레나와 요세의 어머니 마리아는 그분을 어디에 모
시는지 지켜보고 있었다.마르 15,47

성경은 다시 한번 이 세 명의 여인들이, 비참한 죽음을 당하
신 예수님께 마지막까지 충실성을 보여드리려 했다고 말한다.

안식일이 지나자, 마리아 막달레나와 야고보의 어머니 마리아
와 살로메는 무덤에 가서 예수님께 발라드리려고 향료를 샀다.
그리고 주간 첫날 매우 이른 아침, 해가 떠오를 무렵에 무덤으
로 갔다.마르 16,1-2

그리고 마침내 아침 해가 떴다. 이 충직한 여인들은 가장 먼
저 부활 소식을 들었다.

그들이 무덤에 들어가 보니, 웬 젊은이가 하얗고 긴 겉옷을 입
고 오른쪽에 앉아있었다. 그들은 깜짝 놀랐다. 젊은이가 그들
에게 말하였다. "놀라지 마라. 너희가 십자가에 못 박히신 나자
렛 사람 예수님을 찾고 있지만 그분께서는 되살아나셨다. 그래
서 여기에 계시지 않는다. 보아라, 여기가 그분을 모셨던 곳이

다."^{마르 16,5-6}

어떤 그리스도인이 세상 그 어디에선가 "나는 본시오 빌라도 통치 아래서 고난을 받으시고, 십자가에 못 박혀 돌아가시고 묻히셨으며, … 사흗날에 죽은 이들 가운데서 부활하신 예수 그리스도를 믿나이다" 하고 고백한다면, 그는 결국 충직한 이 여인들의 신앙고백과 일치하면서 고백하는 것이다. 이 여인들은 마지막 순간까지 십자가를 지신 분을 따랐고, 그분의 죽음과 부활의 증인으로서 살았다.

우리는 아주 늦게 집필된 요한복음서에서 다른 여인들을 더 만난다. 그중에는 예수님의 어머니 마리아도 있다.

예수님의 십자가 곁에는 그분의 어머니와 이모, 클로파스의 아내 마리아와 마리아 막달레나가 서있었다.^{요한 19,25}

교황 요한 바오로 2세는 마리아의 해^{1987-1988년}를 맞이하여 발간한 회칙 「구세주의 어머니」에서 마리아가 십자가에까지 예수님을 따르셨음을 이렇게 설명한다. "마리아는 신앙의 길을 가셨습니다. … 그분은 그 길에서 신앙의 어둠을 체험하셨습니다.

··· 십자가 아래에서 마리아께서는 믿음으로 이러한 자기 비움 kenosis의 놀라운 신비에 참여하십니다. ··· 믿음으로 마리아께서는 당신 아드님의 죽음, 구원을 주는 죽음에 동참하십니다." 그런 다음 교황은 마리아의 신앙을 이렇게 말한다. "도망친 제자들의 믿음과 비교하여 마리아의 믿음은 한층 더 빛납니다. ··· 그렇습니다. 참으로 '행복하십니다, ··· 믿으신 분!' 주님 탄생 예고에 이어 엘리사벳이 외친 이 말은 여기 십자가 아래에서 최고의 웅변으로 울려 퍼지는 듯하며 이 말씀에 담긴 힘은 마음을 꿰뚫는 것이 됩니다."18-19항

교황은 십자가의 길에 이르기까지 당신 아들에게 성실하게 결합되어 있던 마리아의 신앙을 강조한다. 따라서 교황은 먼저 마리아가 천사에게서 들었던 말씀을 제시한다. "그분께서는 큰 인물이 되시고 ··· 주 하느님께서 그분의 조상 다윗의 왕좌를 그분께 주시어, 그분께서 야곱 집안을 영원히 다스리시리니 그분의 나라는 끝이 없을 것이다."루카 1,32-33 이 말씀을 교황은 이제 자세하게 설명한다. "이제 마리아께서는 십자가 아래에, 인간적으로 말하자면 천사의 예언이 완전히 부인되는 것을 목격하는 증인으로 서계십니다. 당신 아드님께서 단죄받은 자로 십자가 나무 위에 달려 고통받고 계십니다. '사람들에게 멸시받고 배

척당한 그는 고통의 사람, … 그는 멸시만 받았으며 우리도 그를 대수롭지 않게 여겼다.…'이사 53,3-5 참조 따라서 하느님의 '헤아리기 어려운 판단' 앞에서 마리아께서 보여주신 신앙의 순종이야말로 얼마나 위대하고 얼마나 영웅적입니까! 하느님의 '알아내기 어려운 길'에서 마리아께서는 하느님께 '지성과 의지의 완전한 순종을 드러내고' 서슴없이 완전하게 '자기를 그분께 맡기셨습니다.'"18항

예수님의 수난 여정에 등장하는 주변 인물들은 우리에게 몇 가지를 생각하게 해준다. 우리는 보통 이름·직분·칭호 등에 감탄하곤 한다. 우리는 거의 세상의 방식대로 위계질서의 사고에 젖어있다. 그러나 이와는 전혀 다른 방식인 가치의 서열이 있다. 이것은 새로운 '위계질서'다. 이 위계질서는 주님의 길을 얼마나 사랑하고 얼마나 성실하게 추종했는지에 따라 결정되는 질서다. 그리스도를 마지막 순간까지, 아니 영광스런 부활이 시작되기 전까지 성실하게 따르는 그리스도인들을 우리는 진심으로 존경할 수 있을 것이다. 우리는 '아무것도 할 수 없는' 많은 병자들, 그러나 인내와 사랑으로 자신의 고통을 견디어 내는 병자들을 존경할 수 있다. 우리는 배우자에 대한 극도의 실망감으로 행복한 결혼생활의 꿈이 산산이 조각나 버렸지만 그래도 희망을 잃

지 않고 고통스런 결혼생활을 말없이 계속하는 그리스도인을 우러러볼 수 있다. 아마 그들은 종종 십자가를 바라보며 희망을 간직할 것이다.

십자가를 지고 가신 주님을 따르는 추종에는 이런 순박한 추종만이 있는 것이 아니라 수천 번 다짐을 거듭하는 의식적인 추종도 있다. 성녀 에디트 슈타인Edith Stein은 유다인인 동시에 그리스도인이었다. 그녀는 철학자이며 수도자였다. 그녀는 아우슈비츠의 독가스실에 들어가게 될 자신의 운명(후에 그녀의 시신은 불태워졌다)을 알고 이렇게 고백했다. "저는 이 모든 것에 만족합니다. 오직 십자가를 철저히 짊어지는 사람만이 십자가를 알 수 있습니다. 바로 이 사실을 저는 처음부터 확신했고, 그래서 진심으로 이렇게 말했습니다. '십자가여, 기뻐하여라. 너는 유일한 희망이다Ave crux, spes unica.'" 에디트 슈타인은 주님과 함께 십자가를 지려고 모든 준비를 갖춘 것이다. 십자가는 그녀에게 희망이었다.

십자가 밑에 서있던 몇몇 여인들이 형성한 공동체는 작고 무력했다. 이런 점에서 우리는 참된 공동체를 묵상할 수 있다. 우리는 보통 사제관과 함께 웅장하고 화려하게 단장된 성전을 비롯하여 실용적으로 꾸며진 사무실과 각종 회합실, 그리고 모든 것이 잘 정비된 단체들의 조직 등을 훌륭한 교회로 생각하곤 한다. 그러나 참된 교회는 십자가 밑에 비참하게 서서 침묵을 지키던 몇몇 여인들 외에 다른 곳에서는 찾을 수 없다는 생각이 든다. 오늘날 우리가 말하는 기초 공동체는 심리학적·사회학적·사목적 관점에서 탁월성이 인정된다. 그러나 참된 기초 공동체는 십자가 밑에 인내롭게 서있는 신앙인들의 공동체다. 이 공동체는 당시 골고타에서 그런 것처럼 볼품없고 약하기만 하다. 그러나 주님을 끝까지 철저하게 따르는 이 공동체는 분명 영광스런 부활의 미래를 누릴 수 있을 것이다.

십자가를 지신 예수님을 끝까지 따른 이 여인들에게서 묵상할 것을 또 하나 찾아낼 수 있다. 십자가 곁에는 젊은 요한 외에 여인들만 있었다. 그 여인들은 예수님을 끝까지 성실하게 따랐다. 일정한 직분으로 큰 책임을 맡은 사도들은 모두 도망쳤다. 이는 교회 안에서 여인들에게 주어진 무시할 수 없는 역할을 암시한다. 곧 위기상황에서 교회를 충실히 지켜내고 구할 수 있는 것은 바로 여인들이라는 것이다.

우리는 이에 대한 좋은 예들을 우리 시대에도 얼마든지 발견할 수 있다. 우리는 오늘날 러시아에서 예기치 않게 신앙이 움트는 것을 체험한다. 이는 특히 그곳 할머니들의 공로에 힘입었기 때문이다. 그들은 '신이 없다'는 공산당의 조직적 홍보활동에 대항하여 자녀들에게 예수님에 대해 설명했으며 신앙을 일깨워 주었다. 교회는 이처럼 신앙에 충실한 여인들을 통해, 종종 아무런 능력이 없다고 생각되는 여인들을 통해 '무기력한 신앙'을 극복할 수 있다. 가정과 공동체 안에서, 그리고 국가 안에서도 예수님께 충실한 여인들이 기여하는 바는 크다.

우리는 십자가 밑까지 따라간 여인들에 대해 몇 가지를 묵상했다. 이제 마지막으로 다음과 같은 점을 진지하게 생각해 보자. 그리스도교를 어떻게 생각하는가? 우리는 그리스도교를 우리의 어깨에 무거운 짐을 매다는 종교로, 그리고 그 짐이 무엇인지에 대해서 묻기조차 꺼려하는 종교로 여기는가? 또는 우리가 원하는 것을 마음껏 요구할 수 있는 종교, 우리에게 필요한 서비스를 제공하는 종교로 여기는가? 아니면 주님의 발자취에서 삶의 충만을 찾을 수 있다며 우리를 시시각각 그 충만함으로 초대하는 종교라고 생각하는가?

우리는 우리 자신이 개인적으로나 공동체적으로 종종 신앙생활을 게으르게 했다는 것을 알고 있다. 그리고 그 신앙의 여정에서 때때로 주저앉았거나 도망치며 살아온 것을 알고 있다. 그 때문에 우리는 먼저 주님께 항구함과 성실함과 인내를 청해야 한다. 주님의 십자가를 끝까지 따른 여인들은 참된 모범을 통해 나약한 우리를 일깨워 주고 있다. 이천여 년의 교회 역사 안에는 항구한 신뢰심으로 예수님의 길을 함께 걸은 신앙인이 많이 있으며, 이들 중에는 이름이 알려지지 않은 사람도 많다. 이들의 나지막한 증언도 나태한 우리를 격려한다.

아시시의 성 프란치스코는 주님을 따를 수 있게 해달라고 정열적으로 기도드린 적이 있다. 그는 그런 기도를 드리기 위해 먼저 갖추어야 할 몇 가지 조건으로서 정화와 조명, 그리고 마음의 '타오름' 등을 꼽는다. 그는 예수님의 길을 따르는 것이 어렵지만 동시에 감미롭다는 것을 잘 알고 있었다. 그는 하느님이 바로 자신의 목적임을 확고하게 믿었다.

전능하시고 영원하시며,

정의롭고 자비하신 하느님,

저희가 당신께서 원하신 것만을

행하게 하시고

당신의 마음에 드는 것만을

원하게 하소서.

그리하여 저희의 마음이

정화되고 밝혀지고

성령의 불로 타오르게 하소서.

그리하여 저희가

주님이신 당신의 아들

예수 그리스도의 발자국을

따를 수 있도록 힘을 주소서.

마침내 저희가 당신의 은총을 통하여

지존하신 당신께 이르게 하소서.

이방인 백인대장

고대 로마인들은 법치국가에서 살고 있다는 점을 매우 자랑스럽게 여겼다. 모든 사람이 평등하게 법의 보호를 받고, 또 법의 권리를 누릴 수 있다고 여겼다. 그러나 인간이 사는 곳이면 어느 곳에서나 그렇듯이, 법의 공평한 적용이 이루어진다고 생각되는 로마에도 법의 균열과 남용이 있었다. 사형 집행을 위해 고용된 사람들이, 법원으로부터 사형을 선고받은 사람들을 갖가지 트집을 잡으며 고문하고 억압한 것은 확실히 그들에게 주어진 권한을 남용하는 행동이었다. 사형 집행인들은 당시에 모욕적인 놀이를 꾸며 사형수들을 조롱하곤 했다. 예수님에게 가시관을 씌우고 진홍색 옷을 입혀 희롱한 것이 바로 그런 예다.

빌리발트 라이어제더Willibald Leierseder: 몬시뇰. 철학과 가톨릭 신학 연구.

철저한 법 정신은 한편으로는 로마의 정치적 행동범위를 일정하게 경계 지을 수 있었지만, 다른 한편으로는 정치가들이 국가권력에 저항하고 반대하는 자들을 색출하고 처단하기 위해 법을 가혹하고 무자비하게 적용하거나 악용하는 결과를 초래했다. 로마인들은 정복한 백성들을 쉽게 다스리기 위해 반란자들을 잔인하게 다루었다. 그들은 그 잔인한 일을, 점령지에서 고용된 사람, 곧 매수된 용병에게 맡겼다.

죄수를 십자가에 못 박는 일은 가장 지독한 고문의 방식이었으며, 인간성을 파괴하는 가장 혹독한 방식이었다. 십자가에 못 박는 처형방법은 본래 페르시아에서 유래했다. 그것도 '경건한' 이유 때문이었다. 페르시아 사람들은 땅을 자신들의 신神 아후라 마즈다(Ahura Mazda, 지혜의 신)가 축복했다 하여 신성하게 여겼다. 그 때문에 죄수의 더러운 육신이 신성한 땅과 접촉하지 못하도록 해야 했다. 이런 이유로 죄수를 십자가에 매달았고, 죄수가 죽어 몸이 완전히 부패하거나 맹수의 밥이 될 때까지 그대로 두었다. 이런 방식으로 페르시아 사람들은 죄수의 육신을 통해 땅이 더럽혀지는 것을 막을 수 있었다. 그러므로 가장 잔혹한 처형방식인 십자가형은 신성한 땅을 보호하고자 하는 걱정에서 비롯된 셈이다.

그런데 소름끼치는 이 형벌은 당시에 예외적인 형벌이 아니었다. 페르시아 황제 다리우스는 바빌론을 정복한 후인 기원전 500년경에 삼천 명을 십자가에 못 박았다. 우리는 구약성경 에즈라기에서 이 페르시아 황제가 예루살렘 성전을 재건하는 것을 방해하는 자에게 십자가형을 내리겠다고 위협하는 것을 읽을 수 있다. 다리우스는 칙령을 내리며 이렇게 지시한다. "이 칙령을 어기면, 그 집에서 들보를 빼내어 세우고 그자를 그 위에 못 박아 매달아라."에즈 6,11

알렉산드로스 대왕은 티로의 도시를 점령한 후 기원전 332년에 마지막까지 저항에 가담한 이천 명의 남자들을 지중해 연안에서 십자가에 못 박았다. 또한 그리스도 탄생 100년 전쯤에 유다인 팔백 명이 십자가에 못 박히는 사건이 있었다. 이는 당시 잔인한 지배자가 정치적 적대자들에게 본보기를 보여주기 위해 저지른 비극이었다. 이에 대한 당시의 증언을 들어보자.

그는(하스모네아의 왕족 가문 출신 알렉산드로스 얀네우스) 남자들을 그 몸이 살아있는 채로 나무에 매달았다. 이것은 이스라엘에서 전혀 없던 일이었다.40pNah

페니키아 사람들과 무역을 하던 백성들은 십자가에 못 박는 형벌을 사형제도로 정했다. 이 제도는 지중해 연안 국가 전체에 퍼져나갔으며 카르타고를 거쳐 로마에까지 퍼졌다. 이 형벌은 살인범·약탈범·탈영범·반란자, 그리고 배반자에게 적용되었다. 로마에서는 십자가에 매달린 사람에게 죽음의 고통을 더 심하게 하기 위해, 몸을 기둥에 기댈 수 있도록 만들어진 작은 쐐기를 아예 부수어 버렸다. 또한 십자가에 매달린 죄수가 빨리 죽지 않을 경우, 죄수의 뼈를 부러뜨려 죽게 했다. 이로써 사형 집행이 끝나는데, 사형 집행인은 정해진 법에 따라 사형이 문제없이 이루어졌다는 것을 그 집행을 명령한 자에게 보고해야 했다.

로마에서 이 십자가형을 어떻게 평가하는지에 대해서는 이미 많은 사람이 다양하게 증언했다. 유명한 웅변가이며 변호사인 키케로Cicero는 이 십자가형을 "가장 잔인하고 공포스러운 사형제도"라고 말한 바 있다.In Verrem II 5 ,64, 165

키케로는 고발된 한 지방영주를 위한 변호에서 다음과 같이 말한다.

공공연한 재판으로 모욕을 주는 것은 비참한 것입니다. 재산을 압류하는 처벌도 비참한 것입니다. 그런 모든 처벌의 와중에서도 적어도 자유는 반드시 존중되어야 합니다. 마침내 극단적으로 사형이 선고된다 하더라도 그 죄수는 최소한 자유롭게 죽을 수 있어야 합니다. 사형을 집행하는 망나니, 죄수의 머리를 가리는 것, 십자가형 등은 로마 시민에게 적용되어서는 안 되며, 로마 시민의 생각과 눈과 귀에서 아예 멀어져야 합니다. 왜냐하면 이 모든 것은 로마 시민과 자유로운 인간의 품위에 너무 어울리지 않기 때문입니다. 이런 것들에 의해 비참한 고통을 당하기 때문만이 아니라 그런 형벌은 또한 우리로 하여금 그런 것을 바라게 하고, 또 그런 것을 생각하게 하기 때문입니다.Pro C. Rabirio Oratio 16

한 인간을 십자가에 못 박는 처형방식은 로마에서 이처럼 격렬한 논쟁의 대상이 되었다. 로마인은 이 형벌을 속국의 백성을 길들이기 위한 도구로 활용했고, 안녕과 질서를 유지하는 수단으로 삼았다. 그리스도 탄생에 즈음하여 시리아 총독 퀸틸리우스 바루스는 폭동을 일으킨 유다인 이천 명을 십자가형에 처했다. 그러나 이런 형벌은 구약에도 없었고 유다인의 형벌제도에도 없었다. 예수님 시대의 유다인들은 이 형벌제도를, 점령자 로마인들이 자신들을 위협하기 위한 사형제도로 알고 있었다.

그러나 이스라엘에서도 이미 처형된 자의 시체를 나무기둥에 매달아 놓기도 했다. 이는 처형된 자에게 더 큰 모욕감을 안겨 주고, 처형된 죄수와 같은 생각을 가진 뭇사람들에게 경각심을 일깨우기 위한 것이었다.

수석 사제들은 자신들과 예수님과의 논쟁이 고조되자 이제 군중을 부추긴다. 예수님을 가장 모욕적인 죽음에 처하도록, 곧 십자가에 못 박도록 빌라도를 부추긴다. 당시 유다인들이 생각하던 것처럼, 하느님에게서 버림받고 저주를 받았다고 여겨지는 그 십자가의 죽음을 요구하도록 부추긴다.

나무에 매달린 사람은 하느님의 저주를 받은 자이기 때문이다.신명 21,23

이런 성화에 못 이겨 빌라도는 이렇게 판결을 내린다. "너는 십자가에 처형될 것이다Ibis ad crucem." 빌라도의 이 판결에는 하느님의 판결도 함축적으로 언급되고 있는 것처럼 보인다.

이제 그 판결을 이행해야 할 사람이 비로소 등장한다. 그 사람은 바로 백인대장이다. 그는 형리들에게 십자가형을 집행하도록 명령하고 그 집행과정을 모두 기록해야 했다. 형리들은 그 십자가형이 완전히 집행될 때까지 무엇을 해야 하는지 세밀한 부분까지 모두 자신들에게 명령을 내리는 백인대장의 말에 귀를 기울였다. 그러나 십자가형을 집행하는 과정이 백인대장에게는 늘 반복되는 지루한 일이기도 했다. 먼저 죄수에게 심한 채찍질을 가한다. 죄수의 하얀 뼈가 드러날 때까지 사정없이 마구 매질을 한다. 그런 다음 다른 사람들에게 경각심을 주기 위한 목적으로 십자가를 지게 하여 예루살렘의 골목길을 통해 형장까지 질질 끌고 간다. 죄수는 거의 죽은 몸으로 형장에 다다르게 되는 것이다. 예수님이 십자가의 길 도중에 기진하여 넘어지셨을 때, 백인대장은 형장에 다다르기도 전에 벌써 죽었는가 하는 마음에 섬뜩했을 것이다. 그렇기 때문에 백인대장은 키레네 사람 시몬에게 골고타까지 십자가를 지고 가도록 강요했다.

백인대장은 그의 직책과 업무의 특성상 아마 매우 특이한 기질을 가지고 있지 않으면 안 되었을 것이다. 그는 사형을 집행하도록 명령을 내려야 했고, 잔혹한 고문이 가해지는 모습을 지켜보아야 했으며, 그러면서도 그런 잔인한 일들을 모두 질서정연하게 집행해야 했기 때문이다. 이런 일을 하는 데에 기질을 타고나지 않았다면 그는 오래전에 까무러쳤을 것이다. 특히 그런 잔인한 형벌을 포악한 살인자나 악랄한 범법자에게 가하는 것이 아니라, 평범한 사람에게 집행할 경우에는 그런 기질이 더욱 요구되었을 것이다. 백인대장이 천성적으로 그런 기질을 타고났다고 하더라도, 그는 예수님 앞에서 솟구쳐 오르는 의구심을 떨쳐버릴 수 없었을 것이다. 사실 이리저리 돌아다니며 설교를 하던 나자렛 사람 예수님의 재판과정에서 많은 사람은 '그 재판이 도대체 왜 필요한지, 그가 죄를 지었다면 어떤 죄를 지었다는 것인지' 의아하게 생각했기 때문이다. 백인대장도 다음과 같은 의구심에서 완전히 자유롭지 못했을 것이다.

수석 사제들과 율법학자들이 이제까지 그런 적이 없었는데 유독 같은 백성인 예수님이 유죄판결을 받도록 부추긴 까닭은 무엇인가? 다른 것도 아닌 잔혹한 십자가형을 요구한 까닭은 무엇인가? 항상 경건한 삶을 추구한 그들이 빌라도에게 살인자이며 반란자인 죄수의 석방을 요구한 까닭은 무엇인가? 왜 그들은 지금 재판관 앞에 서있는 설교가, 그다지 위험하지도 않은 나자렛 사람을 반대하도록 백성들을 선동했는가? 왜 빌라도는 그렇게도 안절부절못했는가? 당시 신경이 과민했던 사람은 오직 빌라도뿐이었는가? 왜 빌라도는 예수님을 고발한 사람들에게, 자신이 그 예수님에게서 아무런 죄도 찾아내지 못했다고, 더구나 죽음에 처할 그 어떤 죄목도 찾아내지 못했다고 강조했는가?

빌라도는 바로 여기에서만 유다인들에게 예수님의 무죄를 양심적으로 선언했다. 그 외에 그의 양심적 선언은 다른 어떤 곳에서도 찾아볼 수 없다.

무엇 때문에 수석 사제들은 예수님을 사형에 처해야 한다고 계속 주장했는가?

백인대장은, 빌라도가 '너는 십자가에 처형될 것이다'라고 판결한 다음 공공연하게 예식을 갖추어 물을 가져다가 군중 앞에서 손을 씻던 모습이 자꾸만 연상되었다. 그리고 빌라도가 선언한 다음의 말이 떠올랐다. "나는 이 사람의 피에 책임이 없소." 마태 27,24

떠돌이 설교가 나자렛 사람 예수님이 항상 주장한 내용, 곧 당신이 하느님과 특별한 관계에 있다고 주장한 내용은 신비롭지 않은가? 이 주장 때문에 수석 사제들이 그렇게도 흥분했고, 빌라도가 안절부절못했고, 유다인들이 예수님을 하느님 모독죄로 고발했다. 그리고 그 주장 때문에 예수님은 사형수가 되었다.

비록 확연하게 드러나지 않는다 하더라도, 하느님과의 특별한 관계를 주장하던 예수님의 존엄과 품위가 채찍과 조롱과 모욕에도 불구하고, 고발자들의 증오와 분노에도 불구하고 온전히 지켜지고 있지 않은가? 그 존엄과 품위가 책략가 빌라도 앞에서도 사라지지 않고 유지되고 있지 않은가?

백인대장이 보기에, 예수님은 지금 전혀 예기치 못한 일을 당하고 있는 것 같지 않았다. 백인대장에게는 예수님이 모든 것을 알고 있는 것으로 생각되었다.

백인대장은 십자가에 처형되는 죄수가 자신의 인간성을 약탈당하고, 상상을 초월한 고통에 신음하며 죽어갈 경우 거의 대부분 자신의 품위와 마지막 자존심마저 팽개쳐 버린다는 것을 경험으로 잘 알고 있었다. 십자가에서 들려오는 외침은 오직 폭언과 저주뿐이었다. 죄수는 죽어가면서 자신을 고문하고 괴롭힌 사람들을 저주했고, 형을 선고한 사람과 집행한 사람들을 저주했다. 그러면서 죄수는 자신을 위로하는 것이었다. 그러나 백인대장은 처형당하는 예수님에게서 이런 점을 전혀 찾아볼 수 없었다. 오히려 떠돌이 설교가 예수님을 십자가형에 몰아붙인 사람들의 야유만을 들을 수 있을 뿐이었다. 군중은 마치 큰 승리라도 거둔 듯 십자가에 달리신 분을 이렇게 모독했다.

저런! 성전을 허물고 사흘 안에 다시 짓겠다더니. 십자가에서 내려와 너 자신이나 구해보아라.마르 15,29-30

수석 사제들과 율법학자들은 십자가에 달려 무기력하게 고통 당하시는 분을 이렇게 조롱했다.

다른 이들은 구원하였으면서 자신은 구원하지 못하는군. 우리 가 보고 믿게, 이스라엘의 임금 메시아는 지금 십자가에서 내 려와 보시지."마르 15,31-32

예수님을 반대하는 이들은 하느님의 이름을 들먹이며 조롱 했다.

하느님을 신뢰한다고 하니, 하느님께서 저자가 마음에 드시면 지금 구해내 보시라지. '나는 하느님의 아들이다' 하였으니 말이 야.마태 27,43

그러나 하느님은 침묵을 지키신다. 그때에 십자가에서 부르짖 는 소리가 울려 퍼졌다.

저의 하느님, 저의 하느님, 어찌하여 저를 버리셨습니까?마르 15,34

사람이 큰 고통에 직면하면 불안하고 솟구쳐 오르는 많은 의심과 회의를 억누를 수 없는 것이 일반적인 현상이다. 그리고 그 고통이 해소될 여지를 발견하지 못하면 아주 빨리 절망감에 휩싸이는 것도 일반적인 현상이다. 그렇게 될 경우 하느님이 우리 인간을 사랑하시고 또 자비롭게 대하신다는 믿음이 사라지고, 절망감과 환멸이 자리잡게 된다. 이런 현상은 인간적으로 보면 아주 평범한 현상이다. 백인대장은 지금까지 바로 이런 식의 경우를 십자가 밑에서 체험하곤 했다.

그러나 십자가에 처형되시는 분이 하느님께 울부짖은 다음의 말씀은 백인대장이 이제껏 한 번도 들어보지 못한 것이었다. 그 말씀은 예수님이 십자가에서 가장 고통스러운 순간에 하신 말씀이었다.

아버지, 저들을 용서해 주십시오. 저들은 자기들이 무슨 일을 하는지 모릅니다.루카 23,34

예수님은 가장 비인간적이고 잔혹한 죽음을 당하고 계시면서도, 하느님의 자비로운 손길이 당신을 떠나지 않았다고 확신하시는 것이다. 그래서 그분은 이렇게 말씀하실 수 있었다.

아버지, "제 영을 아버지 손에 맡깁니다."루카 23.46

예수님의 이런 말씀들은, 당시 그분이 처한 상황에서 가능하다고는 상상할 수도, 이해할 수도 없는 것이었다. 백인대장은 이 말씀을 분명하게 들었고, 이 말씀에 사로잡히게 된다. 수석 사제들도 이 말씀을 들었다. 그러나 그들은 사로잡히지 않았다. 그들이 왜 사로잡힐 수 없었는가? 그들은 성경을 잘 알고 있다고 자부했고, 성경에 따라 어떤 일이 일어날 것이고, 또 어떤 일이 일어나야만 하는가를 잘 알고 있다고 자부했다. 게다가 그들은 십자가에 달리신 분을 하느님의 이름으로 조롱할 정도로 하느님을 잘 알고 있다고 자부하지 않았던가! 그들이 알고 있던 하느님은 십자가에 달린 분이 고통의 늪으로 빠져들도록 내치시는 하느님, 곧 인간을 버리고 인간을 저주하는 하느님이다.

백인대장도 이제 하느님을 받아들인다. 그러나 그는 예수님이 십자가의 고통을 견디어 내는 방식으로 하느님을 받아들인다. 그는 지금까지 권력의 하수인으로서 백성들을 피 흘리게 하는 일에 종사했다. 그는 죄수를 다루면서 온갖 폭언과 잔인한 행동과 증오만을 일삼았다. 그렇게 늘 피 흘리는 일에 종사하던 백인대장은 이제 전혀 상상할 수도 없던 복음을 접하게 된다. 그것도 그가 늘 하던 피 흘리는 일을 하는 중에, 곧 나자렛 사람 예수님을 십자가에 못 박아 죽음에 이르게 하는 고통을 안겨주던 중에 복음을 듣게 된다. 그 복음은 예수님이 마지막까지 고수한 하느님께 대한 철저한 신뢰이며, 인간의 모든 잘못에 대한 용서였다.

이방인 백인대장은 이제 예수님의 잔혹한 십자가 죽음을 보며 도저히 억제할 수 없는 증언의 말을 스스로 한다.

> 그리고 예수님을 마주 보고 서있던 백인대장이 그분께서 그렇게 숨을 거두시는 것을 보고, "참으로 이 사람은 하느님의 아드님이셨다" 하고 말하였다.마르 15.39

이런 신앙고백이 이방인의 입에서 발설되었다는 것은 신빙성이 있다. 십자가의 잔혹한 형벌을 스스로 짊어진 사람이 그 십자가를 하느님의 자비로운 섭리로 받아들이고, 마음 깊은 곳으로부터 모든 것을 하느님의 손길에 의탁하며, 아무 이유 없이 자신에게 고통과 모욕을 안겨주는 사람들을 용서하는 일은 사실 사람으로서는 할 수 있는 일이 아니기 때문이다. 이방인의 신神도 그렇게 할 수는 없다. 왜냐하면 이방인의 신은 자신을 인간의 방식에 따라 복수와 형벌을 일삼는 존재로 알리기 때문이다. 십자가 곁에 서있던 이방인 백인대장에게 감추어져 있는 진리가 또 하나 있다. 그것은 오늘날 그리스도인들이 모두 잘 알고 있는 내용이다. 그것은 마르코 복음사가가 모든 사람에게 전해주려고 한 궁극적인 내용이기도 하다. 그것은 백인대장이 고백한 것처럼, 십자가에서 영웅적으로 죽어간 그 사람이 하느님의 아들이었다는 내용만이 아니다. 그것은 그분이 아직도 계속 살아계시다는 내용이다. 그분은 당신의 영광스러운 부활의 힘으로 살아계시기 때문이다. 부활하신 그분은 당신을 증거하는 사람이, 일상적인 삶에서뿐만 아니라 고통을 겪는 그 순간에도, 아니 죽음에 처한 그 순간까지도 당신을 따른다면 당신을 통해 영원한 생명을 얻으리라고 보증하신다. 하느님께서는 성실하신 분이며 우리는 이 사실을 신뢰할 수 있다.

하느님,
세상에는 많은 고통이 있습니다.
걷잡을 수 없는 불의도 수없이 자행됩니다.
저희는 때때로 그런 불의를 이해할 수 없습니다.
자비로우신 아버지께서

마치 침묵으로 아무것도 하시지 않은 채로

그냥 멀리서 바라보고만 있는 것처럼 생각됩니다.

그러나 당신께서는 아주 가까이 계십니다.

당신은 저희가 기대하는 것처럼,

기적이나 어떤 강한 복수를 통하여

당신의 존재를 알리시는 분이 아닙니다.

당신은 백인대장에게,

당신께 모든 것을 맡기고

모든 인간을 조건없이 용서하시며

무력하게 죽음을 당하시는 아들을 통하여

당신 자신을 계시하셨습니다.

하느님,

저희가 좋은 날과 궂은 날에도

당신을 철저히 신뢰하며

사람들에게 당신의 사랑을 증거하게 하소서.

아멘.

4부

골고타로 가는 길

·
·
·

수난 여정에서 만난 인물들 안에서
스스로를 정직하게 바라보고
예수님께 좀 더 의식적으로 다가가야 함을 깨닫는다.

헤로데

우리는 여기서 헤로데를 중점적으로 묵상할 것이다. 루카만이 유일하게, 주님이신 예수님이 헤로데를 만나셨다고 알려준다. 그는 루카복음서 23장에서 이렇게 전한다.

빌라도는 예수님께서 헤로데의 관할에 속한 것을 알고 그분을 헤로데에게 보냈다. 그 무렵 헤로데도 예루살렘에 있었다. 헤로데는 예수님을 보고 매우 기뻐하였다. 예수님의 소문을 듣고 오래전부터 그분을 보고 싶어 하였을 뿐만 아니라, 그분께서 일으키시는 어떤 표징이라도 보기를 기대하고 있었던 것이다. 그래서 헤로데가 이것저것 물었지만, 예수님께서는 아무 대답도

빌리발트 라이어제더Willibald Leierseder: 몬시뇰. 철학과 가톨릭 신학 연구.

하지 않으셨다. 수석 사제들과 율법학자들은 그 곁에 서서 예수 님을 신랄하게 고소하였다. 헤로데도 자기 군사들과 함께 예수 님을 업신여기고 조롱한 다음, 화려한 옷을 입혀 빌라도에게 돌 려보냈다. 전에는 서로 원수로 지내던 헤로데와 빌라도가 바로 그날에 서로 친구가 되었다.루카 23,7-12

우리는 헤로데라는 이름을 들으면 즉시 베들레헴 일대에서 벌 어진 유아학살과 세례자 요한의 참수형을 생각하게 된다. 그러 나 예수님의 유년기에 등장하는 헤로데가, 루카복음서가 십자 가 사건과 관련지어 전하는 헤로데와 같은 인물인지에 대해서 는 관심을 두지 않는다.

사도행전은 헤로데라는 이름을 가진 또 다른 두 사람에 관해 보도한다. 헤로데 아그리파스 1세는 제베대오의 아들인 야고보 사도를 죽게 하고, 베드로 사도를 감옥에 가둔 자다.사도 12,1-5 헤 로데 아그리파스 2세는 바오로를 심문했으며, 바오로가 수상쩍 은 행동을 했다는 혐의를 없애주었다.사도 26장

먼저 넓은 안목에서 헤로데 가문의 삶을 생각해 보자. 왕가 王家의 순서상 먼저 등장하는 헤로데는 헤로데 대왕이라고 불렸 다. 그는 유다인이 아니라 이두매아 사람이며, 기원전 37년에 로

마의 지원에 힘입어 예루살렘 임금의 자리에 올라 기원전 4년까지 통치했다. 로마인들이 헤로데 대왕을 유다인의 임금으로 즉위시키기 위해 유다인의 왕가를 억지로 해체했기에 로마의 특전을 입은 헤로데 대왕은 유다인들에게 증오의 대상이었다. 그는 자신의 목적을 달성하기 위해 사람들을 매수하거나 아부하는 것은 물론 배반과 음모를 꾸미는 일마저 주저 없이 행하는 인물이었다. 그는 유다인들을 통치하면서 폐지해야 할 것이 많다고 생각했다. 사람들이 보통 생각하는 임금과는 전혀 다른 정치적 직감력을 가진 그는 이 직감력에 더하여 가차 없는 잔인함과 포악성을 지니고 있었다. 그는 또한 화려한 궁궐생활에 매우 큰 가치를 두었기에, 그가 통치하던 시기는 화려한 건물을 증축하고 건축한 때로 특징지어진다. 그는 어마어마한 성과 성곽을 세우고, 또한 지나칠 정도로 화려한 오락장, 목욕탕과 온천장을 지었으며, 예루살렘 성전과 위엄 있는 안토니아 성 등 기념비적인 건축물을 지었다.

그가 유다인의 임금으로 즉위하자 이스라엘의 하스모네아 왕가는 권력을 잃어버렸다. 그러나 그 영향력이 완전히 상실된 것은 아니었다. 히르카누스 대사제는 바로 이 왕가의 출신이었다. 이 대사제는 백성들에게서 많은 존경을 받았고, 따라서 백성들에게 증오의 대상이 되던 낯선 임금보다 더 큰 영향력을 가지고 있었다.

헤로데는 이 왕족의 딸 마리암네를 둘째 부인으로 맞이했다. 그런 다음 그는 유다인 대법원인 최고의회를 자신의 것으로 만들었다. 그는 최고의회의 전체 71명 중 45명을 처형하고, 그 45명의 자리를 자신의 사람들로 채웠다. 그러므로 살아남은 26명은 더 이상 새로 임명된 45명에 대적할 수 없었다. 이런 유혈사건을 통해 헤로데는 법을 만들고 집행하는 이스라엘의 사법기구를 완전히 손에 넣게 된다. 그런 다음 마지막으로 그는 아직 남아있는 자신의 유일한 경쟁자를 숙청했다. 곧 72세의 대사제를 최고의회의 법 집행을 통해 감옥에 가두고 숙청한 것이다.

그는 권력을 많이 거머쥘수록 점점 더 폭군이 되어갔다. 그리고 나이를 더해갈수록 사람들을 점점 더 불신했는데, 특히 자기 가족을 신뢰하지 않았다. 그는 첫째 부인에게서 태어난 장남을 살해하고, 둘째 부인 마리암네를 살해했으며, 이 부인에게서 얻은 세 아들 중 두 아들도 살해했다. 이 두 아들을 살해할 때에는 그들의 죽음을 안타까워했다는 죄목으로 삼백 명의 군인을 함께 처형했다.

로마에 있던 아우구스투스 황제는 헤로데가 두 아들을 처형했다는 소식을 들었을 때, 헤로데에 대해 이렇게 말했다고 한다. "헤로데는 식탁에 앉은 자기 아들보다 가축우리 안에 있는 돼지를 더 좋아한다."

바리사이파 사람들은 로마 황제에 대한 충성서약을 끝까지 거부했기 때문에, 그들 중 약 육천 명이 목숨을 잃었다. 이를테면 죽음의 그림자가 예루살렘 전체에 드리워졌던 것이다. 예수님의 탄생 때에도 마찬가지였다. 동방박사가 예루살렘에 찾아와 질투와 의심이 많고 남을 좀처럼 신뢰하지 못하는 헤로데 임금에게, 새로 태어나신 유다인의 임금이 어디에 있느냐고 물었다.

마태오 복음사가는 이와 관련하여 헤로데의 반응을 이렇게 전한다.

이 말을 듣고 헤로데 임금을 비롯하여 온 예루살렘이 깜짝 놀랐다. 마태 2,3

여기에서도 헤로데가 자신의 통치를 위협하는 요소, 곧 새로 태어나신 아기 예수님을 제거하려 했다는 것을 그리 어렵지 않게 상상할 수 있다.

헤로데 대왕이 일흔일곱 살이 되어 정치적 무대에서 물러난

것은 예수님이 약 네 살이 되었을 때였다.

  정확한 근거를 추적하여 헤로데 왕가가 어떻게 형성되는지 살펴보자. 헤로데는 유언을 통해 막내아들을 자신의 후계자로 결정했다. 막내아들은 헤로데의 아들들 중에서 가장 명석했다. 그러나 로마는 그 열일곱 살 먹은 소년을 유다인의 임금으로 인정하지 않았다. 로마는 헤로데의 영토를 분할하여 막내아들로 하여금 4분의 1만 다스리게 했는데, 그가 다스리는 지역들 중에 예수님의 고향인 갈릴래아의 일부가 포함되어 있었다. 막내아들 헤로데는 '안티파스Antipas'라고 불렸는데, 이는 '아버지와 같은 모습'이란 뜻이다.

  아버지를 보면 그 아들을 알 수 있다고 한다. 헤로데 안티파스가 자기 아버지만큼 많은 사람을 희생제물로 삼지는 않았다 하더라도, 그는 세례자 요한을 무고하게 처형함으로써 잔인함과 포악성을 그대로 드러낸다. 따라서 그가 안티파스라고 불린 것이 터무니없는 것만은 아니다.

  게다가 그는 아주 교활하고 인색하며, 화려함을 좋아하는 영주였다. 그는 방탕한 생활을 즐기면서 자신에게 주어지는 모든 것을 닥치는 대로 받아들였다. 그는 헤로디아에게까지 손을 뻗쳤는데, 헤로디아는 안티파스의 이복형제인 아리스토불로스의 딸이자, 안티파스의 또 다른 이복형제인 필리포스와 이미 결혼한 여자였다. 그러니까 헤로디아는 안티파스의 조카이자 형제의 아내였다. 안티파스는 일찍이 아랍의 공주와 결혼했지만 헤로디아와 사랑을 나누기 위해 로마로 여행하기도 했다.

마침내 그는 부인을 버리고 헤로디아와 결혼했는데, 이는 유다인의 율법에 따르면 이중 간음으로 무거운 죄를 지은 셈이다. 세례자 요한은 헤로데 안티파스가 율법을 어겼다고 공공연하게 선포했다. 허영심이 많던 헤로디아는 이 요한을 용서할 수 없었다. 헤로데는 요한을 체포했고, 헤로디아의 딸이 어머니의 계획대로 세례자 요한의 목을 선물로 요구하자 헤로데는 자신의 생일잔치 도중에 요한의 목을 베도록 명령했다.

이에 관해 역사가 플라비우스 요세푸스는 이렇게 말한다.

> 헤로데는 요한을 죽게 했다. 그러나 요한은 유다인들이 완전함을 추구하는 사람이라고 여길 정도로 훌륭한 사람이었다. 요한은, 유다인들이 하느님을 거스르며 신앙심과 정의에 어긋나게 살아가는 것을 경고하면서 그들에게 회개의 세례를 베풀었다. … 그의 말은 놀랍게도 사람들을 끌어당기는 힘을 지니고 있었다. 헤로데는 군중이 요한의 충고를 잘 따른다는 데서 더욱 불

안감을 느꼈다. 혹시 요한이 군중을 선동할지도 모른다는 생각 때문이었다. 따라서 헤로데는 정세가 바뀌어 위험에 빠진 뒤에 후회하는 것보다 요한을 미리 적시에 제거하는 것이 더 낫다고 생각했다. 헤로데는 이런 불안 때문에 요한을 잡아 가두고 잔치 중에 경비병을 보내어 죽게 했다.Jüdische Altertümer 18,5,2

헤로데 안티파스는 자신이 통치하는 유다인들의 관심사와 간언에 주의를 기울이며 이에 답변하려고 노력한 사람이었다. 그런가 하면 한편으로는 유다인들을 암암리에 선동하여 로마 총독 빌라도의 적개심을 불러일으키기도 했다. 물론 그는 이 적개심을 모르는 척했다. 그는 로마 황제 티베리우스에게서 이미 높은 신임을 받았는데 빌라도는 이에 대해 매우 못마땅해했다. 그러니까 권력과 영향력과 명성에 대해 일련의 카드놀이가 벌어진 셈이다. 물론 이 놀이에는 교활함과 음모, 그리고 사람들을 매정하게 살해하는 잔혹함 등이 함께하고 있었다.

파스카 축제가 얼마 남지 않았을 때 빌라도는 몹시 귀찮은 소송사건을 해결해야 했다. 그것은 바로 바리사이파 사람들이 눈엣가시로 여기던 떠돌이 설교가 예수님의 사건이었다. 빌라도 총독에게는 고발된 예수님이 어떤 잘못을 저질렀다기보다는 고발한 바리사이파 사람들의 질투심과 증오심에 의한 사건처럼 보였다. 빌라도는 자신에게 유리한 해결방안을 궁리했다. 그는 고발된 예수님이 헤로데 안티파스의 관할구역에 속한 사람이라는 것을 생각해 냈다. 빌라도는 이제 두 마리 토끼를 한꺼번에 잡을 수 있다고 기대했다. 곧 그는 고발된 예수님에 대한 재판을 헤로데에게 넘김으로써 성가신 예수님의 재판에서 벗어나게 되고, 또 헤로데에게 간접적으로 자신의 건재함을 과시할 수 있다고 생각했다.

헤로데는 파스카 축제기간에 예루살렘에 머물러 있었다. 그는 이미 떠돌이 설교가의 기적 이야기를 듣고, 죽은 세례자 요한이 이 예수님 안에서 다시 살아난 것이라고 생각했다. 그는 이제 예수님을 직접 볼 수 있다는 사실에 큰 기대를 품고 있었다. 그것은 예수님이 특이한 기적을 행하는 것을 드디어 볼 수 있으리라는 생각 때문이었는데, 그렇게 되면 궁궐에서 하루하루를 지루하게 보내는 아첨꾼들도 활기에 넘칠 것이라고 헤로데는 희망했던 것이다.

예수님은 묶인 채 헤로데 앞에 서신다. 두 남자가 서로 마주보고 있는 셈이다. 이는 서로 다른 두 세계를 구체적으로 상징한다. 헤로데는 세상을 향해있는 사람이다. 그는 세상의 쾌락과 유희를 찾는 사람이다. 그는 자신의 마음에 드는 것만 받아들이고, 자신을 불쾌하게 하는 것은 단호하게 물리친다. 또한 그는 영리하고 약삭빠른 책략가다. 그에게 인간은 권력을 유지하고 확장하는 하나의 도구일 뿐이다. 그는 필요할 경우 인간을 마음대로 이용하며 위험한 인물이라고 판단되는 사람이 있으면 가차 없이 제거한다. 이방인들 세계의 중심지인 로마에서 교육받은 그는 종교와 아무런 상관 없이 살아온 인물이다. 그래서 헤로데에게 예수님이라는 인물과 그분의 관심사는 모두 낯선 것이었다. 그러나 헤로데는 이 떠돌이 설교가에게 관심을 갖는다.

루카는 이에 대해 명확하게 말한다. "헤로데가 이것저것 물었지만, 예수님께서는 아무 대답도 하지 않으셨다."루카 23,9 예수님이 아무런 대답도 하시지 않자 그분의 기적을 보려고 했던 호기심도 거품처럼 사라진다. 예수님의 기적은 하느님 나라가 도래했다는 표징이었다. 이 표징은 헤로데와 그 하수인들의 행동과 대조를 이룬다. 헤로데가 인간을 다만 자신을 위한 도구로 이용한 반면, 예수님께는 인간이 근본 관심사였다. 헤로데에게는 다만 하나의 도구로 악용되는 인간이, 예수님께는 하느님께 대한 갈망과 희망을 지니고 있는 구체적인 인간이었다. 예수님은 억압당하고 배반당하여 절망의 늪에 빠진 인간에게 가까이 다가

가신다. 그분에게 인간은 하느님의 자비로운 은총을 받는 인격이었다.

헤로데는 인간을 전혀 예수님처럼 이해하지 못했지만, 그곳에 있던 수석 사제들과 율법학자들은 예수님이 가르치신 내용을 분명히 알고 있었고, 바로 그 때문에 예수라는 떠돌이 설교가가 위험한 인물이라고 생각한다. 이 종교지도자들도 인간이라는 존재가 어려움 속에서 나름대로 갈망과 희망을 품고 있는 존재라는 사실에 대해서는 조금도 관심을 두지 않았던 것이다. 이들은 항상 원칙만을 중요시하고, 사람들에게 율법 조항을 반드시 지켜야 한다는 것만 강조했다. 사람보다 율법을 우선시한 것으로, 한마디로 말해 이들은 하느님의 법을 악용하는 사람들이었다. 왜냐하면 이들은 율법의 가장 작은 부분까지 세밀하게 규정함으로써 사람들을 마음대로 다루고 억압하고 위협하는 한편, 율법의 가장 중요한 부분을 등한시했기 때문이다. 이런 이유로 주님께서는 이들이 가장 중요한 계명인 "의로움과 자비와 신의" 마태 23,23를 지키지 않는다고 질책하신다. 이처럼 예수님은 무자비하게 적용하는 엄격한 율법주의를 반대하고 비판하셨기 때문에 종교지도자들의 미움을 받으셨다.

예수님은 자비와 사랑으로 인간에게 다가오시는 아버지 하느님에 대한 기쁜 소식을 선포하신다. 이 소식은 인간에게 분명 위로와 용기를 주었다. 나아가 예수님은 사람들이 이제까지 전혀 들어보지 못한 내용, 곧 '사람이 율법을 위해 있는 것이 아니라 율법이 사람을 위해 있다'라고 선포하는 것을 주저하지 않으신다. 예수님의 이런 선포로 하느님의 다스림이 이미 시작된 것이다. 인간이 비로소 인간이 되는 해방이 시작되었다. 그리고 바로 죄인인 그 인간에게 —과연 죄 없는 인간이 있는가?— 약속되었던 하느님의 자비와 사랑, 곧 구원이 시작되었다.

여기에서 예수님과 종교지도자들이 얼마나 다르게 생각했는지를 분명히 알 수 있다. 예수님과 헤로데의 경우도 마찬가지다. 헤로데는 예수님을 고발한 종교지도자들과 달리 예수님이 그다지 많은 죄를 범한 것은 아니라고 확신했다. 그는 예수님의 가르침에 관심이 없었으며, 예수님과 바리사이파 사람들 사이에 빚어지는 갈등에도 관심이 없었다. 그리고 갈릴래아 사람 예수님이 실제로 잘못을 저질렀는지 그렇지 않은지는 안중에도 없었다. 헤로데는 자신의 권좌의 힘으로 예수님을 보호하고 빌라도가 원하는 바대로 적당한 시기에 예수님을 풀어줄 수 있었을 것이다. 그러나 그렇게 한다면 그는 자신의 본래 관심사를 넘어서서 그 위험천만한 인물을 도와주고 자비롭게 대하는 셈이 되어 예수님을 끌고 와 고발한 바리사이파 사람들을 실망시키게 되리라는 것을 잘 알고 있었다. 헤로데는 바리사이파 사람들과 원수가 되기를 원치 않았다.

헤로데는 이제 예수님의 능력, 곧 기적에만 관심을 기울인다. 그러나 예수님은 그가 바라는 기적을 행하지 않을뿐더러 한마디의 말조차 하려 하지 않으셨다. 그 때문에 헤로데는 묶인 채로 자신 앞에 초라하게 서있는 예수님을 조롱하며 모욕했다. 그는 예수님을 우스꽝스럽게 꾸민 다음, 많은 사람이 보도록 예루살렘의 골목길을 통하여 빌라도에게 돌려보낸다. 이로써 예수님은 그 하루 동안 벌써 네 번이나 이리저리 '넘겨지심'을 당하게 된다. 이런 예수님의 수난 무대에서 일어난 또 한 가지 사건은 지금까지 서로 반목하며 지내왔던 빌라도와 헤로데가 서로 친구가 되었다는 사실이다. 빌라도는 헤로데의 조치에 대해 직접 언급하면서까지 예수님에 대한 재판을 계속하려는 종교지도자들의 의향을 차단하려고 한다.

헤로데가 이 사람을 우리에게 돌려보낸 것을 보면 그도 찾지 못한 것이오.루카 23,15

정치지도자와 종교지도자들은 쓸데없이 일을 복잡하게 만들어 자신들의 근본 관심사마저 위협받는 것을 바라지 않았다. 이들은 부당하게 고발당한 사람의 권리를 찾아주기보다는 자신들의 근본 관심사를 이루기 위해 모든 노력을 기울이는 사람들이었다. 헤로데는 이미, 세례자 요한이 백성들을 선동할 수 있다고 생각하여 자신의 권좌가 위태롭게 될 것이라는 불안 때문에 그를 제거한 바 있다. 바리사이파 사람들도 같은 이유에서 예수님의 유죄를 입증하려 했다. 그들은 오직 율법을 통해서 자신들의 행동을 정당화하려 했다. 이 두 그룹이 본래 가지고 있던 관심사는 같은 것이다. 그것은 권력과 영향력, 그리고 권위를 유지하는 일이었다. 그들에게 한 인간의 운명은 관심 밖의 일이고, 아무래도 상관없는 일이었다.

그렇다면 우리의 근본 관심사는 인간인가? 이제 우리 자신을 살펴보자. 어떤 운동선수가 신기록의 기대를 충족시켜 새로운 기록을 세운다면, 그는 그날 밤 온통 화제의 대상이 되고 칭찬과 격려를 받을 것이다. 그러나 그가 다음 날 운이 좋지 않아 팬들의 기대에 못 미칠 경우, 그는 배신자 또는 무능력한 사람이 되고 만다. 우리는 이 같은 일을 매우 자주 경험한다. 이런 일은 우리가 자신의 고유한 흥미나 관심사만 유독 강조한 결과 일어나는 것이 아닌가? 다른 사람이 처해있는 어려운 상황을 전혀 고려하지 않고 그 결과만을 고집하기 때문이 아닌가? 그 당시 그 사람에게 닥친 문제를 전혀 생각하지 않기 때문이 아닌가? 우리 또한 어려운 일에 개입하지 않으려고, 또는 불쾌한 일에 연루되지 않으려고, 특히 명성과 경력을 손상하지 않으려고 진리를 외면하거나 완력으로 무마시키지 않는가?

우리가 오늘날 이웃들과 맺은 약속을 헌신짝처럼 저버린다면, 그리고 그 약속에 어긋나는 일을 아주 쉽게 받아들이고 그것을 이웃에게까지 강요한다면, 우리의 근본 관심사는 구체적인 인간이 아니라 자기 자신과 자기의 일이라고 할 수 있다. 어떤 일을 통해 이웃의 행복에 상처를 입히고 그 행복 자체를 파괴하고 있다는 것을 생각하지 않는다면, 이웃에게 실망과 절망을 안겨주었다는 것을 생각하지 않는다면, 우리는 인간에게 관심을 두지 않고 있다고 단정할 수 있다. 바로 우리의 모습 안에서, 헤로데는 오늘날에도 계속 존재한다. 그리고 바리사이들도 계속 살아있다. 따라서 주님은 우리에게 이렇게 경고하신다.

바리사이들의 누룩과 헤로데의 누룩을 조심하여라.마르 8,15

277

주님께서 우리에게 말씀하시는 내용은 우리의 관심이나 흥미를 우리 행동의 원천으로 삼지 말라는 것이다.

교활한 책략가 헤로데는 로마에서 자기 친척들의 음모에 의해 프랑스로 추방되어 살다가 결국 처형당한 것으로 추정된다.

예수님도 자신의 흥미나 관심만을 추구하던 사람들의 음모에 의해 희생되셨다. 그러나 그분은 살아계신다. 이웃에 대한 존중을 자기 삶의 원칙으로 삼아 행동하며 이웃을 자비롭게 대하는 사람은 그분으로 말미암아 영원히 살 것이다. 그렇게 살아가는 사람은 예수님이 기쁜 소식으로 선포하신 자비로우신 하느님을 오늘날 계속 선포하고, 또한 삶으로 증거하는 것이다.

마지막으로 박해를 당하던 예루살렘 원시 공동체가 큰 소리로 하느님께 드린 기도를 함께 바치고 싶다.

주님, 주님은 하늘과 땅과 바다와 그 안에 있는 모든 것을 만드신 분이십니다. 주님께서는 성령으로 주님의 종인 저희 조상 다윗의 입을 통하여 말씀하셨습니다.
'어찌하여 민족들이 술렁거리며
겨레들이 헛일을 꾸미는가?
주님을 거슬러, 그분의 기름부음받은이를 거슬러

세상의 임금들이 들고일어나며

군주들이 함께 모였구나.'

과연 헤로데와 본시오 빌라도는 주님께서 기름을 부으신 분, 곧 주님의 거룩한 종 예수님을 없애려고, 다른 민족들은 물론 이스라엘 백성과도 함께 이 도성에 모여, 그렇게 되도록 주님의 손과 주님의 뜻으로 예정하신 일들을 다 실행하였습니다. 이제, 주님! 저들의 위협을 보시고, 주님의 종들이 주님의 말씀을 아주 담대히 전할 수 있게 해주십시오. 저희가 그렇게 할 때, 주님께서는 손을 뻗으시어 병자들을 고치시고, 주님의 거룩한 종 예수님의 이름으로 표징과 이적들이 일어나게 해주십시오.사도 4,24-30

니코데모

세상에는 자신이 과연 무엇을 원하는지, 그리고 무엇을 해야 할지 오랫동안 깨닫지 못하는 사람들이 있다. 이들은 대개 이것 저것에 흔들리며 살아간다. 결정을 섣불리 내리지도 못하고, 그 어떤 것을 쉽게 결심하지도 못한다. 이들은 자신의 삶을 어느 곳에 뿌리내려야 할지 알지 못하고, 자신이 누구인지도 잘 모른다. 이들은 또한 그 무엇인가를 위해 필사적으로 노력하는 것 자체를 잘 이해하지 못하며, 어려움을 극복하기 위해 고군분투하는 것도 힘들게 생각한다.

이렇게 살아가던 사람이 어느 날 갑자기 그 무엇인가를 체험한다. 그는 그 체험을 통해 자신이 걸어야 할 길을 분명하고 명

만프레트 뮐러Manfred Müller: 신부. 직업학교와 김나지움에서 종교교사.

확하게 깨달으며 비로소 자기 삶의 의미를 알게 된다. 따라서 삶에 대한 불필요한 불안을 더 이상 갖지 않게 된다.

이와 비슷한 체험을 한 사람을 우리는 지금 묵상하고자 한다. 그는 바리사이파 사람 니코데모다. 그는 율법학자였으며 예수님 시대에 유다인 최고의회 의원이었다.

우리가 그를 두고 '자비심이 많은' 사람이라고 말할 수 있는 것은, 그가 예수님의 무덤에 찾아와 그 시신에 예를 표했기 때문이다. 그는 '수난의 인물'이기도 하다.

무덤에 묻히시는 예수님을 보도하는 요한복음서 19장의 장면을 먼저 살펴보도록 하자. 이 장면은 군사들이 예수님의 옆구리를 찔러 예수님이 죽으신 것을 공식적으로 확인했다는 내용에 곧바로 이어지는 대목이다.

그 뒤에 아리마태아 출신 요셉이 예수님의 시신을 거두게 해달라고 빌라도에게 청하였다. 그는 예수님의 제자였지만 유다인들이 두려워 그 사실을 숨기고 있었다. 빌라도가 허락하자 그가 가서 그분의 시신을 거두었다. 언젠가 밤에 예수님을 찾아왔던 니코데모도 몰약과 침향을 섞은 것을 백 리트라쯤 가지고 왔다. 그들은 예수님의 시신을 모셔다가 유다인들의 장례 관습에 따라, 향료와 함께 아마포로 감쌌다. 예수님께서 십자가에 못 박히신 곳에 정원이 있었는데, 그 정원에는 아직 아무도 묻힌 적이 없는 새 무덤이 있었다. 그날은 유다인들의 준비일이었고 또 무덤이 가까이 있었으므로, 그들은 예수님을 그곳에 모셨다. 요한 19,38-42

필자는 위 성경 본문에 대한 해설을 일단 보류하고 싶다. 우리는 나중에 이 본문을 다룰 것이다. 우리가 먼저 관심을 가져야 할 것은 니코데모가 도대체 누구인가 하는 점이다. 우리는 그에 관해 무엇을 알고 있는가?

니코데모라는 인물은 오직 요한복음서에만 나온다. 요한은 그를 세 번 소개한다. 요한의 첫 번째 소개에서 니코데모는 예수님과 대화를 나누기 위해 밤에 그분을 찾아오는 인물로 묘사된다. 복음사가는 니코데모가 바리사이파 사람이며, 유다인의 지도자 중 한 사람, 곧 '이스라엘 사람들의 스승'인 율법학자라고 소개한다.

그에 대해 좀 더 알기 위해서는 먼저 요한복음사가가 전해주는 니코데모의 호칭을 잠시 생각해 보아야 한다. '바리사이파 사람'이란 호칭은 오늘날 배타적인 의미로 받아들여져 좋지 못한 사람을 일컫는 말이 되었다. 그러나 당시에는 그렇지 않았다. 예수님 시대에 바리사이파 사람들은 유다인들에게 종교적으로 나 정치적으로 영향력을 행사하는 정당政黨을 이루고 있었다. 이 정당의 기원은 기원전 3세기까지 거슬러 올라간다. 그 기원은 당시에 점점 영향력을 확장하던 헬레니즘의 이교도 문화를 멀리하자는 유다인들의 운동에서 비롯되었다. 그 같은 어려운 시기에 '경건하게' 살려는 사람들이 함께 모여 결속을 다진 것이다. 이들은 외래문화를 배척하고, 그리스에서 영향을 받은 모든 문화와 제도를 멀리했으며, 이방인들과 세리들, 죄인들과 율법을 모르는 사람들과 접촉하는 것을 기피했다. 그리하여 그들은 '분리된 사람들'이란 뜻을 지닌 '바리사이파 사람들'이 되었다. 그들은 모세의 율법인 토라를 엄격하게 준수하고, 나아가 옛 사람들의 전승을 통해 모세의 율법을 더욱 보완하고 확장했다. 그들은 본래의 율법을 조금도 어기지 않으려고 그 율법에 새로운 계명과 규칙으로 또다시 울타리를 쳤다. 특히 안식일법과 십계명과 정결례법을 강화했다. 그러나 그들은 율법을 해석하는 자신들이 그 울타리에서 빠져나갈 수 있도록 뒷문을 마련해 놓는 일도 소홀히 하지 않았다.

　토라는 히브리어로 쓰인 법이다. 그러나 일반 백성들은 아람어로 말했고, 또 아람어만 이해할 수 있었다. 그래서 백성들에게 율법을 아람어로 해석해 줄 스승이 양성되어야 했는데, 이 스승이 바로 성서학자들과 율법학자들이었다. 그들은 다양한 직업과 사회계층에서 유래한 사람들이었다. 그들은 적어도 1년 동안 율법에 대해 가르침을 받아야 했고, 40세가 되면 '라삐'라고 불릴 수 있었다. 나아가 바리사이파 사람이 되기를 원하는 사람은 오랫동안 교육을 받고 일종의 시험기간을 거쳐야 했다. 그러니까 율법학자들이 모두 다 바리사이파 사람들이거나 모든 바리사이파 사람들이 율법학자인 것은 아니었다.

바리사이파 사람들과 율법학자들의 전성기는 알렉산드리아 여왕이 다스리던 시기, 곧 기원전 76-67년이었다. 이때 그들은 유다인의 최고 행정기관이요 사법기관인 최고의회에 소속된다. 바로 이때부터 그들은 백성들의 존경을 받게 되고, 또 이를 즐기기 시작한다. 우리는 바리사이파 사람들이 하느님의 뜻을 실현하고자 하는 종교적 진실성을 처음부터 아예 지니지 않았다고 혹평해서는 안 된다. 그들은 시간이 흐르면서 점점 지나친 경건주의에 빠지고 외적인 형식만 강조하게 되었던 것이다.

그렇게 살아가던 사람들 중 한 사람인 니코데모가 밤중에 예수님을 찾아간다. 이때는 나자렛 사람 예수님과 바리사이파 사람들 사이에 갈등의 골이 이미 깊어질 대로 깊어진 때였다.

니코데모는 한밤중에 예수님을 찾아간다. 이는 그가 자기 동료들에게서 받을 비난이 두려웠기 때문만은 아니었다. 물론 그런 두려움을 느끼기도 했겠지만, 사실 당시 율법학자들이 누구의 방해도 받지 않고 하느님과 세상에 대해 한밤중에 이야기를 나누는 것은 종종 있는 일이었다.

놀라운 일은 니코데모가 율법을 가르치는 학교에 한 번도 다닌 적이 없는 예수님을, 그것도 자기보다 훨씬 젊은 예수님을 '라삐'라는 존칭으로 부르며 이렇게 덧붙인다는 점이다. "스승님, 저희는 스승님이 하느님에게서 오신 스승이심을 알고 있습니다. 하느님께서 함께 계시지 않으면, 당신께서 일으키시는 그러한 표징들을 아무도 일으킬 수 없기 때문입니다."요한 3,2

예수님의 등장으로 한 사람의 존재 자체가 완전히 흔들리게 된다. 그가 지금까지 확고부동하게 여기던 모든 것이 불확실하게 되었기 때문이다. 이런 현상을 니코데모에게 적용하여 말한다면, 그는 열린 마음으로 진리를 추구하는 사람이라고 말할 수 있다. 그는 확실한 진리를 붙잡으려고 했다. 하느님과 인간에 관련된 것이라면 무엇이든지 끊임없이 배우고 싶었던 것이다. 바로 이런 이유에서 니코데모가 예수님을 찾아갔다는 것을 요한

복음서 3장은 우리에게 전해준다. 니코데모는 예수 그리스도를 찾아갔으나 그분께 대한 믿음에 온전히 다다르지는 못한다. 그러나 그 방문은 올바른 길로 내딛은 첫걸음이라 할 수 있다.

요한이 자신의 복음서에서 두 번째로 니코데모를 소개하는 것은 나자렛 사람 예수님의 일에 대해 최고의회가 서로 의논하는 장면에서다. 예수님이 군중을 가르치신 것에 대한 논란이었다. 최고의회의 명령에 복종하는 성전 경비병들도 그분의 가르침을 들었다. 이런 일에 이어 계속 벌어지는 사건을 우리는 요한 복음서 7장에서 읽을 수 있다.

성전 경비병들이 돌아오자 수석 사제들과 바리사이들이, "왜 그 사람을 끌고 오지 않았느냐?" 하고 그들에게 물었다. "그분처럼 말하는 사람은 지금까지 하나도 없었습니다" 하고 성전 경비병들이 대답하자, 바리사이들이 그들에게 말하였다. "너희도 속은 것이 아니냐? 최고의회 의원들이나 바리사이들 가운데에서 누가 그를 믿더냐? 율법을 모르는 저 군중은 저주받은 자들이다." 그들 가운데 한 사람으로 전에 예수님을 찾아왔던 니코데모가 그들에게 말하였다. "우리 율법에는 먼저 본인의 말을 들어보고 또 그가 하는 일을 알아보고 난 뒤에야, 그 사람을 심판하게 되어있지 않습니까?" 그러자 그들이 니코데모에게 대답하였다. "당신도 갈릴래아 출신이라는 말이오? 성경을 연구해 보시오. 갈릴래아에서는 예언자가 나지 않소."요한 7,45-52

이 장면에서 니코데모는 자기 소신을 당당하게 표명한다. 그는 증오심에 가득 차있는 다수의 무리에게 자신의 의견을 분명하게 밝힌다. 그러나 아직 니코데모가 예수님께 대한 신앙을 고백하는 것은 아니다. 그는 오직 율법의 정의가 예수님께도 적용되어야 한다고 주장할 뿐이다. 그러나 그것은 헛된 일이 된다. 그는 오히려 동료인 바리사이파 사람들에게 핀잔과 모욕을 당할 뿐이다.

'변두리 사람들'의 권리를 옹호하는 사람들은 이상하게도 종종 오해를 받으며, 주위 사람들에게 핀잔과 모욕을 당하기도 하고, 어떤 경우에는 생명의 위협을 받기도 한다. 그런데 우리는 흔히 노력하기만 하면 보통 어느 정도는 성공을 거둘 수 있으며 고통과 어려움, 환난 등은 그것을 당하는 사람의 탓이라고 생각한다. 그러나 정말 그런가? 모든 책임이 어려움을 당하는 사람들에게 있기 때문에, 우리가 그렇게 고통당하는 사람을 비난하고 도움 주기를 거절하는가? 이에 대해 성경은 그런 판단은 오직 하느님께만 맡기라고 경고한다. 사실 주님께서는 얼마나 자주 '가장 미소한 사람에게 자비를 베푸는 것이 바로 당신께 하는 일'이라고 강조하여 말씀하셨던가! 그러므로 누구든지 변두리 사람들의 권리를 옹호하는 일을 두려워할 필요가 없다.

그런데 그런 일을 위해 온 생애를 투신하신 예수님을 당시 예루살렘 종교지도자들은 사형에 처해야 하는 범죄자로 보았다. 그러나 그들 중 한 사람이 예수님에게도 최소한 율법의 정의를 적용해야 한다고 주장한다. 그가 바로 니코데모다. 주님께서는 그의 변호를 잊지 않으셨을 것이다.

우리는 이제 한 걸음 더 나아가 니코데모가 예수님을 만나는 세 번째 장면을 살펴보자. 그것은 바로 돌아가신 예수님과의 만남이다. 요한은 예수님이 무덤에 묻히신 장면에서 니코데모를 등장시킨다. 필자는 이 장면을 앞에서 이미 언급했고, 니코데모를 '수난의 인물'로 소개한 바 있다.

주님께서 돌아가셨다. 이 죽음은 니코데모의 삶을 크게 변화시킨다. 그렇기 때문에 그는 무덤에 묻히신 예수님을 찾아간다. 그는 주님께서 살아계셨을 때 신앙을 고백할 수 없었고, 살아계신 주님께 자신의 신앙을 드릴 수 없었다. 그러나 이제 니코데모는 돌아가신 주님께 사랑으로 신앙을 고백한다.

그는 비참하게 십자가에 처형되신 주님의 무덤을 아리마태아 사람 요셉과 함께 조심스럽게 돌본다. 니코데모는 아주 많은 양의 몰약, 그러니까 침향을 섞은 몰약을 백 리트라쯤 가지고 왔다. 이것은 32킬로그램 정도 되는 양이다. 몰약은 인도나 중국 등지에서 서식하는 향기 나는 값진 나무에서 추출해 낸 향료다. 요셉과 니코데모는 예수님의 시신에 이 향료를 바르고 아마포로 감싼 다음 근처에 있는 새 무덤에 안장한다.

십자가에 못 박힌 범죄자를 이런 식으로 무덤에 안장하는 것은 당시에 찾아볼 수 없는 일이었다. 그런 일은 원칙적으로 금지된 것이기도 했다. 그 때문에 당시에 높은 존경을 받던 최고의회 의원들이 그렇게 행동했다는 것은 놀라운 일이다. 그리고 제자들마저 이미 도망쳐 버린 상황에서 그들이 주님께 마지막까지 사랑을 드렸다는 점도 주목할 만하다.

그들이 최고의회 의원이기 때문에 다른 사람들보다 더 쉽게 빌라도에게 예수님의 시신을 가져가게 해달라고 청할 수 있었을 것이라고 우리는 말할지도 모른다. 이것이 확실히 틀린 생각은 아니다. 하지만 그런 간청이 유다인들의 종교적 다툼에만 관심이 있던 로마인들에게 어떻게 생각되었겠는가? 그렇기 때문에 그 두 의원은 예수님의 시신에 그처럼 예를 표한 성금요일 이후

동료들의 모임에 나갈 수 없었을 것이다. 인간적인 눈으로 보면 그들의 미래는 이제 끝장난 것과 다름이 없었다.

이제 니코데모를 계속 생각해 보자. 그는 예수님의 죽음을 통해 지금까지 살아온 자신의 경직된 삶에서 해방된다. 그는 예수님에게 가해진 불의를 마냥 그대로 둘 수 없었다. 그는 이제 가장 인간적인 행동, 곧 불의를 당한 분에게 느끼는 연민을 사랑의 행동으로 나타낸다. 주님께서 당신의 가르침과 삶으로 보이신 사랑이, 아버지께 대한 철저한 순종으로 목숨을 바치면서까지 드러내신 그 사랑이 이제 니코데모를 통해 직접 실천되고 증거되는 것이다. 예수님의 죽음은 그에게 생명을 가져다준다. 이렇게 예수님이 무덤에 묻히시는 장면에 니코데모를 등장시킨 이후, 성경은 그에 대해 더 이상 언급하지 않는다. 그러나 전승에 따르면 그가 그리스도인이 되었다고 한다. 외경 복음서에서 그의 이름을 찾아볼 수 있고, 탈무드에서도 그가 그리스도인이 되었다고 전해준다.

필자는 니코데모가 그리스도인이 되었다는 점보다 죽으신 주님께 사랑을 표현했다는 점이 더 중요하다고 생각한다. 사랑을 베푸는 사람은 그 어떤 것도 두려워하지 않으며, 그는 또한 결코 멸망하지 않을 것이기 때문이다.

니코데모는 끝까지 인간적 품위를 갖춘 사람으로 모든 이해타산의 논리에 반대하여 주님과 함께 존재하려고 노력한 사람이며, 실제로 도움을 베푸는 사람이었다. 그는 자비와 연민, 순수한 사랑으로 자신의 모든 것을 마지막까지 내걸었고, 주님의 사랑에 압도되어 죽음에서 해방된 사람이었다.

필자는 지금까지 니코데모를 주님 수난의 인물로 묘사했다. 그는 확실히 다른 많은 인물보다 훨씬 위대한 인물이다. 주님께서 보이신 사랑의 힘을 증거한 사람이기 때문이다.

니코데모처럼 선을 행하는 많은 사람은 예수 그리스도의 십자가를 통해 이웃을 사랑한다. 이들은 교회를 살아있게 만드는 사람들이며, 자신들이 실천하는 사랑을 통해 주님의 기쁜 소식, 곧 우리 인간을 위한 사랑 때문에 십자가에서 돌아가신 분의 기쁜 소식을 계속 전하는 사람들이다. 니코데모는 주님의 복음을 온전히 이해했을 뿐만 아니라 사랑의 행동으로 실천했다.

사랑하는 사람은 누구든지 하느님과 가까이 있다. 이 말을 필자는, 특히 선한 마음을 지녔으나 신앙생활을 하는 데 어려움을 겪는 사람들, 또는 가톨릭교회와 함께하는 데 어려움을 겪는 사람들에게 더 강조하여 말하고 싶다. 사랑하는 사람은 사랑이신 하느님 안에 있다. 그가 누구든지, 가톨릭교회에 속하지 않더라도, 사랑하는 사람은 누구나 우리의 형제요 자매다.

주님이신 예수 그리스도님, 니코데모는 지상에 계신 당신께 마지막 영예를 드렸습니다.

저희는 당신께서 살아계심을 믿습니다. 또한 당신께서는 당신을 믿고 따르는 교회의 머리이심을 믿습니다. 교회는 당신의 보이지 않는 몸입니다.

저희가 당신의 거룩한 몸, 당신 사랑의 피가 넘쳐흐르는 몸이 되게 하소서. 그리하여 더 많은 사람이 당신을 찾고, 행복하고 자유롭게 되게 하소서.

주님, 저희가 항상 선하게 살며 이웃에게 도움을 베풀게 하소서. 당신 피조물, 아니 당신께서 창조하신 모든 것을 기꺼이 돕고 변호하는 사람이 되게 하소서.

슬피 우는 여인들

아주 짧은 순간에 너무나 많은 일이 일어났다고 생각되거나, 또 실제로 그런 체험을 하게 되는 경우가 종종 있다.

예수님의 수난 여정이 바로 그런 경우다. 예수님이 빌라도에 의해 십자가형을 선고받은 때부터 골고타 언덕 위에서 비참한 죽음을 당하실 때까지 그 짧은 순간은 길고 긴 시간이었다. 많은 고통과 매질로 가득 채워진 시간은 예수님께만 해당되는 것이 아니다. 그 짧은 순간에 일어난 일을 자신들의 마음속에 깊이 새긴 몇몇 여인들에게도 그 시간은 무척이나 긴 시간이었다.

십자가의 길에 서있던 몇몇 여인들을 바라보자. 이들은 십자가를 지고 가시는 예수님을 바라보면서 연민으로 가득 차있었

알베르트 루프Albert Lupp: 고위성직자. 가톨릭 신학과 심리학 연구.

다. 루카복음서가 전하는 아래의 내용을 이해하고 좀 더 깊이 받아들이는 데는 그리 많은 노력이 필요하지 않을 것이다.

> 백성의 큰 무리도 예수님을 따라갔다. 그 가운데에는 예수님 때문에 가슴을 치며 통곡하는 여자들도 있었다. 예수님께서는 그 여자들에게 돌아서서 이르셨다. "예루살렘의 딸들아, 나 때문에 울지 말고 너희와 너희 자녀들 때문에 울어라. 보라, '아이를 낳지 못하는 여자, 아이를 배어보지 못하고 젖을 먹여보지 못한 여자는 행복하여라!' 하고 말할 날이 올 것이다. 그때에 사람들은 '산들에게 '우리 위로 무너져 내려라' 하고 언덕들에게 '우리를 덮어 다오' 할' 것이다. 푸른 나무가 이러한 일을 당하거든 마른나무야 어떻게 되겠느냐?"루카 23,27-31

십자가의 길에 서있던 이 여인들은 예수님께 대한 연민으로 가득 차있었다. 이 연민은 평범한 정감을 지니고 살아가는 사람이라면 누구나 보일 수 있는 자연스런 반응이다. 필자는 적어도 그렇게 생각한다. 그러나 성경은 이와 다르게 말하고 있다. 성경은 부당하게 사형선고를 받으신 예수님이 십자가를 짊어지고 고통스럽게 끌려가시는 모습을 보고 기뻐하는 사람들에 대해 전해주기 때문이다. 이 사람들은 예수님이 당하시는 비참한 고통에 대해 즐거워하고, 나아가 심술궂게 모욕하고 희롱하기까지 한다. 사실 사형을 선고받은 죄수가 형장에서 처형되기 전에, 예수님께 가해진 것과 같은 악의에 가득 찬 모욕과 희롱을 당하는 것은 당시에 일반적인 일이었다. 나아가 길가에 서있던 사람들은 신기한 일, 곧 하느님 아버지께 헌신하며 살아온 예수님이 하느님의 힘으로 어떤 기적을 행함으로써 그 위기를 극복하시는지 보고 싶어 했다.

이처럼 예수님을 부당하게 다루는 사람들과 기적을 기대하는 사람들 가운데에 몇몇 여인들이 함께하고 있었다. 이 여인들은 그들과 다른 반응을 보인다. 여인들은 당시 대부분의 사람들이 보인 반응에 사로잡히지 않는다. 이들은 예수님을 악의에 차 비난하거나 예수님께 기적을 요구하는 사람들과는 매우 달랐다. 여인들은 십자가를 지신 예수님을 보고 '가슴을 치며 통곡'한다.

우리는 이 여인들의 행동에 감동할 뿐이다. 여인들은 '예수님이 저렇게 고통을 당하는 것은 당연하다'거나 '예수님이 스스로 화를 자초했다'는 일상적 견해에 말려들지도, 동조하지도 않는다.

여인들은 예수님이 부당한 고통을 당하신다고 생각했기에 고통을 당하시는 예수님께 대한 연민으로 가득 차있었다. 그러나 그런 연민만으로는 충분하지 않은 듯 여인들은 이제 가슴을 치며 통곡한다. 가슴을 치며 통곡하는 행위는 죽은 사람에게 애도를 표현하는 당시의 관습으로서, 이는 순수한 연민을 훨씬 넘어서는 표현이었다. 그러니까 당시 관습에 따르면 여인들은 주책없는 짓을 한 것이며, 나아가 스스로 죄를 범하여 징벌을 자초하는 듯한 인상을 준다. 왜냐하면 사형을 선고받은 죄수에게 그 같은 경의를 표하는 일은 당시에 법으로 금지되어 있었기 때문이다. 사형선고를 받은 죄수는 전혀 존중받지 못했다. 그뿐 아니라 그 죄수가 죽게 되면 장례조차 치를 수 없었다. 당시의 법에 따르면 죄수의 시신은 매장할 수 없었고, 맹수와 하이에나, 또는 새의 먹이가 되게 했다. 특히 죄수의 죽음에 대한 애도나 통곡은 엄격하게 금지되어 있었다.

성경의 여러 구절을 통해 우리는 당시에 널리 퍼져있던 죽음에 대한 애도의 전통을 알 수 있다. 예수님이 야이로의 딸을 살려내실 때 많은 사람이 가슴을 치며 통곡했다.루카 8,52 죽었던 나인 과부의 아들의 장례행렬이 성문에 도착할 때에도 마찬가지였다. 따라서 예수님의 수난 여정에 함께하던 여인들은 예수님의 죽음에 대한 애도를 미리 표현하고 있는 셈이다. 곧 여인들은 사형선고를 받은 예수님께 당시 이웃으로부터 공공연하게 받을 수 없는 존경을 미리 드리고 있는 것이다. 이 같은 행위는 예수님이 받으신 부당한 선고에 항의하는 명확한 표현이 아닌가? 그리고 빌라도에게 사형선고를 유도한 종교지도자들의 음모에 대한 저항이 아닌가?

여인들은 예수님의 편에 서있다. 우리는 이런 여인들의 태도에 감탄할 뿐이다. 여인들은 예수님의 재판에서 권력이 남용되고 불의가 자행되었다고 확신했기 때문에 드디어 행동하게 된 것이다. 여인들의 행동은 폭력적인 항의가 아니다. 그러나 예수님께 가해지는 불의에 대해 분명하게 저항하는 행동이었다. 그리고 비참하고 무기력하게 고통당하시는 예수님께 대한 강한 연민의 표현이기도 하다. 고통을 당하시는 예수님은 이 여인들의 행동을 그대로 받아들이신다.

그러나 성경은 여인들의 놀라운 행동에 대해 예수님이 감사하는 마음을 전하셨는지, 그렇지 않은지에 대해 아무것도 이야기하지 않는다. 그렇다고 예수님이 모든 것을 체념하셨다는 식으로 말하지도 않는다. 최고의회가 이미 결정을 내렸고, 빌라도도 그 결정에 동의했으니 너희는 더 이상 모험할 필요가 없다는 식으로 예수님의 심정을 묘사하지도 않는다. 예수님은 이제 주사위는 던져졌으니 가슴을 치며 통곡하는 것은 너희들에게 오히려 번거로운 일이며, 나아가 불리한 징벌만을 가져다줄 것이라고 결코 말씀하시지 않는다. 그러나 예수님은 당신의 운명에 대해 맹목적인 태도를 취하거나 침묵만 지키지는 않으셨다. 그분은 그 여자들을 돌아보시며 이렇게 말씀하신다. "예루살렘의 딸들아, 나 때문에 울지 말고 너희와 너희 자녀들 때문에 울어라."루카 23,28 이는 하느님의 부르심을 외면하는 사람들의 폐쇄된 마음 때문에 슬퍼해야 하고, 하느님의 뜻을 배반하는 사람들의 완고함 때문에 슬퍼해야 하며, 백성이 은총의 시간을 알아차리지 못한 것 때문에 슬퍼해야 한다는 뜻이다.

예수님의 말씀을 보면, 마치 예수님이 그 여인들 안에서 지금까지 만나신 모든 사람을 눈으로 확연하게 보고 계시는 것 같다는 생각이 든다. 곧 예수님은 당신이 이 세상에서 책임지고 계신 모든 사람을 대하시듯 그 여인들을 대하신다. 그분은 이제 여인들에게 이렇게 말씀하신다. '지금 여기에서는 불의가 자행되고 있다. 너희가 죄를 용서받고 구원받는 길을루카 1,77 마련하신 하느님을, 예언자들이 약속한 구세주를 보내신 그 하느님을 거부하면 너희는 죄를 짓는 것이다. 하느님께서는 너희에 앞서 많은 예언자들과 제왕들이 보려고 했으나 결국 보지 못한 그 구

원자를 너희로 하여금 볼 수 있게 하신다. 그 구원자는 하느님의 권능을 지니고 이미 너희들 가운데 있다.'

예수님은 가슴을 치며 통곡하는 여인들에게 말씀하신다. '그 구원자를 배척하는 것은 죄다. 너희는 이 죄를 스스로 짊어져야 할 것이다. 그러나 너희는, 근본적으로 보면, 버림받은 자들이 아니다. 지금 여기에서 일어나는 모든 것은 사실상 너희를 위한 것이다. 나를 위한 너희의 통곡은 너희와 너희 자녀들에 대한 통곡이어야 할 것이다. 너희가 하느님께 대한 신뢰를 상실했다는 점에서, 너희가 이미 내적으로 죽은 자와 다름없다는 점에서, 너희 조상들이 하느님께 하소연하고 또 하느님을 찬양했던 그 목소리를 너희가 더 이상 내지 않는다는 점에서, 너희가 죽은 사람들처럼 눈을 감아버려 하느님께서 너희에게 오늘도 행하시는 위대한 행동을 보지 못한다는 점에서 더욱 그렇다.'

예수님은 계속 말씀하신다. '나를 위해 울지 말고 너와 네 자녀들을 위해 울어라. 아이를 낳지 못하는 여자들이 행복하다고 말할 때가 이제 올 것이다.'

이런 말씀을 들은 우리는 자신의 두려움과 부끄러움을 감추고 싶어진다. 산을 보고 '우리 위에 무너져 내려라' 하고, 언덕을 보고 '우리를 가려달라'고 말하고 싶다. 왜냐하면 우리는 오랫동안 하느님을 외면하려는 충동에 사로잡혀 살아왔기 때문이다. 우리는 오랫동안 악한 마음을 품었고, 하느님을 거스르는 행동을 일삼았기 때문이다. 우리는 자신을 스스로 억압하고 그 억압의 수레바퀴에 깔려 이제 초라한 신세가 되었다.

예수님은 당신의 비통한 심경을 호세아 예언자의 말씀을 인용하여 표현하신다. 호세아는 기원전 750년경에 살았다. 그는 강한 어조로 당시에 하느님을 멀리하고 있는 이스라엘에게 경고했다. '이스라엘아, 너희는 배신하였다. 너희는 하느님과 맺은 계약을 깨뜨렸다. 너희는 간음한 여인처럼 하느님의 신의와 사랑을 헌신짝처럼 저버렸다. 너희는 너희 자신을 폐허로 만드는구나. 너희는 너희와 너희 자녀에게 멸망을 불러일으켰다. 너희가 행하는 불의가 얼마나 큰지, 너희의 교만이 얼마나 깊이 뿌리박혀있는지 너희가 깨달을 날이 올 것이다.'

루카 복음사가가 인용한 호세아의 말을 직접 들어보자. "이스라엘은 자기의 계획 때문에 부끄럽게 되리라."호세 10,6 "가시덤불과 엉겅퀴가 그 제단들 위까지 올라가리라. 그때에 그들은 산들에게 '우리를 덮쳐다오!', 언덕들에게 '우리 위로 무너져 다오!' 하고 말하리라."호세 10,8

십자가의 길에 서있던 여인들에게 하신 예수님의 말씀은 호세아의 경고를 강조하시는 셈이다. "너희 주위에서 일어나는 일들을 똑똑히 보아라. 하느님께서 너희에게 '지금이 은총의 시간이며 구원의 날이다'라고 말씀하시면서 구원의 은총을 주셨지만, 너희의 마음은 좀처럼 움직이지 않고 하느님께 굳게 닫혀있다."

"나 때문에 울지 말고 너희와 너희 자녀들 때문에 울어라"라는 말씀에는 무한한 슬픔과 고통이 담겨있다.

'너희 때문에 울어라'라는 표현은 엄청나게 큰 불행이 닥쳐올 것임을 암시한다. 유다인 여인이 자녀가 없다는 이유로 행복하다고 탄성을 지른다면, 지금까지 확고부동하게 여겨왔던 삶의 근본 바탕이 뒤흔들리고 전도되는 것과 다름이 없다. 유다인 여인에게 자녀를 낳는 것보다 더 큰 기쁨이 있었던가! 그것도 그 자녀들 중에서 구세주가 출현한다고 믿었던 유다인 여인에게 자녀 출산보다 더 큰 충만감을 느끼게 해주는 일이 있었던가!

예수님은 도대체 어떤 불행을 미리 내다보신 것일까?

이 물음에 대한 답변도 호세아 예언자의 말에서 찾을 수 있다. 이 예언서에 이런 내용이 나온다. '예루살렘아, 너는 너를 위해 파견된 예언자들을 살해하고 있다. 그러니까 너 예루살렘은 본래 백성들을 한데 모아야 했다. 그리고 바로 너에게서 구원이 점점 퍼져나갔어야 했다. 그러나 예루살렘아, 네가 너를 찾아온 구원과 은총의 시간을 알아차리지 못하다니 이게 도대체 무슨 운명이란 말이냐. 너는 너와 네 백성에게 구원과 축복을 가져다 줄 구원자를 마구 죽이고 있다. 너는 본래 무성한 잎을 내어 열매를 맺는 생나무와 같이 되어야 했다. 그러나 말라비틀어지고 아무 열매도 맺지 못한다면, 너에게서 아무것도 기대하지 않을 것이다.'

예수님이 이처럼 호세아 예언자의 말에 빗대어 말씀하신 것은 이스라엘의 배반이 점점 거세지고 있다는 것을 드러내시려는 의도였다. 하느님의 빛을 받아야 할 백성이, 그리고 이방인들을 비추어야 할 백성이 오히려 백성들에게 죄를 짓고 있다. 이스라엘은 참된 빛으로 세상에 오신 분을 살해함으로써 모든 백성에게 죄를 범하고 있다.

예수님은 그 백성의 여인들에게 돌아서며 말씀하신다. "너희와 너희 자녀들 때문에 울어라." 예수님의 이 말씀에서 지금 그분을 짓누르고 있는 엄청난 고통을 느낄 수 있지 않은가? 그러니까 예수님을 고통스럽게 짓누르는 것은 그분이 지고 계신 십자가의 무게만이 아니다. 그분을 더욱 무겁게 짓누르고 있는 것은 하느님의 손길을 멀리한 사람들이 지은 죄의 무게다.

이제 우리 시야를 이런 암울한 관점에서 예수님에게로 돌려

보자. 예수님은 이루 말할 수 없는 인내심으로 당신의 길을 꿋꿋하게 가신다. 이사야 예언자가 언급한 고통당하는 주님의 종의 모습이 그분에게 어울린다. 의인이신 예수님은 백성이 지은 죄의 무게를 떠맡고 심판을 받으신다. 그분이 상처를 받으심으로써 많은 이가 구원된다.

주님의 종이신 그분은 많은 이를 위해 고통을 당하신다. 아무런 죄도 없는 분이 그처럼 많은 고통을 당하셨다면, 수많은 죄를 지은 우리는 얼마나 많은 고통을 당해야 하는가! 그러나 그분께서는 우리가 받을 고통을 그렇게 대신 짊어지고, 우리를 구원에 참여시키신다.이사 53,4

조금 더 인내심을 가지고 또 한 가지를 생각해 보자. 예수님께 아주 고통스러운 시간이라 생각되는 성주간이 시작되는 무렵이다. 이 시기에 우리는 예루살렘에 올라가시는 예수님을 묵상하게 된다. 예수님은 예루살렘에 이르러 그 도시를 한동안 바라보시고 눈물을 흘리셨다고 한다. 눈물을 흘리신 다음 이렇게 말씀하신다.

오늘 너도 평화를 가져다주는 것이 무엇인지 알았더라면…! 그러나 지금 네 눈에는 그것이 감추어져 있다. 그때가 너에게 닥

처올 것이다. 그러면 너의 원수들이 네 둘레에 공격 축대를 쌓은 다음, 너를 에워싸고 사방에서 조여들 것이다. 그리하여 너와 네 안에 있는 자녀들을 땅바닥에 내동댕이치고, 네 안에 돌 하나도 다른 돌 위에 남아있지 않게 만들어 버릴 것이다. 하느님께서 너를 찾아오신 때를 네가 알지 못하였기 때문이다.루카 19,42-44

이 말씀은 예수님이 성금요일에 가슴을 치며 통곡하는 여인들에게 하신 말씀과 매우 비슷한 어조를 띤다. 예수님의 말씀은 아주 간절한 호소다. 곧 인간이 무척이나 위험스러운 사태를 벗어나 은총의 시간을 알아차리기를 간절히 바라신다.

바로 여기에서 예수님이 당신에 대한 연민으로 가슴을 치며 통곡하는 여인들에게 감사의 말이나 시선을 주시지 않은 이유가 드러난다. 여인들에게 감사의 말을 하시는 것은 오히려 부자연스럽게 보인다. 예수님이 인간의 잘못에 의해 야기된 불행에 직면하여 여인들에게 스스로 죄를 짓지 말라고 호소하는 것이 더 적절하기 때문이다. 그러나 이 여인들에게 건네는 몇 마디 말씀은 사랑의 표현이다. 당신 자신을 전혀 생각지 않으시고 오직 다른 사람들의 행복을 바라시는 예수님의 사랑이다.

이제 예수님이 골고타를 향해 십자가를 지고 가셨던 그 길목에서 일어난 일을 생각해 보자. 예수님의 말씀은 인간을 철저히, 그리고 끝까지 사랑하시는 거룩한 마음에서 울려 퍼진 경고라고 할 수 있다. 그분은 아직도 눈을 감고 폐쇄된 마음으로 살아가는 사람들에게 장차 그들이 당할 운명을 마지막으로 강조하며 경고하신다.

예수님은 당신의 고통에 대해서가 아니라, 은총의 때를 알아차리기를 원하지 않는 사람에게 장차 들이닥칠 불행에 대해 말씀하고 계신다. 따라서 통곡하는 여인들에게 하신 말씀은 인간에게 회개와 속죄를 권유하시는 마지막 호소이며, 정의와 구원의 길로 되돌아오라는 마지막 당부 말씀이다.

독자들이여! 십자가를 짊어지신 예수님은 당신의 고통을 바라보시는 것이 아니라 우리를 바라보고 계신다. 그 누가 예수님이 당하시는 고통스런 모습을 외면하고 또 모르는 체하는가? 우리는 가시관을 쓴 채 모욕을 받으며 온갖 고통과 상처로 신음하고 계신 그분을 바라본다. 우리의 연민은 아마 힘겹게 끌려가시는 예수님께 대한 연민일 것이다. 우리는 그분의 고통에 괴로워한다. 그러나 우리는 그분이 예루살렘 여인들에게 하신 말씀을 분명히 새겨들어야 하며, 우리 자신들에게 하신 말씀으로 받아들여야 한다. 예수님이 당하시는 고통에 대해 비통해하는 것만으로는 충분하지 않다. 예수님이 걸으신 고난의 길은 우리의 눈을 뜨게 해준다. 저기에서 바로 한 분이 도살당할 어린양처럼 당신의 길을 가신다는 것을 보게 해준다. 그분은 유다인의 속죄의 날에 희생되는 어린양처럼, 많은 이의 죄를 짊어지고 죽음에 넘겨지신다.레위 16,21 어린양이 희생제물로 이미 결정된 것처럼, 그분으로 말미암아 많은 이의 죄가 없어지고 무덤에 묻힐 것이다. 그 한 분의 대리적인 속죄와 희생으로 죄를 지은 많은 사람이 용서받을 것이다.

이사야 예언자가 장차 오실 구원자에 대해 암시한 말이 이제 현실로 이루어진 셈이다.

그는 우리의 고통을 짊어졌다. … 우리의 평화를 위하여 그가 징벌을 받았고 그의 상처로 우리는 나았다.이사 53,4-5

이는 결정적인 말씀이다. 그분은 우리의 죄를 짊어짐으로써 우리를 씻어주신다. 그분이 그렇게 고통을 당하시는 것은 우리가 이제 선한 모습으로 새롭게 살 수 있도록 자유를 주시기 위함이며, 실패한 듯이 보이는 그분의 사명이 이제 우리의 삶 속에서 계속 살아 움직여 우리를 통해 증거되게 하기 위함이다.

우리는 그분의 상처를 통해 구원되었다. 그분이 죽음의 길을 가신 이유는 우리로 하여금 그분의 사랑을 올바로 깨닫게 하기 위해서다. 곧 그분께 중요한 것은 당신 자신이 아니라 바로 우리 자신이라는 그 사랑을 깨닫게 하기 위해서다. 그분이 죽음의 길을 가신 것은 당신 스스로 우리를 위해 생명을 바치셨다는 것을 깨닫게 하기 위해서다. 곧 그분처럼 생명을 스스로 바치는 사람은 하느님께로부터 새로운 생명을 얻게 될 것이라는 사실을 깨닫게 하기 위함이다.

다시 한번 예수님이 길가에서 가슴을 치며 통곡하는 여인들에게 하신 말씀을 되새겨 보자. 예수님은 여인들에게 새로운 삶을 살도록 요구하신다. 곧 여인들이 아무 열매도 맺지 못하는 마른나무가 아니라 풍성한 열매를 맺는 생나무가 되기를 원하신다.

성경은 우리 인간이 그분의 상처를 통해 구원되었다고 말한다. 이 말씀에서 특히 주목해야 할 점은 그분이 '우리를 위해' 돌아가셨다는 사실이다. 그분은 우리 때문에, 그리고 우리를 위해 고통의 길을 가셨다. 그렇기에 그분께 대해 연민을 느끼거나 비통해하는 것만으로는 충분하지 않다. '우리를 위한' 그분의 사랑이 이제 우리를 통해 확연하게 만방에 드러나야 할 것이다. 바로 이것을 그분은 바라신다.

하느님, 저희가 쓸모없는 마른나무가 아니라 열매를 맺는 생나무, 당신께서 기대하시는 열매를 맺는 생나무가 되게 도와주소서.

주님이신 예수 그리스도님,
당신께서는 저희를 위하여 고통의 길을
걸으셨습니다.
당신의 시선은 오직 저희를 향하고 있었습니다.
당신의 십자가와 고통은
저희를 잃어버리지 않기 위함이었습니다.
당신께서는 당신의 사랑이 저희에게 어떤 의미를
지니고 있는가를 물으십니다.
저희가 모든 생명력을 잃은
마른나무가 되지 않게 지켜주소서.
그리고 저희를 도와주소서.
저희가 당신 십자가와 고통에 감사하며
이제 당신을 위해 살아갈 수 있도록,

저희가 당신과 함께 살고
당신과 함께 죽을 수 있도록,
당신과 함께 하느님의 영원한 생명으로
부활할 수 있도록 도와주소서.
성부와 성령과 함께 세세에 영원히 살아계시고
다스리시는 우리 주 예수 그리스도의 이름으로
비나이다. 아멘.

뉘우치는 죄수

예루살렘 도시 성문 앞에는 십자가 세 개가 세워져 있었다. 세 사람이 거기에서 처형되었는데 이들은 각각 서로 다른 이유로 죽음을 당했다.

이에 대해 루카 복음사가가 전하는 내용을 먼저 읽어보도록 하자.

그들은 다른 두 죄수도 처형하려고 예수님과 함께 끌고 갔다. '해골'이라 하는 곳에 이르러 그들은 예수님과 함께 두 죄수도 십자가에 못 박았는데, 하나는 그분의 오른쪽에 다른 하나는 왼쪽에 못 박았다. 그때에 예수님께서 말씀하셨다. "아버지, 저

노르베르트 마기노트Norbert Maginot: 신부. 철학과 가톨릭 신학 연구.

들을 용서해 주십시오. 저들은 자기들이 무슨 일을 하는지 모릅니다." 그들은 제비를 뽑아 그분의 겉옷을 나누어 가졌다. 백성들은 서서 바라보고 있었다. 그러나 지도자들은 "이자가 다른 이들을 구원하였으니, 정말 하느님의 메시아, 선택된 이라면 자신도 구원해 보라지" 하며 빈정거렸다. 군사들도 예수님을 조롱하였다. 그들은 예수님께 다가가 신 포도주를 들이대며 말하였다. "네가 유다인들의 임금이라면 너 자신이나 구원해 보아라." … 예수님과 함께 매달린 죄수 하나도, "당신은 메시아가 아니시오? 당신 자신과 우리를 구원해 보시오" 하며 그분을 모독하였다. 그러나 다른 하나는 그를 꾸짖으며 말하였다. "같이 처형을 받는 주제에 너는 하느님이 두렵지도 않으냐? 우리야 당연히 우리가 저지른 짓에 합당한 벌을 받지만, 이분은 아무런 잘못도 하지 않으셨다." 그러고 나서 "예수님, 선생님의 나라에 들어가실 때 저를 기억해 주십시오" 하였다. 그러자 예수님께서 그에게 이르셨다. "내가 진실로 너에게 말한다. 너는 오늘 나와 함께 낙원에 있을 것이다." 루카 23.32-37.39-43

예루살렘이 로마에 의해 점령된 시대에 십자가형은 특별한 처형방식이 아니었다! 사형 집행 방식들 중에서 가장 공포스럽고 모욕적인 십자가형이 예루살렘 성 밖에서 종종 집행되곤 했기 때문이다. 그러나 사람들은 십자가형에 대한 기록을 거의 남겨 두지 않았다. 아마도 십자가형이 기억하고 싶지 않을 정도로 너무나 잔혹했기 때문이리라. 이 십자가형에 대해 우리에게 전해주는 복음사가들도 십자가형 자체를 알리고자 한 것이 아니었음은 두말할 필요도 없다. 복음사가들의 목적은 십자가형의 잔혹성을 알리는 데 있지 않았다. 실제로 그들은 십자가에 달린 사람들의 고통과 번민에 대해 구체적으로 언급하지 않으며, 단지 결정적인 내용만을 아주 간략하게 언급할 뿐이다.

역사적歷史的 가치가 있는 사실 보고는 복음사가들의 우선적인 관심사가 아니다. 복음사가들이 문제 삼는 것은 말씀 자체다. 그 말씀은 우리와 관계하는 말씀이며, 우리가 끊임없이 고뇌해야 하는 말씀이다. 그 말씀은 우리에게 수많은 질문을 끊임없이 제기하며, 우리 자신을 올바로 바라볼 수 있도록 도와준다. 또한 이 말씀은 십자가를 지신 예수 그리스도를 따르는 우리에게 무엇이 가장 중요한지를 알려주며, 우리 자신에 대해 곰곰이 생각하게 하고, 십자가를 짊어지신 분의 관점에서 우리를 깊이 생각하도록 도와준다.

우리는 예수님과 함께 십자가형에 처해진 두 명의 죄수가 과연 무슨 죄를 지었는지 확실하게 알지 못한다. 단지 옛 전승을 근거로 그들이 약탈을 일삼던 강도들이었으리라고 추측하는 정도다. 어쨌든 그들은 범죄자로서 사형을 선고받고 십자가형에 처해졌다. 그들이 자신들의 삶을 어떻게 받아들였는지에 대해 우리는 상상만 할 수 있을 뿐이다. 그들은 어디 출신이며, 무엇을 위해 살았는가? 그리고 그들에게 중요한 것은 무엇이며, 그들은 어떤 사회적 환경에서 성장했는가? 또한 그들이 자신들의 삶에서 바라고 기대한 것은 과연 무엇이었는가? 그들에겐 사랑하는 친구가 있었던가, 증오심으로 대하던 적敵이 있었던가? 그들은 자신들의 삶에 만족했던가, 만족하지 못했던가? 그들은 자신들의 삶에서 무엇을 중요하게 생각하고, 무엇에 사로잡혀 있었던가? 그들은 세간에 널리 퍼져있던 이상을 추종하던 이상주의자였던가, 거칠기만 한 열성주의자였던가? 자기도취에 빠져 살아가는 비현실주의자였던가, 이기주의자였던가? 우리는 이에 대해 아무것도 모르며, 또 모른다고 해서 문제 될 것은 없다. 다만 중요한 것은 우리 자신과 관련되는 사항이다. 그것은 바로 그들이 자신들의 삶을 마감하는 방식이다.

십자가형을 받은 세 사람 중 핵심적인 인물은 한가운데에 계신 예수님이시다. 사람들은 모두 예수님께 무엇인가를 요구하고 있고, 나머지 두 죄수도 그분께 마지막으로 무엇인가를 요구한다. 두 죄수는 예수님을 바라보면서 그들의 운명을 결정한다.

사실 우리는 십자가에 못 박힌 다른 두 사람보다 예수님에 관해 더 잘 알고 있다. 우리는 예수님께 대한 신약성경의 증언을 통해 예수님이 당시 권력자들과 종교지도자들의 음모를 전혀 두려워하지 않으면서 당신의 사명을 마지막까지 완수하셨다는 것을 알고 있다. 예수님은 모든 사람에게 하느님의 사랑과 자비를 선포하기 위해 당신이 이 세상에 파견되셨다는 것을 잘 알고 계셨다. 그분은 모든 사람이 하느님을 아버지로 모시기를 바라셨다. 그분은 인간의 불안을 덜어주고, 내적 어려움에서 해방시키며, 또 인간이 하느님의 사랑에 끊임없이 응답하는 삶을 살도록 도와주셨다. 그리고 그분은 사람들이 어떻게 살아야 하는지를 모범으로 보여주셨다. 곧 사람은 하느님 아버지의 돌보심으로 보호받고 있다는 것과 하느님의 창조의지에 근거하여 각자가 존엄하다는 것, 그리고 삶의 궁극적인 의미에 대해 의식하며 살아야 한다는 것을 깨우쳐 주셨다. 또한 그분은 열린 마음으로 당신과의 만남을 준비하는 사람들의 눈을 열어주시고 귀를 열어주셨다. 그리고 사람들이 자신을 마비시키는 권태와 무기력을 극복하여 활기 있게 살아가게 하셨고, 마침내 궁극적 목적,

곧 영원한 생명을 누리며 하느님과 함께 충만하게 살아갈 수 있도록 용기를 북돋아 주셨다. 예수님으로 말미암아 이 세상에 하느님께서 실현하신 참된 인간성, 곧 새 인간이 나타난 것이다. 그분께 의지하는 사람은 이제 새로운 방식으로 생명에 이르게 되고 새로운 자유를 누리게 된다. 그리고 모든 인간적 한계와 고통을 피할 수 없고, 설령 어려움을 당한다 하더라도 새로운 기쁨에 참여하게 된다. 그 기쁨은 우리의 눈물을 말끔히 닦아 준다.

예수님은 모든 인간 가운데 가장 자유로운 분이셨다. 그분은 사람들에게 사랑과 자비를 베푸셨으며, 온 마음으로 하느님과 인간을 철저히 사랑하셨다. 그러나 그분은 이제 범죄자들과 함께 십자가에 매달려 계신다. 도대체 이게 무슨 일이란 말인가! 참된 인간성 자체이신 그분께서 가장 비인간적인 것 한가운데에 계신다. 그분은 당신을 모욕하고 희롱하는 군중을 십자가 위에서 내려다보시며, 모든 비인간적인 요소들을 받아들이신다. 그러나 군중은 예수님의 탁월성과 내적 자유, 그리고 그분께서 요구하시는 헌신적인 사랑을 받아들이지 않으며, 그들 삶에 풍요를 안겨주는 그분의 말씀을 들으려 하지 않았다.

두 죄수는 예수님을 바라보면서 서로 논쟁한다. 먼저 예수님을 모욕한 죄수를 살펴보자. 그는 자기 삶이 마지막에 이르렀다는 것을 알고 있다. 그러나 그는 화해하기를 거절한다. 그 까닭은 무엇일까? 그는 왜 자신이 죄인이라고 자백하는 것을 그토록 두려워하는가? 왜 그는 되찾은 아들처럼 "제가 하늘과 아버지께 죄를 지었습니다" 하고 말하지 못하는가? 자신의 잘못된 삶에 대해 눈을 감아버리며 거짓된 삶을 계속 붙든 이유는 무엇일까? 그는 죽는 순간에도 자신이 얼마나 강한 사람인지를 사람들에게 보여주고 싶었던 것일까? 그 마지막 순간에도 하느님의 사신이자 메시아로 존경받는 예수님을 비난하고 모독하면서까지 자신의 강함을 드러내 보이고 싶었던 것일까?

사실 그는 예수님이 누구인지 알고 있었다. 그 죄수는 자신과 함께 십자가에 매달려 있는 예수님께 "당신은 메시아가 아니시오? 당신 자신과 우리를 구원해 보시오" 하고 말한다. 추측건대 그는 이 말을 진심으로 한 것이 아닐 것이다. 그러니까 그는 십자가에 매달려 있는 예수님께 '너도 우리와 조금도 다를 바가 없지 않으냐? 너를 따르는 무리들이 너에 관해 생각하고 말한 모든 것은 공허한 것이 아니냐?' 하고 말하고 싶었던 것이다.

십자가 밑에서 예수님을 조롱하며 모욕하는 군중과 같은 맥락으로 희롱하는 이 죄수의 말에서 우리는 결코 침묵할 수 없는 물음을 듣게 된다. "네 하느님, 어디 있나!"시편 41,4 "일어나소서, 주여 어찌하여 주무시나이까?"시편 43,24 '하느님이 계시다면, 하느님은 예수님의 죽음을 허용하지 않으셨을 것이다. 자신의 아들을 십자가에 처형하는 것을 그냥 내버려 두는 아버지가 도대체 있을 수 있는가?'

이런 냉소적인 질문은 이제 다른 죄수에게 건네진다. 그 죄수는 후에 디스마스Dismas라 불린 사람이다. 그는 자신의 범죄 행동을 인정하고 고백함으로써 회개하는 인간의 전형이 되었다. 그는 자신이 누구고, 어떤 사람인지를 인정한 사람이다. 그는 자신이 저지른 불의를 알고 있지만 그것을 굳이 감추려 하지 않고, 또 자신의 잘못된 행동을 변명하지 않는다. 그는 자신이 저지른 죄에 대해 당당해하지도 않으며, 잘못의 결과를 받아들이고 그 대가를 치르려는 자세를 취한다. 바로 이것이 그에게 새로운 가능성을 열어준다. 그것은 악한 행동을 애초부터 방지할 수는 없지만, 그 악한 행동을 떨쳐버리고 자신 안에 은총과 자비를 받아들일 수 있는 가능성이다. 매우 역설적이지만 그에게 십자가의 고통스러운 시간은 생명을 얻는 가장 큰 기회가 되었다. 그는 그 기회를 자기의 것으로 삼았다.

이 죄수는 십자가에 매달린 채, 곧 발을 땅에 딛지도 못하고 이 세상의 삶을 완성하지도 못한 상태에서 예수 그리스도를 만난다. 그는 예수님을 모욕하는 죄수와는 다른 눈으로, 고통당하시는 그분을 바라본다. 그는 예수님의 위대함을 느꼈으며 그분의 깊은 사랑을 깨닫고, 그분의 자비를 신뢰하며 자신의 구원을 희망한다. "예수님, 선생님의 나라에 들어가실 때 저를 기억해 주십시오!" 이 간청은 예수님께 대한 깊은 신뢰의 표현이며, 그분께 거는 간절한 희망의 표현이다.

예수님은 이에 대해 어떤 반응을 보이셨는가? 다른 사람의 고통은 생각할 겨를 없이 당신 자신의 고통만을 생각하셨는가? 그토록 헌신적인 사랑을 쏟은 것에 대해 사람들이 응답하기는커녕 오히려 증오로 대하는 것에 대해 실망하여 죄수의 간청을 뿌리치셨는가? 디스마스는 예수님을 그런 식으로 체험하지 않았다. 비참한 모습으로 겸손되이 고통당하시는 예수님은 당신 자신을, 마지막 숨을 거두실 때까지 사람들을 사랑하시는 분으로, 온전히 이해하시려는 분으로, 온전한 구원자로 증명하신다. 예수님은 마지막 숨을 거두시는 그 순간, 당신 자신을 죄인의 구원자로 드러내셨다. "너는 오늘 나와 함께 낙원에 있을 것이다."

그때 죽음의 공포에 시달리던 디스마스는 절망의 휘장이 두 폭으로 찢어지는 소리를 들었고, 미래에 대한 시야가 새롭게 열린다. 그는 이제 인간이 항상 꿈꾸어 왔던 행복들의 집약인 예수님과의 친교에 들어가게 된다. 그는 낙원에 들어가게 되며 죄를 용서받는다. 하느님 구원의 손길은 오직 하느님만 신뢰하며 뉘우치는 죄인을 죄의 구렁에서 구원하며, 전혀 상상할 수 없었던 낙원으로 이끈다.

골고타의 세 십자가는 우리에게 도저히 간과할 수 없는 물음을 제기한다. 골고타에서 일어난 사건에서 우리는 어느 쪽에 속하는가? 우리 자신은 누구와 동일시되는가? 우리가 죽는 순간에 살아온 삶을 회고한다면 어떻게 하겠는가? 그동안 잘못 살아온 삶을 거부해 버리고 말 것인가? 우리는 정녕 죄인으로 살아왔다는 것을 고백할 수 있는가? 혹시 자신의 잘못을 일일이 변명하거나 '내가 저지른 죄는 그다지 큰 것이 아니고, 다른 사람들이 더 큰 죄를 범했다'고 말하기를 좋아하지는 않는가?

상처받은 이웃을 돌보지 않거나 배반하거나, 또는 불성실한 자신을 보며 마음 아파하기는 하는가? 쾌락과 자기만족만을 추구하는 자신을 보며 슬픔을 느끼기는 하는가? 이웃을 비난하고 모욕하고 파괴하는 자신에게 비애를 느끼지는 않는가? 사실 시련을 겪는 것이 얼마나 고통스러운 일인지 모르는 사람은 없다. 그만큼 시련은 우리의 당당한 기세를 누그러뜨린다. 그러나 우리는 다음과 같은 것도 물어야 한다. 자신의 삶을 올바로 바라보는 것을 거부할 경우 과연 무엇을 얻을 수 있는가? 자기 삶의 모든 것을 감추고 나면 도대체 무엇을 얻을 수 있단 말인가? 혹시 그런다고 삶이 달라지기라도 하는가? 오히려 우리 내면의 부정적인 것들과 죄의 그물, 부자유스런 요소들이 우리를 질식시키지 않겠는가?

우리는 여기서 자신의 잘못을 뉘우치는 죄수를 생각할 수 있다. 그는 자기 삶의 마지막 순간에 예수님이 사람들을 만나시면서 항상 근본 목적으로 삼으신 일을 행한다. 그는 죽음에 직면하여, 그리고 그토록 기다려 온 하느님과의 만남 앞에서 자신의 삶을 돌아보며 회개한다. 그는 자신을 변화시킨다. 바로 그 순간 그에게 용서와 화해가 베풀어지고, 새로운 자유와 미래가 주어진다. 그는 자신의 잘못을 뉘우쳤다.

뉘우침이란 무엇인가? 이는 우선 깨달음의 행동으로 볼 수 있다. 자신의 행동이나 잘못을 악한 것으로, 나쁜 것으로 깨닫는 것이다. 곧 관계를 파괴하고 사랑에 상처를 입히고, 다른 사람들에게 고통을 주고 다른 사람들의 입지를 약화시키며 오직 자신만을 위해 살아왔다는 것을 깨닫는 것이다. 그러면 그 순간, 회심을 실행할 수 있게 된다. 죄는 우리를 고통스럽게 한다. 우리는 그 잘못을 뉘우친다. 그리고 그런 잘못이 다시 일어나지 않도록 노력한다. 앞으로 결코 잘못을 범하지 않을 수는 없을지라도 적어도 잘못을 범하지 않도록 최대한 노력한다. 그리고 그 잘못을 범할 수밖에 없다면, 가능한 한 그 잘못을 최소화하려고 노력한다. 이런 일이 실제로 이루어질 수 있도록 모든 노력을 기울인다. 그런 다음 이제 기도한다. 그 어떤 방법으로든지 잘못을 저지른 것에 대해 그분께서 우리에게 손을 다시 내밀어 주시기를, 용서해 주시기를 빈다. 마치 감히 요구할 수 없는 선물처럼 하느님께 용서를 청한다. 여기에서 새로운 공동체가 이루어진다. 사랑이 서로 교환되고 생명의 활력이 넘치며 자유가 성장하는 공동체가 이루어진다.

화해하는 손짓이 무엇을 의미하는지, 그리고 용서하는 말씀이 무엇을 의미하는지를 체험하는 사람은 그 손짓과 말씀을 감사하는 마음으로 받아들이게 된다. 우리는 하느님의 용서로 우리를 억누르는 무거운 죄에서 해방되고, 더욱 자유롭게 숨을 쉴 수 있게 된다. 우리의 발걸음은 다시 활력에 넘치고, 세계는 밝은 빛 속에 있는 것처럼 보인다.

다른 사람이 우리의 죄 때문에 시달리는 곳에서는 항상 서로 화해할 수 있도록 노력해야 한다. 화해를 위해 노력할 경우 잊지 말아야 할 점은 우리의 잘못이 결국 하느님과의 잘못된 관계에서 비롯된다는 것이다. 이런 확신은 단지 그리스도인의 본질과 관계되는 것만이 아니라 인간 체험의 근원이기도 하다.

그리스도께서 우리에게 주신 가르침 가운데 인상적인 것은, 하느님과 인간의 인격적 관계 때문에 우리 인간의 삶이 위대하다는 사실이다. 하느님께서는 이 세상과 멀리 떨어진 하늘의 옥좌에 앉아 세상일에는 별로 관심이 없으면서 임시로 세상을 떠맡고 계신 분이 아니다. 그분은 우리가 상상할 수 없을 정도로 우리와 가까이 계시면서 이렇게 말씀하시는 분이다. "나는 너를 사랑한다. 너는 나에게 무한히 중요한 존재다. 너는 나의 본질을 지니고 있을 정도로 귀한 존재다. 너는 나와의 인격적 관계 안에서 살아야 하며, 사랑과 진리 안에서 살아야 한다. 그리고 모든 불안에서 해방되도록 내적인 견실함을 지니고 나와의 관계 안에서만 살아야 한다."

그러나 하느님께서는 우리에게 자유를 주셨기 때문에, 우리는 그 자유로 말미암아 그분의 사랑에 다가설 수 있는가 하면, 그 사랑을 거부한 채 그분 없이 살아갈 수도 있다. 그렇지만 우리가 하느님의 사랑을 용감무쌍하게 악용하거나 거부한다면, 우리는 자유로운 사람이 되지 못한다. 하느님의 사랑을 받아들이

지 않음으로써 그 무엇인가를 방해하고 파괴하는 셈이다. 우리
는 다른 사람이 우리에게 손을 내밀도록 강요할 수 없다. 그것
은 그 사람의 자유로운 행동에 달려있기 때문이다.

하느님과의 관계도 마찬가지다. 세상의 그 어떤 권력과 세력
도 하느님께서 우리에게 향하시도록 감히 강요할 수는 없다. 우
리가 그분의 손길을 거절할 경우에 더욱 그렇다. 우리가 뉘우친
다고 해도 마찬가지다. 그렇다면 우리는 도저히 빠져나갈 수 없
는 미로 속에 갇혀있는 것인가? 우리의 상황은 마치 그런 것처
럼 보인다. 그러나 진퇴양난의 상황인 것만은 아니다. 왜냐하면
하느님께서, 십자가에서 당신의 삶을 바치신 예수 그리스도를
통해 우리에게 화해의 손길을 내미시기 때문이다.

하느님께서는 예수 그리스도 안에서 항상 우리를 용서하고자
하신다. 우리가 우리 죄와 잘못을 떨쳐버리기를 원한다면, 하느
님께서는 우리에게 이렇게 말씀하실 것이다. "너는 죄를 용서받
았다"루카 7,48 십자가에 못 박혀 돌아가시고 부활하신 예수님
안에서 아버지와의 우정이 다시 살아나게 된다.

우리가 십자가에서 뉘우친 죄수처럼 예수님의 사랑에 우리
자신을 내맡긴다면, 우리의 모든 죄와 잘못을 하느님 앞에서 고
백하며 기도할 수 있는 용기를 지니게 될 것이다. "주님, 저에게

자비를 베풀어 주십시오." 우리가 하느님 앞에서 뉘우치며 오직 하느님의 자비를 바란다면, 하느님께서 용서하시지 못할 만큼 큰 죄는 없을 것이다.

바로 이런 깨달음으로부터 우리는 살 수 있으며 비로소 그분께 우리 자신을 온전히 개방할 수 있다. 그 개방은 지금까지 다른 사람들 앞에서는 보이지 않았던 방식으로 이루어진다. 우리가 이렇게 하느님께 온전히 마음을 열 수 있는 것은 하느님께서 우리가 큰 죄를 범한 후에도 우리 편에 계신다는 확신 때문이다. 그분은 우리가 죄를 범했다 해서 실망하거나 물리치지 않으신다. 예수 그리스도는 우리의 죄를 인내롭게 바라보셨다. 그분은 우리의 죄 때문에 고통을 당하셨지만 도망치지 않으셨다. 그분은 회개하라고 호소하셨으며, 선한 마음을 지닌 모든 사람에게 화해를 선포하셨다.

우리는 과연 다음과 같은 사실을 의식하는가? 곧 우리가 날마다 하느님 앞에 있는 그대로 존재할 수 있다는 것이 얼마나 위대한 선물인지, 주어진 삶을 제대로 살지 못한 채 얼마나 나약하게 살고 있는지…. 그렇게 살아가고 있는데도 하느님께서는 '나는 네가 존재한다는 사실만으로 기쁨에 넘친다'고 말씀하고 계신다는 것을 알고 있는가?

이 같은 사실을 우리는 새롭게 체험할 수 있다. 특히 성금요일의 세 십자가를 주목하면 이를 더 깊이 느낄 수 있다. 뉘우치기를 거부하는 것이 스스로 파멸하는 결과를 빚었다면, 회개는 해방과 새로운 삶이라는 결과를 가져다주며 용서하는 사랑의 선물을 받게 한다. 우리는 디스마스처럼 회개해야 한다. 그리고 우리를 용서하시며 새로운 미래로 초대하시는 주님의 말씀을 들어야 할 것이다.

우리는 놀랍게도 삼위이신 하느님의 형언할 수 없는 사랑 속에서 살아간다. 하느님께서는 우리를 당신과의 친교로 부르셨다. 우리는 그분께서 당신 사랑의 힘으로 우리를 도와주신다는 확신을 갖고 우리의 길을 간다. 그 때문에 우리는 하느님께 그 길을 계속 걸을 수 있는 힘을, 삼위일체이신 하느님의 축복을 청해야 한다.

어머니 마리아

인간은 이 세상에서 각자 자신의 길을 걸어간다. 이런 점에서 모든 인간은 평등하다. 과연 이 세상에 태어나 살고 싶은지, 언제, 어디에서 태어나기를 원하는지 태어나기 전에 질문을 받은 사람은 하나도 없다. 그리고 이 세상에서 영원히 살 수 있는 사람도 없다. 때가 되면 죽음이 모든 것을 앗아가기 때문이다. 또한 역사가 흐르는 과정에서 인생을 두 번 사는 사람도 없다. 모든 사람은 단 한 번만 살 수 있을 뿐이다. 삶의 시작과 마지막을 마음대로 선택할 수 없기 때문에, 그 삶의 과정까지 자유롭게 선택할 수 없다면 우리의 삶은 결국 단순한 '숙명'에 지나지 않을 것이다. 이런 경우 우리가 갖는 행복은 다행스런 숙명으로

클라우스 무카Klaus Mucha: 신부. 가톨릭 신학 연구.

여겨질 것이며, 우리의 불행은 그야말로 불행스런 숙명으로 생각될 것이다. 많은 사람이 자신의 삶을 이렇게 생각한다.

그러나 우리는 인간의 삶에 대해 이와 달리 생각할 수 있다. 우리의 삶은 하느님 손에 의해 이루어진 선물이다. 하느님께서 우리를 원하셨기 때문에 결국 우리가 존재한다. 우리는 그분께 포기될 수 없는 존재다. 하느님께서는 우리를 필요로 하신다. 그렇지 않다면 그분이 우리에게 주신 모든 실재는 있을 수 없을 것이다. 또한 그분은 다른 이에게 주시기 위해 우리를 필요로 하신다. 그 때문에 삶은 하느님께서 인간에게 맡기신 과제라고 할 수 있다. 많은 사람이 인정하지 않더라도 가장 중요한 한 가지 사실만은 잊지 말자. 그것은 바로 '우리는 하느님께서 인간을 사랑하신다는 것을 체험하기 위해 살고 있다'는 것이다. 자신의 삶을 이런 식으로 생각하는 사람은 삶을 하느님과 함께하는 역사로 만든다.

필자가 무엇 때문에 처음부터 이런 생각들을 강조하는가 하고 독자들은 의아하게 생각할 수 있다. 필자는 이런 생각들이, 우리가 지금 묵상하려는 내용을 올바른 빛으로 바라보게 하고, 또 올바로 이해하도록 도움을 준다고 여기기 때문에 그 생각을 처음부터 강조했다. 우리는 계속해서 수난의 두 인물, 예수님의 어머니 마리아와 예수님이 사랑하시는 제자를 묵상할 것이다. 이 두 인물에게서 분명히 드러나는 점은 인간의 삶이다. 곧 삶의 여정은 하느님께서 인간과 함께하시는 역사이며, 인간은 다른 인간을 위해 살고 있다는 것이 이 두 인물에게서 분명하게 드러난다. 이런 배경에서 마리아가 엘리사벳에게 한 찬미의 노래는 아무런 희망도 없는 삶을 과대평가한 것이 아니라, 오히려 한 인간이 기쁨으로 하느님을 찬양한 내용이라는 사실을 알 수 있다. 그것은 자신에게 닥치게 될 모든 일을 잘 알지 못하면서도 드리는 찬양이다. "이제부터 과연 모든 세대가 나를 행복하다 하리니 전능하신 분께서 나에게 큰일을 하셨기 때문입니다." 루카 1,48-49

요한복음서가 우리에게 전해주는 대목을 먼저 읽어보자. 이는 많은 위대한 예술가들이 대작을 남기는 데 상당히 큰 역할을 한 대목이기도 하다.

예수님께서는 몸소 십자가를 지시고 '해골 터'라는 곳으로 나가셨다. 그곳은 히브리말로 골고타라고 한다. 거기에서 그들은 예수님을 십자가에 못 박았다. 그리고 다른 두 사람도 예수님을 가운데로 하여 이쪽저쪽에 하나씩 못 박았다. ⋯ 예수님의 십자가 곁에는 그분의 어머니와 이모, 클로파스의 아내 마리아와 마리아 막달레나가 서있었다. 예수님께서는 당신의 어머니와 그 곁에 선 사랑하시는 제자를 보시고, 어머니에게 말씀하셨다. "여인이시여, 이 사람이 어머니의 아들입니다." 이어서 그 제자에게 "이분이 네 어머니시다" 하고 말씀하셨다. 그때부터 그 제자가 그분을 자기 집에 모셨다. 그 뒤에 이미 모든 일이 다 이루어졌음을 아신 예수님께서는 성경 말씀이 이루어지게 하시려고 "목마르다" 하고 말씀하셨다. 거기에는 신 포도주가 가득 담긴 그릇이 놓여있었다. 그래서 사람들이 신 포도주를 듬뿍 적신 해면을 우슬초 가지에 꽂아 예수님의 입에 갖다 대었다. 예수님께서는 신 포도주를 드신 다음에 말씀하셨다. "다 이루어졌다." 이어서 고개를 숙이시며 숨을 거두셨다. 요한 19,17-18,25-30

예수님이 십자가에 처형당하시는 이 광경을 묵상하고, 이 광경을 바라보시는 예수님의 어머니 마리아에 대해 묵상하노라면 우리는 즉시 어려움에 부딪치게 된다. 그것은 우리 신앙을 불필요하게 방해하거나 뒤흔드는 어려움이 아니다. 그 어려움이란 예수님의 죽음에 대해 복음서들이 서로 다르게 증언하는 데서 오는 것이다. 이런 어려움은 네 복음서를 올바로 이해함으로써 극복할 수 있다. 네 복음서 가운데 한 복음서만이 본래적 복음서고 나머지 세 복음서는 이 복음서를 베껴 쓴 것이라고 이해해서는 안 된다. 네 복음서는 모두 네 명의 저자에 의해 각각 집필된 창작품이다.

오직 요한복음서만이 마리아와 예수님이 사랑하시는 제자가 십자가 곁에 서있었다고 보도한다. 마태오와 마르코는 갈릴래아에서부터 예수님을 줄곧 따라다니던 열심한 여인들이 십자가에서 운명하시는 예수님을 멀리서 지켜보고 있었다고 보도한다. 루카는 예수님의 모든 친지와 예수님을 따라다니던 여인들이 멀찍이 서서 예수님의 죽음을 지켜보았다고 보도한다. 그러나 마태오와 마르코와 루카복음서는 예수님의 제자들에 관해 언급하지 않는다. 그들은 모두 예수님이 붙잡히셨을 때 이미 도망쳤다고 한다.

그렇다면 요한복음서가 우리에게 보도하는 장면, 곧 마리아와 예수님이 사랑하시는 제자가 십자가 곁에 있었다는 이야기는 본래적인 이야기인가? 요한 복음사가가 이 이야기를 '고안'해 낸 것인가? 복음사가가 임의로 꾸며낸 이야기는 분명 아니다! 성서 주석 학자들은 한결같이 이 이야기가 복음사가의 고유한 창작품이라고 말한다. 그렇지만 이 이야기는 진리를 담고 있다. 복음사가는 신앙의 힘으로, 예수님의 삶과 복음에 근거하는 신앙의 힘으로 이 장면을 창작했기 때문이다. 이런 장면이 골고타 언덕에서 실제로 발생하지 않았다 해도, 이 장면은 제4복음서의 전체적 내용과 잘 조화되고 있다. 따라서 이 장면은 예수님의 삶을 변질시키거나 그분의 복음을 격하하는 것이 아니다.

이를 필자는 다음과 같은 방식으로 생각하고 싶다. 우리 중에 골고타의 십자가 곁에 있었던 사람은 아무도 없다. 그런데도 우리가 예수님을 따르고 그분의 복음을 생활하려고 노력한다면, 우리는 모두 그 십자가 곁에 서있는 셈이다. 예수님은 십자가 위에서 우리 각자에게 말씀하신다. 우리는 그분의 목소리를 듣게 될 것이고, 그에 따라 행동할 것이다. 이것이 사실이 아닌가? 이것이 비현실적이고 하나의 착각이란 말인가? 그렇지 않다. 이것이 바로 우리를 예수님 곁에 서있게 하는 우리 신앙의 현실이다. 이것이 현실이다. 우리 구원은 바로 이 현실에 근거한다. 복음사가도 바로 이런 현실을 체험했을 것이다.

이제 요한복음서의 보도 내용들을 간략하게 분석하도록 하자. 제4복음서는 예수님의 유년기에 대해 아무것도 말하지 않는다. 우리는 요한복음서를 통해서는 구유를 상상할 수 없다. 요한복음서는 예수님의 출생 신분이나 인간적인 면모에 관해 별 관심이 없는 듯이 보인다.

요한복음서의 근본 관심은 우리에게 예수님을 하느님의 외아들로, 하느님 아버지와 같은 위대한 분으로 소개하려는 데 있다. 따라서 예수님은 예루살렘 종교지도자들과의 논쟁 중에 "아버지와 나는 하나다"요한 10,30라고 말씀하신다.

요한복음서에서 마리아는 두 번 나온다. 그것도 단지 '예수님의 어머니'로서가 아니라 그 이상의 인물로서 소개된다. 첫 번째 장면은 예수님이 카나의 혼인잔치에서 당신의 첫 기적을 행하실 때다. 예수님은 카나에서 당신의 영광을 드러내기 시작하신다. 바로 "예수님의 어머니도 거기에 계셨다."요한 2,1 마리아가 두 번째로 소개되는 장면은 예수님 생애의 절정인 십자가 곁에서다. "예수님의 십자가 곁에는 그분의 어머니가 서있었다."요한 19,25

복음사가가 의도하는 것은 마리아가 자신의 아들 예수님이 걸은 여정 전체를 동행했다는 것이다. 마리아는 처음부터 마지막까지 굳은 믿음으로 자신의 아들 편에 서있다. 마리아는 아들을 떠난 적이 없다는 것이다. 곧 마리아는 마지막까지 예수님과 함께했다. 오늘날 어머니와 자녀들의 관계를 생각하면, 마리아와 예수님의 깊은 유대를 어렵지 않게 받아들일 수 있을 것이다. 이 깊은 유대는 예수님이 당하시는 힘든 고통을 물리치게 하는 데 큰 도움이 되었을 것이다.

예수님의 여정에 동행하면서 마리아가 겪은 고통을 노래한다면, 길고 긴 노래로 부를 수 있을 것이다. 루카복음서에서 나이 많은 시메온은 성전에서 마리아에게 그 고통을 이렇게 말한다. "당신의 마음은 예리한 칼에 찔리듯 아플 것입니다." 루카 2,35 마리아는 고통을 예고하는 시메온의 말을 마음속 깊이 새겨들었으며, 신앙으로 그 예언에 순종했다. 왜냐하면 마리아는 하느님께서 어떻게 자신의 삶에 개입하시는지를 이미 체험했기 때문이다.

마리아가 예수님을 잉태하여 낳은 외적 상황, 곧 마구간을 생각해 보자! 우리는 오늘날 당시의 상황을 비인간적이라고 너무 쉽게 단정해 버린다. 그런데 오늘날도 수백만 명의 아기들이 비인간적인 상황에서 태어난다는 사실을 의식하는가? 마리아는 자신의 아들 예수님과 함께 이처럼 고통스런 여정을 시작했는데, 요한복음서에 따르면 그런 고통의 길을 십자가에 이르기까지 겪는다.

마리아는 파스카 축제기간 중에 예루살렘에 올라갔다가 거기서 예수님을 잃어버리고 그를 찾아 이리저리 헤맨다. 그런데 아들을 찾았을 때 마리아는 엉뚱한 대답을 듣게 된다.

왜 저를 찾으셨습니까? 저는 제 아버지의 집에 있어야 하는 줄을 모르셨습니까? 루카 2,49

예수님의 말씀은 마리아에게 이런 식으로 들렸을 것이다. '당신들은 제가 있는 곳을 이미 생각할 수 있어야 하지 않습니까? 며칠 동안 저를 찾아 헤맸다고 그리 호들갑 떨지 마십시오. 게다가 저는 더 이상 어린아이가 아닙니다.' 얼마나 많은 부모들이 오늘날 이와 비슷한 말을 자녀들에게서 듣는가! 그러나 마리아가 보인 반응은 이러했다.

그의 어머니는 이 모든 일을 마음속에 간직하였다. 루카 2,51

그러기 위해서는 확실히 큰 신앙이 필요하다고 우리는 말한다.
요한은 이제 카나의 혼인잔치 장면에서 마리아를 소개한다. 마리아는 잔치 도중에 포도주가 떨어져 창피를 모면하기 힘든 사람들을 위해 당신 아들에게 정중히 청한다. 그러나 아들 예수님의 대답은 엉뚱하기만 하다.

여인이시여, 저에게 무엇을 바라십니까? 아직 저의 때가 오지

않았습니다.요한 2,4

이 대답은 친절하거나 공손한 대답이 아니다. "아닙니다. 어머니는 아무것도 모르지 않습니까? 게다가 이 일은 어머니와 아무 상관이 없습니다. 어머니의 마음에 드는 일을 저에게 강요하지 마십시오!" 오늘날 많은 자녀들이 이런 식으로 자기 어머니를 비난하고, 어머니들은 그런 비난에 말없이 눈물을 흘린다.

그러나 복음서는 우리에게 확고부동한 신앙을 가진 어머니를 보여준다.

그분의 어머니는 일꾼들에게 "무엇이든지 그가 시키는 대로 하여라" 하고 말하였다.요한 2,5

물론 마리아는 아들 예수님이 원하는 것이 무엇인지 알지 못한다. 그러나 마리아는 아들이 원하는 것도 어려움에 빠져있는 사람들에게 좋은 일일 것이라고 확신했다. 마리아는 사람들에게, 아들이 하는 말을 들으라고 당부한다. 예수님에게 중요한 것은 바로 인간을 위한 일이기 때문이다. 예수님은 인간을 위해 행동하실 뿐만 아니라 인간을 위해 사시고, 또 인간을 위해 죽으신다. 그렇기 때문에 요한복음서에서 예수님의 어머니 마리아의 길은 필연적으로 십자가에까지 이른다. 마리아는 아들 예수님과 모든 것을 함께하기 때문이다. 십자가 곁에서 무슨 일이 일어나는가? 이에 대해 잠시 생각해 보자.

십자가 곁에서 일어나는 일을 전해주는 요한복음서의 장면을 다시 떠올려 보자.

> 예수님께서는 당신의 어머니와 그 곁에 선 사랑하시는 제자를 보시고, 어머니에게 말씀하셨다. "여인이시여, 이 사람이 어머니의 아들입니다." 이어서 그 제자에게 "이분이 네 어머니시다" 하고 말씀하셨다. 그때부터 그 제자가 그분을 자기 집에 모셨다. 요한 19,26-27

여기에서 중요한 것은, 단지 마리아와 사랑하시는 제자의 미래만이 아니다. 그들과 함께 많은 이들이 십자가 곁에 서있다. 예수님이 미래를 위해 이 두 사람을 서로 결속시켜 주시는 것은 마리아의 나머지 삶을 염려해서가 아니다. 계속되는 마리아의 삶에 대한 염려 때문이 아니다. 예수님은 그 이상의 내용을 말씀하신다.

이 부분에 대한 해석은 매우 다양하다. 필자는 많은 해석들 중에서 우리 모두를 신앙으로 이끌며 아버지의 영광 속에 들어가신 분에게로 인도하는 해석만 집중하여 언급하고 싶다.

마리아는 자기 아들 예수님을 믿은 여인이며 어머니다. 그리고 예수님의 고통스러운 여정을 끝까지 함께 걸은 여인이며 어머니다. 십자가 곁에 서있는 마리아는 '예수님의 친척들'을 대변하는 인물이다. 그 친척들이란 유다인들의 일부분으로서 예수님을 믿는 사람들을 가리킨다. 이런 사람들이 지금은 존재하지 않지만, 곧 많이 생겨날 것이다. 이스라엘에서 새로운 일이 곧 시작된다는 것이다.

사랑하시는 제자는 이방인이면서 예수님을 믿는 사람, 그분을 하느님의 외아들로 고백하는 사람들을 대변하는 인물이다. 사랑하시는 제자는 '새로운 친척', 예수님의 새로운 가족을 대변한다. 예수님은 이 새로운 가족에 대해 이미 니코데모에게 이렇게 말씀하셨다. "내가 진실로 진실로 너에게 말한다. 누구든지 물과 성령으로 태어나지 않으면, 하느님 나라에 들어갈 수 없다."요한 3,5 사랑하시는 제자는 예수님이 마지막 날에 권능과 영광 속에 재림하실 때에 장엄하게 드러나게 될 신앙인들의 가족, 예수님을 따르는 이방 민족들을 가리킨다.

이 같은 사실을 이해하기 위해 마르코복음서의 본문을 살펴보자.

> 그때에 예수님의 어머니와 형제들이 왔다. 그들은 밖에 서서 사람을 보내어 예수님을 불렀다. 그분 둘레에는 군중이 앉아있었는데, 사람들이 예수님께 "보십시오, 스승님의 어머님과 형제들과 누이들이 밖에서 스승님을 찾고 계십니다" 하고 말하였다. 그러자 예수님께서 그들에게, "누가 내 어머니고 내 형제들이냐?" 하고 반문하셨다. 그리고 당신 주위에 앉은 사람들을 둘러보시며 이르셨다. "이들이 내 어머니고 내 형제들이다. 하느님의 뜻을 실행하는 사람이 바로 내 형제요 누이요 어머니다." 마르 3,31-35

요한복음서의 저자는 십자가 곁에 서있는 우리로 하여금 예수님을 신앙하는 공동체, 곧 교회의 설립을 체험하게 한다. 신앙 안에서 복음사가는 십자가가 결코 불행 자체가 아니라는 것을 깨달았다. 예수님에 관한 모든 것이 십자가로 끝장나는 것이 아니다. 복음사가는 예수님의 공동체 안에서 이 진리를 분명하게 체험했고, '예수님이 살아계신다'는 것을 깨달았다. 이런 신앙은 복음을 집필하는 그에게 이제 다음과 같은 확신을 갖게 한다. 곧 십자가 곁에서 새로운 미래가 시작된다는 것이다.

예수님은 그 마지막 순간에 어머니를 당신의 공동체에 맡기시고, 또한 공동체를 어머니에게 맡기신다. 마리아는 교회에 속하는 분이다. 예수님의 어머니는 그분을 믿는 사람들의 어머니다. 예수님의 공동체는 그분의 어머니 주위에 모여든다. 마리아는 세상 마지막 날까지 당신 아들을 믿는 형제자매들을 위해 간구하는 분이다. 마치 당신 아들 예수님의 공생활 초기에 카나에서 어려움에 처한 사람들을 위해 간구했듯이, 마리아는 교회를 위해 간구한다. 마리아는 예수님의 새로운 가족 안에서 영예로운 자리를 차지한다. 이 공동체는 큰 신뢰심으로 마리아에게 의탁하고 간구한다.

이런 맥락에서 루카는 사도행전에서, 예수님이 승천하신 후 사도들이 예루살렘 도시로 돌아갔다는 것을 전하며 이렇게 말한다.

그들은 모두, 여러 여자와 예수님의 어머니 마리아와 그분의 형제들과 함께 한마음으로 기도에 전념하였다.사도 1,14

요한복음서가 우리에게 알려주는 놀라운 장면으로 다시 돌아
가자. 그 장면은 마리아가 초대교회에서 어떤 인정을 받으며, 어
떤 자리를 차지하고 있었는지를 말해주는 좋은 증거다. 마리아
는 어머니로서 신앙 공동체에 역사적 예수님을 알리는 증인이었
다. 그리고 예수님이 누리시는 하느님의 영광을 알리는 증인이
기도 했다. 따라서 마리아는 예수님과 하느님의 영광을 고백하
는 신앙인의 전형이 되었다. 나자렛 사람 예수님에 관해 요한복
음서는 이렇게 말한다. "저 사람은 요셉의 아들 예수님이 아닌
가? 그의 아버지와 어머니도 우리가 알고 있지 않는가?"요한 6,42

예수님은 십자가에서 돌아가신다. 예수님은 하느님의 외아들
이시다. 그분께서는 당신을 사랑하는 이들에게 당신의 구원을
주신다.

전승에 따르면 요한복음서는 1세기 말경에 집필되었다고 한
다. 그러니까 요한복음서는 예수님이 돌아가시고 나서 두 세대
가 지난 후에 쓰인 것이다. 시간이 흐를수록 예수님과의 거리감
은 점점 더 커갔으나 부활하신 분께 대한 신앙은 공동체 안에
서 더욱 확장되고 확고하게 되었다. 요한복음서는 예수님 사건
을 목격한 사람의 기억에 의해서만 기록된 것이 아니다. 그것은
특히 신앙인들의 믿음에 의해 기록되었다. 이에 대한 좋은 증거

로 우리는 지금까지 묵상한 장면을 제시할 수 있다. 복음사가는 예수님의 목격자이며, 동시에 신앙 공동체 안에 현존하시는 주님을 체험한 증인이기도 하다.

따라서 복음서의 기록은 우리에게도 가능한 일이다. 오직 신앙 안에서 예수님 삶의 의미를 깊이 이해하는 가능성이 우리 모두에게 주어지기 때문이다.

동시에 마리아는 우리에게 신앙의 위대한 동반자다. 마리아는 모든 세대 그리스도인의 삶 안에 확고한 자리를 차지하며, 이는 오늘날도 마찬가지다. 마리아는 항상 '백성들 중에서 나신 위대한 여인'으로 공경과 칭송을 받는다. 그렇게 공경받지 않을 이유가 없다. 하지만 우리가 잊어서는 안 될 점은 영광으로 향하는 마리아의 여정이 신앙의 여정이었다는 사실이다. 이 여정은 외적 견지에서 보면 인간의 삶을 매우 어렵게 만들 수 있으며, 모든 계획과 생각들을 와해시킬 수 있다. 마리아는 이것을 경험했다. 또한 신앙의 길은 신비스럽고, 경우에 따라서는 수수께끼 같으며 이해할 수 없는 점도 많은데, 마리아는 이 또한 체험했다. 이 길은 예수님께 다가서는 사람을 십자가 밑으로 이끈다. 예수님을 따르려는 사람은 자신의 십자가를 반드시 짊어져야 한다. 십자가의 종류와 십자가를 지는 방식은 서로 다를 수 있다.

마리아도 자신의 십자가의 길을 가야만 했다. 우리도 요한복음서가 전해주는, 마리아와 사랑하시는 제자가 겪은 사실, 곧 예수님이 십자가 위에서 우리 모두를 깊이 결속시켜 주시기 때문에 십자가 곁에 홀로 서있는 사람은 아무도 없다는 사실을 체험할 수 있을 것이다. 그 때문에 우리에게는 신앙인의 공동체가 필요하다. 우리는 공동체 안에서, 그리고 공동체와 함께 신앙의 길을 걸을 수 있고, 또 우리 신앙에 대해 마음으로부터 기뻐할 수 있다.

우리는 장차 십자가에서 모든 사람을 위해 돌아가신 그분을 얼굴을 맞대고 뵙게 될 것이다. 그리고 오늘날 우리가, 아니 우리보다 앞선 모든 세대의 그리스도인이 복되신 분이라고 칭송한 위대한 여인을 뵙게 될 것이다. 그리고 우리는 우리보다 앞서 예수님을 믿은 모든 사람을 보게 될 것이다.

주님이신 예수 그리스도님,
당신의 길은 저희의 구원을 위한
십자가의 길이었습니다.
당신 어머니는 당신의 삶을 끝까지
동행하셨습니다.

십자가에까지 동행하셨습니다.
저희는 저희 신앙의 여정에서도
십자가를 져야 합니다.
당신은 죽은 자들 가운데서 부활하셨습니다.
당신은 당신의 어머니를 당신 영광 속으로
받아들이셨습니다.
저희가 장차 얼굴을 맞대고
당신을 뵈올 수 있도록 은총을 주소서.

사랑하시는 제자

복음서가 네 개라는 사실은 모든 사람이 알고 있으며, 네 복음사가의 이름이 마태오, 마르코, 루카, 그리고 요한이라는 것도 잘 알고 있다. 또 이것은 네 복음서가 성경에 실려있는 순서이기도 하다.

그러나 이 네 복음서에서 가장 핵심이 되는 부분이 어떤 부분인지 많은 그리스도인들은 여전히 잘 모르고 있다. 그 부분은 예수님의 수난과 부활 사건이다. 네 복음서는 모두 이 사건을 중심으로 예수님의 삶을 회고하여 기록한 것이다.

또한 많은 그리스도인들이 이 네 복음서의 내용이 서로 어떻게 다른지, 또 그 이유가 무엇인지 잘 알지 못한다. 특히 요한복

에른스트 슈미트Ernst Schmitt: 신부. 철학과 가톨릭 신학 연구.

음서라 불리는 제4복음서가 나머지 세 복음서들과 명확히 구별된다는 사실을 잘 모른다.

우리는 네 복음서 안에서 자주 발견되는 모순되고 대립되는 내용들에 대해 그냥 덮어두려고 한다. 그러나 몇몇 사람들은 그런 모순이나 대립을 조화시키려고 한다. 그런 시도로서 어떤 사람들은 임의로 특정 내용을 중요하게 취급하기도 하고, 소홀히 여기기도 한다.

우리의 신앙은 대개 성경의 본문에서 직접 각인되지 않는다. 우리는 성경보다는 성화聖畵나 이에 얽힌 이야기에서 더 큰 영향을 받는다. 특히 성화는 위대한 예술가들이 그린 것이다. 우리는 그런 성화들을 어린이 성경에 그려진 그림이나 성가책과 신심서적에 그려진 삽화 등을 통해 연상하곤 한다. 물론 우리의 신앙은 다양한 신앙강좌나 강론서에 영향을 받기도 하며, 어떤 경우에는 확실성도 없이 이런저런 내용으로 꾸며진 '예수님에 관한 영화'에서 강한 인상을 받기도 한다. 복음서의 본문보다도 이런 모든 것이 우리의 신앙에 더 많은 영향을 끼친다는 것은 안타까운 현실이다. 우리 대부분은 유감스럽게도 복음서의 본문을 잘 알지 못한다.

우리는 복음사가들의 특징을 알아차릴 때에야 비로소 복음사가 각자가 우리에게 말하려는 의도를 이해할 수 있을 것이다. 그 특징을 파악하는 일은 복음사가들이 전하는 사건이나 그들이 말하는 내용을 이해하는 그 이상의 일이다. 왜냐하면 복음서들은 전체적인 관점이나 근본적인 관점에서 볼 때 특히 선포문의 성격을 띠기 때문이다. 선포문은 그 어떤 사건들에 대한 사실 보고서나 기록서가 아니다. 우리는 이를 체험을 통해 잘 알고 있다.

이런 점을 생각하면서 이제 복음사가들이 전해주는 예수님의 죽음의 광경을 바라보자. 요한복음서를 제외한 세 복음서에서 확인할 수 있는 것은 골고타에서 돌아가시는 예수님 곁에 그분의 제자가 한 명도 없었다는 사실이다. 물론 그곳에는 많은 남자들이 있었다. 먼저 군사들이 나온다. 그들은 빌라도에 의해 사형을 선고받은 예수님을 골고타까지 끌고 온 사람들이다. 그들은 먼저 예수님을 나무에 못 박은 다음, 수직으로 세워진 나무에 끌어올려 단단하게 묶었다. 그런 다음 주사위를 던져 예수님의 옷을 놓고 제비를 뽑았다.

예수님의 양쪽 십자가에 매달린 두 명의 죄수도 등장한다. 마르코와 마태오에 따르면 그들은 예수님을 모욕했다고 한다. 골고타에 등장하는 또 다른 남자들은 수석 사제들과 율법학자들이다. 이들은 예수님이 십자가에 달려계실 때 그분을 모욕하고 희롱했다. 마지막으로 이방인 백인대장이 소개된다. 그는 마지막에 예수님을 하느님의 아들로 고백한다. 그리고 키레네 사람 시몬도 등장한다. 군사들은 그에게 강제로 예수님의 십자가를 짊어지게 했다.

그런데 열두 제자는 어디에 있는가? 그들의 흔적은 골고타에서 찾아볼 길이 없다. 그들 중 한 명도 골고타에 있지 않았다. 그들은 모두 예수님을 배반했다. 마르코와 마태오복음서는 예수님이 붙잡히셨을 때에 "모든 제자들이 도망쳤다"고 분명하게 말한다.

그러나 멀찍이 서서 예수님의 뒤를 따르던 제자가 한 사람 있었다. 그는 베드로다. 그러나 그렇게 비겁한 방식으로나마 예수님의 뒤를 따르던 베드로가 어떻게 그 추종을 그만두게 되었는지 우리는 잘 알고 있다. 그는 세 번씩이나 자기 스승을 부인했다. 열두 제자 중 한 사람인 유다도 예수님을 배반했다.

이런 사실들에 대해 복음사가는 모두 일치하여 말한다. 예수님이 빌라도 앞에서 재판을 받으실 때, 십자가의 길을 가실 때, 골고타에서 십자가에 못 박히실 때, 그리고 무덤에 묻히실 때, 예수님은 열두 제자에게 버림을 받으셨다. 열두 제자에 관해 말할 수 있는 것은 그토록 중요한 순간에 그들이 부재不在했다는 점이다. 예수님의 삶에서 가장 어려운 순간에 그 어떤 제자도 함께 있지 않았다.

초대교회는 제자들의 이런 배신과 불신앙 때문에 실제로 많은 어려움을 겪었다. 하지만 초대교회는 그런 배반을 숨기지 않았다. 스승께 대한 그런 불성실함은 열두 제자들에게 상상할 수 없을 만큼 창피하고 수치스러운 일이었다. 제자들의 수치심은 그들이 부활하신 주님을 만나고 나서, 십자가에 못 박히신 예수님을 부활하신 분으로 선포하기 시작했을 때 더 컸을 것이다. 왜냐하면 제자들의 부활 선포는 자신들의 배반을 자백하는 일일 뿐 아니라, 스승이며 주님이신 예수님께 대한 신앙과 사랑이 부족하다고 스스로 인정하는 셈이기 때문이다.

이런 일이 실제 역사적 사실과 다르지 않기 때문에, 공관복음 사가들은 그 사실을 모두 그대로 보도해야만 했다. 마르코나 마태오, 또는 루카가 만약 마지막 순간까지 예수님께 성실했던 제자를 한 명이라도 알고 있었더라면, 이들은 그런 제자를 틀림없이 보도했을 것이다. 만약 그런 사실이 있었다면, 공관복음사가들은 다른 제자들의 명예를 회복시키기 위해서라도 그런 사실에 결코 침묵하지 않았을 것이다.

예수님 곁에 있으면서 마지막까지 충실했던 이들은 바로 여인들이었다. 이처럼 확실한 역사적 사실을 간과해 버리는 것은 유감스러운 일이다. 1966년 독일 남쪽 지역의 방송국에서 사순절을 맞이하여 교회일치운동을 도모하기 위한 목적으로 수난의 인물들을 선정하여 라디오 강론을 했는데, 그 인물들 가운데 여성은 단 한 명도 선정되지 않았다. 그러나 세 복음서는 모두 여인들이 십자가에 달리신 예수님을 멀리서 지켜보았다고 말하고 있으며 그 이름까지 거명한다. 그들 중 대부분은 갈릴래아에서부터 줄곧 예수님을 뒤따라온 여인들이었다.

이 충직한 여인들을 구체적으로 소개한다면, 먼저 예수님께 향유를 듬뿍 발라드렸던 베타니아의 마리아와, 예수님을 구하기 위해 자기 남편에게 충고했던 빌라도의 부인을 들 수 있다. 십자가를 지고 가시는 길목에서 예수님을 만나 가슴을 치며 통곡한 예루살렘의 부인들도 이 충직한 여인들의 무리에 속한다. 이 모든 여인에 대해 복음서들은 나쁘게 언급한 적이 없다. 그런 여인들 가운데 우리가 잊어서는 안 될 여인은 마리아 막달레나다. 그녀는 예수님이 돌아가시고 무덤에 묻히시는 장면까지 지켜본 인물로, 부활하신 예수님의 첫째 증인이 된다.

여러분은 필경 필자에게, 십자가 곁에는 마리아 막달레나만이 아니라 예수님의 어머니와 사랑하시는 제자도 함께 있었는데, 도대체 '사랑하시는 제자'에 관해서는 왜 한마디도 언급하지 않느냐고 반문하고 싶을 것이다.

십자가 곁의 장면은 잘 알려져 있다. 이 장면은 그동안 셀 수 없을 정도로 많이 묘사되었다. 네 복음서 가운데 오직 요한복음서만이 우리에게 이 장면을 전해준다.

> 예수님의 십자가 곁에는 그분의 어머니와 이모, 클로파스의 아내 마리아와 마리아 막달레나가 서있었다. 예수님께서는 당신의 어머니와 그 곁에 선 사랑하시는 제자를 보시고, 어머니에게 말씀하셨다. "여인이시여, 이 사람이 어머니의 아들입니다." 이어서 그 제자에게 "이분이 네 어머니시다" 하고 말씀하셨다. 그때부터 그 제자가 그분을 자기 집에 모셨다. 요한 19,25-27

먼저 우리가 주목해야 할 점은 이 제4복음서가 예수님이 돌아가신 지 60년이 지난 다음에야 비로소 기록되었다는 사실이다. 그다음 주목해야 할 점은 이 사랑하시는 제자는 오직 요한복음서에만, 그것도 요한복음서의 후반부에만 등장한다는 사실이다. 그리고 그는 이름이 전혀 알려지지 않은 채 익명의 인물로 언급된다. 그가 익명의 인물로 언급된다는 사실은 요한복음서에서 대단히 특이한 일이다. 왜냐하면 요한 복음사가는 등장하는 인물을 항상 이름과 함께 소개하려고 노력하기 때문이다. 니코데모의 이름이 대표적인 예다.

익명으로 거론되는 '사랑하시는 제자'는 과연 누구인가? 우리는 오늘날 성서학자들의 연구결과에 따라 꾸밈없이, 그리고 사실 그대로 이렇게 말해야 할 것이다. "우리는 그가 누구였는지 모른다." 사랑하시는 제자는 그 신원이 아직 완전히 밝혀지지 않은 인물이다. 아주 일찍부터 그 신원을 밝히려는 시도와 가설들이 있었다. 그가 바로 요한 마르코라는 가설이 있었고, 어떤 사람들은 장로였던 요한이라고 여기기도 했으며, 또 어떤 사람들은 라자로라고 생각했다.

'사랑하시는 제자'의 신원을 밝혀내기 위해 이런 가설을 추적하는 것보다도 더 쉬운 방법은 부정하는 방법, 곧 그 사랑하시는 제자가 아닌 사람이 누구인지를 먼저 말하는 방법이다. 그는 제베대오의 아들인 요한 사도는 아니다. 요한 사도의 이름은 복음서에서 그가 등장할 때마다 항상 구체적으로 거명되기 때문이다. 요한 사도는 야고보의 형제이고, 야고보처럼 겐네사렛 호숫가에서 고기를 잡던 어부였다. 그는 열두 제자 중에서 특별한 위치를 차지했다. 그렇기 때문에 그는 아주 중요한 사건이 일어날 때, 곧 변모사건 때나 야이로의 집에서나 겟세마니 동산에서 예수님과 함께 있었던 인물로 소개된다. 요한이란 이름은 '하느님은 자비로우시다'라는 뜻으로, 당시에 매우 흔한 이름이었다. 세례자의 이름도 요한이고, 사도의 이름도 요한이며, 성경의 마지막 문헌인 묵시록을 기록한 사람의 이름도 요한이다. 많은 사람이 요한이라는 이름으로 불렸지만, 그들 중에는 아무도 '사랑하시는 제자'라고 불리지 않았다.

사랑하시는 제자는 또한 제4복음서의 저자와 같은 인물이 아니다. 우리는 이 복음사가의 이름 역시 잘 모르지만, 그는 또 다른 인물이다. 성경의 각 권이 구체적인 이름을 지니게 된 것은(예를 들면 요한복음서, 마르코복음서), 그리고 실제 저자의 이름이 알려진 것은 그리 오래된 일이 아니다. 모세오경이라든지 바오로의 많은 서간들이라든지, 복음서의 이름들과 저자들은 최근의 연구결과로 밝혀졌다.

성경 저자에 대한 충분한 근거를 밝히지 않은 채 리옹의 주교 이레네오는 180년경에 제4복음서의 저자를 요한 사도와 동일시했다. 오늘날 복음사가로 여겨지는 요한 사도의 축일은 12월 27일이다. 그러나 사도행전은 우리에게 요한 사도가 배운 것이 없는 천한 사람이었다고 알려준다.사도 4.13 이 같은 사실은 제4복음서의 수준 높은 신학적 내용과 일치하지 않는다. 단순하기만 한 요한 사도가 어떻게 그처럼 높은 수준의 신학적 내용을 집필할 수 있겠는가? 게다가 제4복음서는 교회 안에서 상당히 늦게 복음서로 인정받았다. 이 사실도 제4복음서의 저자가 요한 사도라는 의견을 받아들일 수 없게 한다. 만일 주님의 직제자인 요한 사도가 직접 이 복음서를 집필했다면, 왜 그렇게 늦게서야 교회가 그 복음서를 인정했을까?

사랑하시는 제자는 초대교회에서 중요한 인물로 여겨지던 다른 인물이 아니었을까? 그럴 가능성이 크다. 그는 상징적 인물이 아니라 예루살렘 공동체에서 이미 잘 알려진 인물로서, 믿을 만한 증인이었을 것이다. 그가 직접 제4복음서를 쓰지 않았을지라도, 그리고 예수님의 실제 목격증인이 아니었을지라도, 요한복음서의 말미에 언급되어 있는 것처럼 그는 그 복음의 내용을 확실하게 보증할 만한 증인이었다.요한 21.24

도대체 무엇 때문에 제4복음서는 다음과 같이 사랑하시는 제자에 관해 설명하고 있는 것인가? 사랑하시는 제자는 최후의 만찬 때 예수님 곁에 자리 잡고 있었고, 십자가 곁에 서있었다. 그는 예수님이 부활하신 날 이른 새벽 베드로와 함께 무덤에 달려가 베드로보다 일찍 무덤에 도착했으며, 부활하신 예수님이 호숫가에서 고기를 많이 잡게 하셨을 때 가장 먼저 그분이 주님이심을 알아차렸다.

복음서는 이런 이야기를 통해서, 가장 이상적인 제자가 누구인지를 알려주려 한다. 그렇기 때문에 그 사랑하시는 제자가 익명으로 소개된다. 사랑하시는 제자가 등장하는 요한복음서의 수난사화는 주님의 수난과 죽음에 대해 전해주는 다른 세 복음서의 수난사화와 본질적으로 차이가 있다. 요한복음서의 수난사화는 이미 영광스런 부활의 모습으로 설명되고 있다. 그래서 제4복음사가는 십자가에 처형되신 분이 받은 모욕과 희롱에 대해 아예 언급하지 않는다. 그리고 예수님이 십자가에서 하신 마지막 말씀은 승리의 함성처럼 들린다. "다 이루어졌다."요한 19,30

공관복음서들의 수난 이야기와 완전히 다른 요한복음서의 수난 이야기에는 예수님이 당신 어머니와 사랑하시는 제자와 대화를 나누는 장면이 나온다. 이 장면에서 말하려는 우선적인 내용은 바로 신앙이다. 왜냐하면 사랑하시는 제자는 신앙 공동체를 대변하기 때문이다. 그는 나머지 다른 제자들과 전혀 다르게 처신한다. 나머지 제자들은 예수님이 붙잡히시고, 재판을 받아 십자가에 처형되시는 모습을 보고 완전히 실망했다. 그들은 엠마오로 가던 제자들이 말하는 것처럼, 예수님이 이스라엘을 구원해 주시리라는 희망을 걸고 있었던 것이다. 사랑하시는 제자는 베드로보다 약간 앞서는 정도가 아니다. 베드로를 훨씬 능가한다. 그는 베드로보다 더 빨리 달려가 무덤에 먼저 다다른 것만이 아니다. 그는 베드로보다 먼저 무덤 안을 보았으며 먼저 믿었다. 제4복음서의 원문에 뒤늦게 첨가된 본문이 전하는 예수님의 발현에서도 마찬가지다. 예수님이 사랑하신 제자는 호숫가에 서계시는 예수님을 알아차리고, 베드로에게 "주님이십니다" 하고 말한다.

사랑하시는 제자에게 중요한 것은 주님을 알아뵙고 고백하는 신앙뿐만이 아니라 주님께 대한 항구한 성실함이다. 요한복음서는 예수님이 죽으신 지 60년이 지난 다음에 쓰였다. 그러니까 그리스도인의 제3세대를 위해 집필되었다. 기원후 100년경의 공동체는 그 옛날 예수님이 하느님께 버림받아 홀로 십자가에 달리셨다는 사실을 쉽게 받아들일 수 없었다.

이 같은 상황에 직면하여 제4복음서의 저자는 예수님에 관해 증언하는 다른 복음서의 내용들을 단지 베끼는 것으로 만족할 수 없었다. 요한복음서의 저자는 마르코와 마태오복음서의 내용처럼, 십자가에 못 박히신 분이 시편 21편의 내용을 기도하시도록 그냥 놔둘 수 없었다. 십자가에서 하신 일곱 말씀들 중에 유일하게 역사성을 지니는 말씀, 곧 "저의 하느님, 저의 하느님, 어찌하여 저를 버리셨습니까?"라는 예수님의 말씀을 제4복음서에서는 찾아볼 수 없다. 루카는 이 말씀을 이미 삭제했고, 제4복음서 또한 이 말씀을 언급하지 않는다. 왜냐하면 제4복음서의 저자에게는 무엇보다도 사랑하시는 제자로 상징되는 신앙공동체가 중요했기 때문이다. 사랑하시는 제자는 끝까지 주님께 성실함을 보였고, 주님께서 가장 큰 모욕과 고통을 당하실 때에도 언제나 성실했다.

십자가 곁에 서있던 사랑하시는 제자의 이야기가 말하고자하는 점은 일치한다. 십자가 곁에 서있던 예수님의 어머니 마리아는 예수님과 피를 나눈 친지들을 상징하는 것이 아니라 유다인 출신의 그리스도인을 대변하고, 사랑하시는 제자는 이방인 출신의 그리스도인을 대변한다.

요한복음서가 쓰인 당시 유다인 그리스도인들과 이방인 그리스도인들 사이에는 심각한 긴장이 있었다. 이 두 그룹의 논쟁은 오늘날의 교회 안에서처럼 심각하고 격렬했다. 우리는 오늘날 서로 다른 신앙을 가진 종교 사이에서뿐만 아니라 같은 교회 안에서도 심각한 불화를 체험한다. 예수님은 십자가 위에서 서로 다른 이 두 공동체를 깊이 결속시켜 주신다.

당신의 어머니와 사랑하시는 제자에게 하신 예수님의 말씀은 마치 어머니를 잘 돌보라는 유언처럼 들린다. 바로 이런 이유에서 그리스도를 믿는 모든 사람이 서로 예수님의 형제자매가 된다는 사실에 대해 반대 논증을 펼 수 없다. 만일 그런 반대 논증이 있다면, 사랑하시는 제자는 예수님의 어머니를 돌보지 않았어야 할 것이다. 예수님은 믿는 모든 사람이 하나 되는 공동체를 바라셨다. 왜냐하면 그분의 교회는 한 가족이며, 그 가족 구성원은 어머니처럼, 또는 아들처럼 서로 함께 속해있기 때문이다.

그러나 결정적인 사실은 우리가 복음서 안에서 우리 자신을 깨닫는 일이다. 모든 신앙인은 사랑하시는 제자 안에서 자기 자신의 모습을 볼 수 있고, 또 보아야 한다. 복음서는 결국 우리 자신을 사랑하시는 제자로 보도하는 것이다. 사랑하시는 제자처럼 우리도 주님의 말씀을 지켜야 하고, 그 신앙은 성실함으로 항구하게 지속되어야 한다. 주님께서는 십자가 위에서 당신을 믿고 사랑하는 모든 사람을 하나인 당신 교회의 구성원으로 서로 묶어주신다.

주님이신 예수 그리스도님, 당신께서는 고통과 죽음을 받아들이셨습니다. 당신은 가장 가까운 제자들에게 배반을 당하시고, 거부당하시고, 결국 버림을 받으셨습니다. 당신을 따르려는 저희 모두를 당신께 대한 확고한 신앙으로 견고케 하소서. 저희 모두를 당신께 대한 항구한 성실함으로 이끄소서. 당신의 교회인 저희를, 아직도 갈라지고 분열되어 있는 저희 모두를 각각 당신께서 사랑하신 제자의 신분으로서 서로 하나 되게 하소서.

"내가 너희에게 한 것처럼 너희도 하라고,

내가 본을 보여준 것이다." 요한 13,15